基于主体功能区规划的
贵州省土地利用模式优化研究

韩德军　迟超月　著

中国社会科学出版社

图书在版编目(CIP)数据

基于主体功能区规划的贵州省土地利用模式优化研究/韩德军,迟超月著. —北京:中国社会科学出版社,2017.7
ISBN 978 - 7 - 5203 - 0406 - 1

Ⅰ.①基…　Ⅱ.①韩…②迟…　Ⅲ.①城市土地—土地利用—研究—贵州　Ⅳ.①F299.277.3

中国版本图书馆 CIP 数据核字(2017)第 109813 号

出 版 人	赵剑英	
责任编辑	陈肖静	
责任校对	刘 娟	
责任印制	戴 宽	

出　　版	中国社会科学出版社
社　　址	北京鼓楼西大街甲 158 号
邮　　编	100720
网　　址	http://www.csspw.cn
发 行 部	010 - 84083685
门 市 部	010 - 84029450
经　　销	新华书店及其他书店

印　　刷	北京明恒达印务有限公司
装　　订	廊坊市广阳区广增装订厂
版　　次	2017 年 7 月第 1 版
印　　次	2017 年 7 月第 1 次印刷

开　　本	710×1000　1/16
印　　张	16
插　　页	2
字　　数	239 千字
定　　价	76.00 元

凡购买中国社会科学出版社图书,如有质量问题请与本社营销中心联系调换
电话:010 - 84083683

目　　录

目　录

第一章

绪　论

第一节　背景和意义

　　人类诞生于土地，并将长期在土地上生存和发展。马克思曾指出：土地即"一切生产和一切存在的源泉"，是人类"不能出让的生产条件和再生产条件"，土地对于人类除了具有承载、生产的功能，还具有资源和资产特性，从长远来讲还具有生态功能①。因此，在土地利用过程中，人们会面对不同的土地用途和机会成本的选择问题，随着土地资源越来越稀缺，土地开发利用中的矛盾愈加突出。在中国，人多地少的现状更加剧了这个矛盾，虽然从 20 世纪末开始，中国采取土地利用规划手段对土地开发利用进行约束，但由于严峻的耕地保护形势，使得中国的土地规划管理体系侧重于土地用途管制和建设用地指标的分配，而近年中国大部分地区飞速的城镇化面临用地瓶颈，产生了土地利用规划管理与各产业发展难以协调衔接的现象，这就对中国产业结构优化与区域土地优化布局相协调提出更高要求，包括对区域内及区域间土地的优化配置。

　　土地作为基本生产要素之一，其区域土地资源禀赋、土地利用结构

---

①　毕宝德：《土地经济学》（第六版），中国人民大学出版社 2010 年版。

和土地利用历史进程等对区域社会经济发展产生重要的影响。而主体功能区规划正是根据不同区域的资源环境承载能力、现有开发强度和发展潜力划分出优化开发区、重点开发区、限制开发区和禁止开发区等不同类型主体功能区，这与"差别化土地利用"的政策目标相一致。因此，将"主体功能区规划"理论框架与土地开发利用相结合能更好地协调各区域发展。

国家"十一五"规划纲要提出通过形成主体功能区促进区域协调发展，希望通过主体功能区建设来推进形成区域协调发展的新格局。2010 年 6 月国务院颁布《全国主体功能区规划》后，截至目前各省（直辖市、兵团）陆续出台了省级主体功能区规划，对于本省的国土空间开发进行了功能定位和空间布局，旨在对区域经济社会发展起到导向性作用。推进形成主体功能区，主要是根据不同区域的资源环境承载能力、现有开发强度和发展潜力，统筹谋划人口分布、经济布局、国土利用和城镇化格局，确定不同区域的主体功能，并据此明确开发方向，完善开发政策，控制开发强度，规范开发秩序，逐步形成人口、经济、资源环境相协调的国土空间开发格局。但是，实践中同时面临不同类型主体功能区统筹发展问题，即如何实现限制开发区、禁止开发区与优化开发区、重点开发区统筹发展，尤其是如何解决欠发达地区的"开发"问题，充分利用主体功能区的"差别化"政策变后发劣势为后发优势，通过主体功能区划分实行空间管治和分类调控，促进人与自然的和谐发展，规范和优化空间开发秩序。但是，单纯依靠主体功能区建设并不能较好地解决区域协调发展尤其是地区差距扩大问题。主体功能区规划属于空间战略层面，各地不能期望主体功能区建设解决所有的区域问题，而必须依据主体功能区战略思想，更好地选择和改善本区域的发展模式。因此，在现有《全国主体功能区规划》已颁布，省级主体功能区正在积极规划之际，在主体功能区规划框架内确定适合各种功能区类型和区域特性的土地利用模式是目前当务之急。本书拟以此为切入点，在深入研究处于西部欠发达地区贵州省的资源禀赋、土地利用格局与其经济发展之间关系的基础上，探索适应区域主体功能特征的土地利用格局与经济发展模式。

由《贵州省主体功能区规划》可知，贵州省生态脆弱性强、生态重要性高，部分地区属于桂黔滇喀斯特石漠化防治生态功能区，是国家重点扶贫的"连片特困地区"之一。由于处于高山丘陵地区，贵州省具有基础设施建设成本和开发生态成本双高的特点，因此，虽然有国家西部大开发政策的倾斜和扶持，贵州经济发展现状和趋势仍不乐观，无论经济基础、经济增长和经济结构都远不如周边省区。而贵州省及所辖各市县立足本地资源环境条件谋求经济发展的欲望却越来越强烈，如何在促进经济发展、缩小东西部差距的同时，结合自身实际选择适宜的环境友好型土地利用模式，是目前亟须解决的问题。因此，基于主体功能区规划探讨贵州各区域不同主体功能区适宜土地利用模式及区域之间的协同关系，并探讨差别化的土地利用政策，这对于经济发展落后而生态环境脆弱的贵州省有着非凡的现实意义。

第二节 国内外研究进展

一 国外研究现状及趋势

（一）土地利用模式相关研究

"土地利用模式"一词翻译成英文为"Land use pattern"，而"pattern"一词除了有"模式"之义，还有"方式，格局"的含义。综合来看，相关研究涉及五个方面：土地利用/土地覆被（LUCC）的时空格局、土地耕作（或生产）方式、城市土地利用模式、土地利用生态模式和土地相关制度（经济、社会）模式。

1. 土地利用/土地覆被（LUCC）的时空格局

土地利用格局（Land use pattern）：是指一定区域内土地利用的数量和质量结构以及空间布局，为LUCC研究中的主要内容（肖笃宁等，2003）[1]。为了研究全球生态环境变化中人类活动的影响，1995 年国际地圈和生物

---

① 肖笃宁、李秀珍、高峻等：《景观生态学》，科学出版社 2003 年版。

圈计划（IGBP）和全球环境变化中的人文因素计划（IHDP）于 1995年联合提出了 LUCC 研究计划，国际上许多国家和组织都积极的在不同地域参与这项计划①。土地利用格局研究是随遥感技术在土地科学中的应用加强而逐渐深入的，大致分为三个阶段：（1）大尺度粗略研究阶段（2000 年之前），由于研究技术手段的限制，这一阶段主要是对国家或更大地域尺度的土地利用变化格局的研究。例如，早在 1984 年美国哈佛大学的 Stewart 就对世界各地区的农业、畜牧业及林业用地布局及发展态势进行过分析，并预示了其环境效应②；法国的 Jacques Imbernon（1999）采用常规光谱分类方法对肯尼亚高山地区近 40 年的航空影像和卫星影像进行分析，得出肯尼亚高山地区下部半干旱地区和上部湿润地区的土地利用变化特征③；荷兰的 Verburg 等人（1999）利用 CLUE模型对中国国家尺度的土地利用结构空间格局进行了研究，并考虑了社会经济和地理因素的影响④。（2）区域土地格局时空变化研究阶段（2001—2010 年），这一阶段注重将数理、遥感等模型方法引入土地利用格局变化的研究中，并选取更小地域尺度进行研究。例如，美国的Gil Pontius 等人（2001）基于 GIS 技术开发了土地利用空间模型 GEO-MOD2，对近 40 年哥斯达黎加林地的时空变化进行模拟⑤；荷兰的Kasper Kok 等人（2001）在运用 CLUE 模型分析中美 6 个国家土地利用格局时，着重研究改变空间分辨率的影响⑥；美国的 Luijten（2003）利用简明的空间随机模型在不考虑生境、经济及人为因素的情况下分析土

---

① 张丽彤、丁文荣、周跃等：《土地利用/土地覆被变化研究进展》，《环境科学导刊》2007年第 5 期。

② Stewart P. J.：Towards a new World pattern of land use. 1984：Issue 2，p. 99.

③ Imbernon J.：Pattern and development of land-use changes in the Kenyan highlands since the 1950s. *Agriculture*，*Ecosystems & Environment*，Jun. 1999，pp. 67 – 73.

④ Verburg P. H.，Veldkamp A，Fresco L. O. Simulation of changes in the spatial pattern of land use in China. *Applied Geography*，Mar. 1999，pp. 211 – 233.

⑤ Pontius Jr. R. G.，Cornell J. D.，Hall C. A. S. Modeling the spatial pattern of land-use change with GEOMOD2：application and validation for Costa Rica. *Agriculture*，*Ecosystems & Environment*，2001，pp. 191 – 203.

⑥ Kok K.，Veldkamp A. Evaluating impact of spatial scales on land use pattern analysis in Central America. *Agriculture*，*Ecosystems & Environment*，2001，pp. 205 – 221.

地利用格局及基础景观特征①；美国的 William K. Y. Pan 等人（2004）通过整合 1990—1999 年时间序列的卫星数据、入户调查数据，通过研究森林破坏的空间组成和结构特征，评估厄瓜多尔亚马逊景观结构、功能和变化；Nagendra 等人（2004）在国际比较背景下使用景观生态技术探索土地覆被和土地利用空间格局与过程之间的关系②；Cifaldi 等人（2004）在分析美国密歇根东南部流域土地覆被空间格局时确定了一套核心指标，并进行了景观、图案等不同参数配置③；Andre's Etter 等人（2006）采用 Logistic 回归和分类树模型模拟哥伦比亚区域和国家水平的天然森林的转变，并调查被忽略的区域变量的参数，及明确驱动形成现在空间格局以及区域间森林覆盖率变化的生物及社会经济因素④；Yu-Pin Lin 等人（2007）整合土地利用变化模型、景观度量模型和流域水文模型分析台湾北部吴淞流域未来土地利用情景对土地利用格局和水文的影响⑤；Birgit Reger 等人（2007）采用 1955 年的卫星数据和 K—均值聚类分析城郊边缘的土地覆被格局动态⑥；Si-Yuan Wang 等人（2010）应用 1990 年、1995 年和 2000 年卫星数据和多个土地利用结构数学模型分析中国黄河流域时空动态土地利用格局⑦。（3）区域人地系统变化机制研究（2011 年至今），本阶段土地利用覆被/变化格局的研

①　Luijten J. C. A systematic method for generating land use patterns using stochastic rules and basic landscape characteristics: results for a Colombian hillside watershed. *Agriculture, Ecosystems & Environment*, 2003, pp. 427 –441.

②　Nagendra H., Munroe D. K., Southworth J. From pattern to process: landscape fragmentation and the analysis of land use/land cover change. *Agriculture, Ecosystems & Environment*, 2004, pp. 111 – 115.

③　Cifaldi R. L., David Allan J., Duh J. D., et al. Spatial patterns in land cover of exurbanizing watersheds in southeastern Michigan. *Landscape and Urban Planning*, Feb. 2004, pp. 107 – 123.

④　Etter A., McAlpine C., Wilson K., et al. Regional patterns of agricultural land use and deforestation in Colombia. *Agriculture, Ecosystems & Environment*, 2006, pp. 369 – 386.

⑤　Lin Y., Hong N., Wu P., et al. Impacts of land use change scenarios on hydrology and land use patterns in the Wu-Tu watershed in Northern Taiwan. *Landscape and Urban Planning*, 2007, pp. 111 – 126.

⑥　Reger B., Otte A., Waldhardt R. Identifying patterns of land-cover change and their physical attributes in a marginal European landscape. *Landscape and Urban Planning*, 2007, pp. 104 – 113.

⑦　Wang S., Liu J., Ma T. Dynamics and changes in spatial patterns of land use in Yellow River Basin, China. *Land Use Policy*, Feb. 2010, pp. 313 – 323.

究中越来越注重融入多学科交叉知识和方法；例如，Pijanowski 等人（2011）探讨了在五个实证区采用不同分辨率、不同时期双时限的遥感资料分析得出土地利用格局的时空特征，并对其变化趋势异同加以预测[①]；Yong Xu 等人（2011）根据中国建设用地在不同领域参考因素的阈值，从地图中提取影响因素指标数据，并依据数据的逻辑关系计算出中国各区域建设用地潜力数值并列出其空间布局[②]；Yu Ye 等人（2011）通过耕地标准、植被及土壤等间接数据构建中国东北部 300 年以来植被的空间结构，并利用聚类分析土地利用覆被变化的驱动因素[③]；Steve Carver 等人（2012）通过分析苏格兰地区荒地的四个特征：（1）自然的土地覆被；（2）没有现代人类的文化景观；（3）富于挑战性的地形；（4）远离机动化交通，这使得将 GIS 应用于土地利用类型判定中更具有可操作性[④]；Claudia Bieling 等人（2013）通过地图叠加方法研究德国西南部的施瓦本地区的三个案例的土地利用格局变化共同特征，并根据大量文献分析土地利用的社会经济驱动因素，为 LUCC 与其他学科交叉研究提供依据[⑤]。

2. 土地耕作（或生产）方式

这方面主要是关于特定区域的耕地、林地或牧草地等适宜的土地利用方式决策及相关影响因素的研究。例如，Walther Manshard（1986）通过对西非中部地区热带农业社区的研究显示，农业决策者进行土地利用决策必须在考虑自然环境因素的同时，越来越多地考虑社会经济因

---

① Pijanowski B. C. , Robinson K. D. Rates and patterns of land use change in the Upper Great Lakes States, USA: A framework for spatial temporal analysis. *Landscape and Urban Planning*, Feb. 2011, pp. 102 – 116.

② Xu Y. , Tang Q. , Fan J. , et al. Assessing construction land potential and its spatial pattern in China. *Landscape and Urban Planning*, Feb. 2011, pp. 207 – 216.

③ Ye Y. , Fang X. Spatial pattern of land cover changes across Northeast China over the past 300 years. *Journal of Historical Geography*, Apr. 2011, pp. 408 – 417.

④ Carver S. , Comber A. , McMorran R. , et al. A GIS model for mapping spatial patterns and distribution of wild land in Scotland. *Landscape and Urban Planning*, 2012, pp. 395 – 409.

⑤ Bieling C. , Plieninger T. , Schaich H. Patterns and causes of land change: Empirical results and conceptual considerations derived from a case study in the Swabian Alb, Germany. *Land Use Policy*, 2013, pp. 192 – 203.

素；Rigterink（1989）研究在印度北部热带森林受到破坏的地区重新种植树木面对贫困人口时的经济社会可行性；Reenberg（2001）利用事件驱动框架开发模型研究撒哈拉农业土地利用方式与土地利用制度及不可预见的随机因素相关关系；Claude Schmit 等人（2006）寻求从空间数据上是否和在多大程度上能够显示出农民农业模仿行为保留在农业景观上的痕迹①；Mario Gellrich 等人（2007）利用一系列空间统计模型基于瑞典山区土地利用变更数据，选择自然地理和社会经济变量，研究区域1980—1990 年退耕还林的土地利用方式②；Kangalawe 等人（2008）讨论受坦桑尼亚中部山区严重土壤侵蚀影响农民的土地利用方式和耕作策略的改变③；Zou Yukun 等人（2011）研究羊草草原上不同土地利用方式对土壤固氮微生物群落基因遗传多样性的影响④。

3. 城市土地利用模式

为了解决由于城市扩张带来的交通压力、人口过多、生态环境破坏和资源紧张等"大都市病"，针对不同城市的问题，国外许多学者均利用土地科学与其他学科交叉研究方法研究改善城市土地利用模式的途径。例如，Ikhuoria（1987）利用土地利用数据和文化背景评价了尼日利亚班尼市的土地利用模式所对应的城市发展阶段⑤；Harry Smith 等人（1998）以控制城市能源使用为依据，集成土地利用和交通规划，通过三个关键因素：居民点形状、密度和各种类型土地区位来评价巴西库里提

---

① Manshard W. The West African middle belt: Land use patterns and development problems. *Land Use Policy*, Apr. 1986, pp. 304 – 310.

② Gellrich M., Baur P., Koch B., et al. Agricultural land abandonment and natural forest regrowth in the Swiss mountains: A spatially explicit economic analysis. *Agriculture, Ecosystems & Environment*, 2007, pp. 93 – 108.

③ Kangalawe R. Y. M., Christiansson C., Östberg W. Changing land-use patterns and farming strategies in the degraded environment of the Irangi Hills, central Tanzania. *Agriculture, Ecosystems & Environment*, 2008, pp. 33 – 47.

④ Zou Y., Zhang J., Yang D., et al. Effects of different land use patterns on nifH genetic diversity of soil nitrogen-fixing microbial communities in Leymus Chinensis steppe. *Acta Ecologica Sinica*, Mar. 2011, pp. 150 – 156.

⑤ Ikhuoria I. A. Urban land use patterns in a traditional Nigerian City: A case study of Benin City. *Land Use Policy*, 1987, 4（1）: 62 – 75.

巴市的城市完善程度①；Verburg 等人（2004）为了更清晰地了解荷兰城市化土地利用变化特征，利用元胞自动机研究城市郊区相邻地块土地利用用途转变状况②；Murakami 等人（2005）用克拉克线性指数模型和 Newling 二次指数模型比较三个东南亚大城市——曼谷、雅加达和马里拉的人口密度的空间分布，然后对三个城市土地利用模式进行了分析，评价其城市和农村土地利用的混合状况③；Lewis 等人（2005）认为城市土地利用模式依赖于郊区、农村等其他低密度区域土地利用布局，因此利用以密歇根州沃什特诺县城市为中心的同心环内各区域各类土地资源特征曲线分析各区域土地格局特征，以预测城市发展趋势④；Aguilera 等人（2011）预测中等城市西班牙格拉纳达在三种未来情境下城市土地利用模式及其空间度量特征⑤；Kai-ya Wu 等人（2012）依据 Landsat MSS/TM/ETM⁺时间序列影像和历次调查数据，运用 RS、GIS 技术和统计方法分析浙江省杭州市 1978—2008 年改革时期土地扩张模式和潜在驱动因素之间的关联⑥。

4. 土地利用生态模式

为了解决土地开发利用带来的生态环境问题，土地利用格局与各种生态环境之间的关系成为国外学者研究的焦点问题之一，例如，James M Dyer（1994）模拟由于气候变暖而出现的植被种群迁移及城市、农

---

① Smith H. , Raemaekers J. Land use pattern and transport in Curitiba. *Land Use Policy*, Mar. 1998, pp. 233 – 251.

② Verburg P. H. , de Nijs T. C. M. , Ritsema Van Eck J, et al. A method to analyse neighbourhood characteristics of land use patterns. *Computers, Environment and Urban Systems*, Jun. 2004, pp. 667 – 690.

③ Murakami A. , Medrial Zain A. , Takeuchi K. , et al. Trends in urbanization and patterns of land use in the Asian mega cities Jakarta, Bangkok, and Metro Manila. *Landscape and Urban Planning*, 2005, pp. 251 – 259.

④ Lewis G. M. , Brabec E. Regional land pattern assessment: development of a resource efficiency measurement method. *Landscape and Urban Planning*, Apr. 2005, pp. 281 – 296.

⑤ Aguilera F. , Valenzuela L. M. , Botequilha-Leitão A. Landscape metrics in the analysis of urban land use patterns: A case study in a Spanish metropolitan area. *Landscape and Urban Planning*, 2011, pp. 226 – 238.

⑥ Wu K. , Zhang H. Land use dynamics, built-up land expansion patterns, and driving forces analysis of the fast-growing Hangzhou metropolitan area, eastern China (1978 – 2008). *Applied Geography*, 2012, pp. 137 – 145.

业等土地利用景观格局的变化[①]；James Cox（2001）通过分析丹麦哈尔德森林庄园历史土地利用模式的变化，研究橡树林的发展与现在氮沉降的关系[②]；Semwal 等人（2004）分析了 1963—1993 年印度喜马拉雅山脉中部小流域农业土地利用、作物多样性、肥料投入、产量、土壤流失的农田径流变化及农业生态系统对森林土地利用格局变化的依赖程度[③]；G. H. J. de Koning 等人（2007）以厄瓜多尔西部 30×34 公里为实证区域研究咖啡和其他农林业的补偿对保护生物多样性景观的影响[④]；Sang-Woo Lee 等人（2009）调查了韩国南部流域城镇、农业、森林等土地利用空间结构，利用景观生态法分析相邻水库水质等级[⑤]；Zimmermann 等人（2010）在历史地图、航拍照片基础上利用 H—聚类方法确定欧洲阿尔卑斯山区 35 个城市自 19 世纪以来土地利用/覆被变化后，再加入环境、社会经济和政治数据及植物区系指标数据分析[⑥]；Angela Hof 等人（2011）针对 1990 年以来兴起的"品质旅游"用水量剧增的现象，通过根据用水数据、地块的数据库数据和详细人口调查信息及游泳池使用评价数据等，比较品质旅游、大众旅游和居住市区人均用水量，并得出与休闲结构相关的范围和游泳池等户外设施的用水量情况[⑦]；Xiaoma Li 等人（2013）以北京为例研究影像地图的空间分辨率对土地表面温度和绿地空间格局关系的影响，希望能对城市绿地规划和

---

① Dyer J. M. Land use pattern, forest migration, and global warming. *Landscape and Urban Planning*, 1994, pp. 77 – 83.

② Cox J., Engstrom R. T. Influence of the spatial pattern of conserved lands on the persistence of a large population of red-cockaded woodpeckers. *Biological Conservation*, Jun. 2001, pp. 137 – 150.

③ Semwal R. L., Nautiyal S., Sen K. K., et al. Patterns and ecological implications of agricultural land-use changes: a case study from central Himalaya, India. *Agriculture, Ecosystems & Environment*, Jun. 2004, pp. 81 – 92.

④ de Koning G. H. J., Benítez P. C., Muñoz F., et al. Modelling the impacts of payments for biodiversity conservation on regional land-use patterns. *Landscape and Urban Planning*, Apr. 2007, pp. 255 – 267.

⑤ Lee S., Hwang S., Lee S., et al. Landscape ecological approach to the relationships of land use patterns in watersheds to water quality characteristics. *Landscape and Urban Planning*, Feb. 2009, pp. 80 – 89.

⑥ Zimmermann P., Tasser E., Leitinger G., et al. Effects of land-use and land-cover pattern on landscape-scale biodiversity in the European Alps. *Agriculture, Ecosystems & Environment*, 2010, pp. 13 – 22.

⑦ Hof A., Schmitt T. Urban and tourist land use patterns and water consumption: Evidence from Mallorca, Balearic Islands. *Land Use Policy*, Apr. 2011, pp. 792 – 804.

管理提供帮助①。

5. 土地相关制度（经济、社会）模式

世界上现有土地利用格局的形成均是在特定的政治、社会和经济等与人类土地利用有关的背景下形成的，因此国际上很多学者都针对不同实证区的特定人为环境进行了土地利用驱动因素的研究，并探讨适宜的解决途径。例如，Jon D. Unruh（1993）研究非洲萨赫尔地区难民聚集区的难民安置设计方案时，认为在时常遭遇干旱的环境下应采用难民的农业土地利用与原居民的牧业土地利用相融合模式②；Croissant（2004）探讨印第安纳州中南部的土地划分系统对土地利用和覆被景观格局的影响是否显著，特别是区域内地块边界的划分是否适应林地、开发区用地和农田等区域变化的组成和结构③；Kasper Kok（2004）着重研究洪都拉斯的人口密度和人口增长等人口因素对于土地利用时空规模和格局的影响④；Donnelly 等人（2008）以印第安纳州中南部地区为实证区，利用 1928—1997 年历史平面地图建立地区土地利用所有权空间数据库，利用聚类分析将地块分为父母和子女特征性地块，以此分类叙述地块历史变迁⑤；Tim Dixon（2009）评论了过去 50 年英国城市土地格局和所有权模式及关键驱动因素，并预测土地利用未来 50 年的发展趋势，实证研究中运用了私营和公共部门的商业物业、住宅物业及城市土地利用官方发布数据⑥；L. K. Peterson 等人（2009）利用遥感和土地覆被数据，

①　Li X., Zhou W., Ouyang Z. Relationship between land surface temperature and spatial pattern of greenspace：What are the effects of spatial resolution? *Landscape and Urban Planning*，2013，pp. 1 – 8.

②　Unruh J. D. Refugee resettlement on the Horn of Africa：The integration of host and refugee land use patterns. *Land Use Policy*，Jun. 1993，pp. 49 – 66.

③　Croissant C. Landscape patterns and parcel boundaries：an analysis of composition and configuration of land use and land cover in south-central Indiana. *Agriculture*，*Ecosystems & Environment*，2004，pp. 219 – 232.

④　Kok K. The role of population in understanding Honduran land use patterns. *Journal of Environmental Management*，2004，pp. 73 – 89.

⑤　Donnelly S., Evans T. P. Characterizing spatial patterns of land ownership at the parcel level in south-central Indiana，1928 – 1997. *Landscape and Urban Planning*，2008，pp. 230 – 240.

⑥　Dixon T. Urban land and property ownership patterns in the UK：trends and forces for change. *Land Use Policy*，2009，26，Supplement 1：S43 – S53.

鉴于苏联解体前（1975—1989）和解体后（1990—2009）森林管理体制变革，研究森林土地覆被格局变化和趋势[①]；Shinneman 等人（2010）探讨在美国明尼苏达州和加拿大安大略省南寒带复杂的土地所有权模式下恢复森林景观的策略，采用森林景观模拟模型来评估两个管理地和两个自然的情景共四个潜在模式的森林资源条件[②]；Franziska Kroll 等人（2010）首次根据 1995/1996 年到 2003/2004 年期间统计数据首次研究整个德国人口问题（人口下降、老龄化、人口迁移等）与土地利用变化间的关系[③]；Tseira Maruani 等人（2010）介绍了以色列特拉维夫市土地政策变化背景及其对城市增长所造成的影响，并根据法定的一项农用地转建设用地的研究计划识别转变前的农田及其发展模式[④]；Ganlin Huang 等人（2011）研究美国马里兰州 Gywnns Fall 流域土地表面温度的变化，发现城市"热岛"的"热点"范围内，地表温度是随高度可变的，并进一步以社区为基础探讨导致地表温度可变的社会因素[⑤]。

综上所述，新技术、新方法或新理念的引入大大提高了土地利用格局研究的精确度，但现阶段土地利用格局的最大弱点仍较偏重于大尺度区域自然地理影响要素的研究，社会人文要素涉及不够，因此更多地将人为活动效果与土地利用格局研究相结合，为特定自然环境和社会经济背景下的特定地域选择适宜的土地利用模式提供依据是今后研究的主要趋势之一。

① Peterson L. K., Bergen K. M., Brown D. G., et al. Forested land-cover patterns and trends over changing forest management eras in the Siberian Baikal region. *Forest Ecology and Management*, Mar. 2009, pp. 911 – 922.

② Shinneman D. J., Cornett M. W., Palik B. J. Simulating restoration strategies for a southern boreal forest landscape with complex land ownership patterns. *Forest Ecology and Management*, Mar. 2010, pp. 446 – 458.

③ Kroll F., Haase D. Does demographic change affect land use patterns?: A case study from Germany. *Land Use Policy*, Mar. 2010, pp. 726 – 737.

④ Maruani T., Amit-Cohen I. Patterns of development and conservation in agricultural lands—The case of the Tel Aviv metropolitan region 1990 – 2000. *Land Use Policy*, Feb. 2010, pp. 671 – 679.

⑤ Huang G., Zhou W., Cadenasso M. L. Is everyone hot in the city Spatial pattern of land surface temperatures, land cover and neighborhood socioeconomic characteristics in Baltimore, MD. *Journal of Environmental Management*, Jul. 2011, pp. 1753 – 1759.

（二）环境友好型土地利用研究

相比于国内，国外对生态环境的关注时间较长，从 1962 年蕾切尔·卡逊在《寂静的春天》一书中以寓言的形式描述化学农药引起的一个美丽村庄的突变开始①，人们逐渐加强了对环境问题的重视。1972 年 6 月 12 日联合国于瑞典首都斯德哥尔摩召开"联合国人类环境会议"，会议通过《联合国人类环境会议宣言》和《行动计划》。1987 年 4 月世界环境与发展委员会出版了《我们共同的未来》（*Our Common Future*）一书，书中"共同的问题"及"共同的挑战"两部分在分析了全球人口、粮食、能源和居住环境等方面情况基础上探讨了人类所共同面临的经济、社会及环境问题，在"共同的努力"部分中提出了"可持续发展"的理念，引导各国把环境保护和经济发展结合起来②。1992 年联合国环境与发展大会通过《21 世纪议程》（*Agenda* 21），该方案再次重申可持续发展战略，并正式提出"环境友好"（Environmental Friendly）的理念③。在《21 世纪议程》的影响下，1994 年 3 月我国制订了《中国 21 世纪议程》作为中国可持续发展总体战略、计划和对策方案，这是中国政府制定国民经济和社会发展中长期计划的指导性文件④。到 20 世纪 90 年代中后期，国际社会又提出实现环境友好土地利用和环境友好流域管理，建设环境友好城市，发展环境友好农业、环境友好建筑业等⑤。20 世纪一开始，随着对"环境友好"这一理念认同度的加深，世界各国步入环境友好理念的实践阶段，如 2004 年日本政府发布《环境保护白皮书》明确提出建立环境友好型社会⑥。

在土地利用方面，"环境友好"这一理念被学者作为越来越关键的目标来研究。混合农畜系统是法国农户的主要农作方式，Ryschawy 等学

---

① 蕾切尔·卡逊：《寂静的春天》，上海译文出版社 2011 年版。

② Development W. C. O. E. Our Common Future. Oxford：Oxford Univ，1987.

③ 国家环境保护局：《21 世纪议程》，中国环境科学出版社 1993 年版。

④ 国务院：《中国 21 世纪议程：中国 21 世纪人口、环境与发展白皮书》，中国环境科学出版社 1994 年版。

⑤ 张春轶：《环境友好型土地利用模式研究——以策勒县为例》，新疆大学硕士学位论文，2007 年。

⑥ 王金南、张吉、杨金田：《环境友好型社会的内涵与实现途径》，《环境保护》2006 年第 5 期。

者对这一农作系统的环境友好型及经济型进行测评，通过将采用混合系统的农户与采用纯农业或者纯畜牧业系统的农户间进行比较，最终得出混合农畜系统更具有环境及经济的可持续性[1]；通过对埃塞俄比亚半干旱地区土壤的分析，Feyssa 等学者（2012）判定从环境友好的角度来说，（牲畜的）季节性迁移放牧的土地利用系统比农户定居的土地利用系统更有利于作物产量的增加[2]。石油产业极易导致沿海地区污染，故而油码头的选址对环境及经济的影响极大，Mansoureh Hasanzadeh（2010）在应用网络分析法（Analytic Network Process）对伊朗波斯湾海岸油码头进行选址后，认为该法能非常有效地满足生态环境安全友好型的油码头选址[3]。总的来说，国外对"环境友好"这一理念的提出时间长，相关理论比较完善，学者在各方面研究中对其涉及的较为深广。

（三）土地利用分区

国外区划研究最早萌芽于 18 世纪末 19 世纪初[4]。此阶段的区划按照对象的不同可以分为自然区划、经济区划、行政区划及综合区划；按照服务部门的不同分为气候区划、地貌区划、土壤区划、水温区划和植被区划等类型[5]。最开始的区域划分以自然区划为主，其中德国地理学家洪堡（Humboldt）最先确定了等温线和等压线概念，并首创了等温线图对全球气候与植被有机结合的自然区划进行研究[6]。霍迈尔（H. G. Hommeyer）通过提出地表自然区划及逐级分区开创了现代自然地域划分研究[7]。俄国地理学家道库恰耶夫（Vasili Vasilievich Dokuchaev）认为地球表层可

① Ryschawy J., Choisis N., Choisis J. P., et al. Mixed crop-livestock systems: an economic and environmental-friendly way of farming? *ANIMAL*, Jun. 2012.

② Ibid., pp. 1722 – 1730.

③ Hasanzadeh M., Danehkar A., Azizi M. The application of Analytical Network Process to environmental prioritizing criteria for coastal oil jetties site selection in Persian Gulf coasts (Iran). *Ocean & Coastal Management*, 2010, pp. 136 – 144.

④ 杨勤业、吴绍洪、郑度：《自然地域系统研究的回顾与展望》，《地理研究》2002 年第 4 期。

⑤ 伍光和：《自然地理学》，高等教育出版社 2000 年版。

⑥ Harrington. Empirical research on producer service growth and regional development: international comparisons. *Professional Geographer*, Jun. 1995, pp. 26 – 55.

⑦ Matin R. C. Spatial Distribution of Population: Cities and Suburbs. Journal of Regional Science, 1972, pp. 269 – 278.

以根据土壤地带性的规律分布分成若干带区[1]。19世纪以后，英国地理学家赫伯森（Herbertson，Andrew John）在自然区划研究基础上发展了生态区划的概念，为之后的生态区划研究提供了借鉴[2]。从此，各国学者开始对生态系统及区划进行了大量研究，使人们对生态系统的形成、演化、结构、功能以及影响生态系统的各环境因子有了较充分的认识[3]。19世纪30年代中期，英国生态学家坦斯勒（Tansley）定义了生态系统的概念，提出生态系统是各个环境因子综合作用的表现[4]。70年代中期，美国学者贝利（Beiley）按照地域、区、省和地段4级划分出了美国的生态区域，1989年他进一步编制了世界生态区划图[5]。

总的来说，以上国外研究，无论是自然分区还是生态分区均以自然要素为区域划分的主要依据，极少考虑人类及人类活动在区划中的作用。但随着时代的进步和社会的发展，人类所掌握的改造自然的技术手段大幅提升，同时城镇化及工业化的发展导致耕地减少，各地类间用地矛盾突出，各国政府对土地资源的有效配置给予了越来越高的重视，纷纷制订不同层级的土地利用分区方案，这些方案中必然需要加入人类的土地利用因素，从20世纪50年代开始各国的土地利用分区进入了实质性应用阶段。美国、日本、澳大利亚和苏联等国家均提出了具有代表性的土地利用分区方案[6]。

20世纪70年代开始，随着计算机技术的快速发展及遥感影像数据的广泛应用，国外学者对土地利用分区依据的指标及方法体系进行了积极探索。Sol等学者（1995）通过对不同影响因素进行识别、评估和计

---

① 杨勤业、吴绍洪、郑度：《自然地域系统研究的回顾与展望》，《地理研究》2002年第4期。

② Herbertson A. J. The major natural regions: an essay in systematic geography. Geogr. Journ. 1905, pp. 300 – 312.

③ 杨勤业、吴绍洪、郑度：《自然地域系统研究的回顾与展望》，《地理研究》2002年第4期。

④ 傅伯杰、陈利顶、刘国华：《中国生态区划的目的、任务及特点》，《生态学报》1999年第5期。

⑤ Bailey R. G. Explanatory Supplement to Eco-regions Map of the Continents. *Environmental Conservation*，Apr. 1989.

⑥ 范树平、程久苗、程美琴等：《国内外土地利用分区研究概况与展望》，《广东土地科学》2009年第4期。

算，集聚建立了一整套将健康因素考虑在内的环境指标体系，用于平衡工业开发用地与居住用地间的分区配置，这套指标体系包括噪声、气味、空气污染以及工业灾害等环境质量因素①；Wu 等学者（1998）应用细胞自动机模型（cellular automata）模拟自由市场与增量开发受控市场两种体制下的土地利用分区模型②；Tanavud 等学者（1999）应用 GIS 及 RS 技术将泰国 Songkla Lake 盆地分成三个土地利用区：保留区、缓冲区及发展区，各占盆地总面积的 16%、15% 和 69%，对该区域的生态多样性及协调用地起到了积极作用③；Suarez 等学者（2011）编制基于模拟退火法（simulated annealing）的并行算法（parallel algorithms），该法可以根据土地利用的适宜性和密实度优化界定土地使用类别提高制图的质量和速度④。总的来说，近年来的土地利用分区指标越来越多地考虑生态自然及健康因素，方法体系则通过越来越多地引入最新的技术模型提高分区的精确度。

不同学者对土地利用分区的研究范围各不相同，近年来国外土地利用分区研究的趋势越来越偏向于相对小的地域范围。Hajehforoosh-nia 等学者（2011）基于多准则评价及多目标土地分配原则把伊朗 Ghamishloo 野生动物保护区分成四个土地利用区域⑤；Zanon 等学者（2011）为意大利特伦蒂诺 the Paneveggio-Pale di San Martino 高山自然保护区公园区域探索了一套区划及管理计划体系，并提出使用了"景观单元"（landscape unit）作为最关键的区划依据，"景观单元"综合反

① Sol V. M., Lammers P., Aiking H., et al. Integrated Environmental Index for Application in Land-Use Zoning. *Environmental Management*, Mar. 1995, pp. 457 – 467.

② Fulong W., Webster C. J. Simulation of natural land use zoning under free-market and incremental development control regimes. *Computers, Environment and Urban Systems*, Mar. 1998, pp. 241 – 256.

③ Tanavud C., Yongchalermchai C., Bennui A. Land use zoning in Songkla Lake Basin using GIS and remote sensing technologies. *Thai Journal of Agricultural Science*, Apr. 1999.

④ Suarez M., Sante I., Rivera F. F., et al. A parallel algorithm based on simulated annealing for land use zoning plans：2011 International Conference on Parallel and Distributed Processing Techniques and Applications, *Las Vegas NV*, USA, 2011.

⑤ Hajehforooshnia S., Soffianian A., Mahiny A. S., et al. Multi objective land allocation (MO-LA) for zoning Ghamishloo Wildlife Sanctuary in Iran. *Journal for Nature Conservation*, Apr. 2011, pp. 254 – 262.

映当地社区间差异及自然保护差异①。Iwata 等学者（2009）以日本镰仓 20 世纪后期土地利用数据为基础分析了处于快速城镇化进程的城市不同时期的土地利用模式受土地利用分区、相关政策、环境因素及社会因素影响程度大小②。三位一体的森林管理体制（triad forest management）是将森林用地分为广泛管理区、集约管理区及保护区三个区域，Montigny 等（2006）以加拿大新不伦瑞克省黑溪区的一个私人经营的林区为研究对象，运用情景规划（scenario planning）对三位一体的森林管理体制进行效用评估，最终认为，尽管不同区域的效用大小不同，但对区划的情景规划分析有利于选择管理措施③。总的来说，近年来随着各国对生态环境的逐渐重视，土地利用分区越来越多地被应用于生态环境价值较大的区域。

随着土地利用分区理念在各国的深入应用，学者逐渐开始评估土地利用分区政策对社会各方面的影响，其中以经济价值评估及生态价值评估两者引起的关注最多，例如早在 20 世纪 80 年代末，Adelaja 等学者（1989）运用现金流模型对美国农业土地利用区划进行了评估，最终认为土地利用分区会增加生产费用、降低效益及盈利能力，导致土地资产贬值，这样的土地利用分区法规对农业生产极不公平，故而需要以转让发展权及其他方法对农户的损失进行补偿④；Talen（2005）在 90 年代中期对土地利用分区政策实施对区域内社会及经济差异产生的影响进行解释与评估，结果认为除居住用地的分区与收入差异相关外，其他用地类型的分区政策并未显示与社会经济差异相关⑤；对在生态价值评估方面，Davide

---

① Zanon B., Geneletti D. Integrating ecological, scenic and local identity values in the management plan of an Alpine Natural Park. *Journal of Environmental Planning and Management*, Jun. 2011, pp. 833 – 850.

② Iwata O., Oguchi T. Factors Affecting Late Twentieth Century Land Use Patterns in Kamakura City, Japan. *GEOGRAPHICAL RESEARCH*, Feb. 2009, pp. 175 – 191.

③ Montigny M. K., MacLean D. A. Triad forest management: Scenario analysis of forest zoning effects on timber and non-timber values in New Brunswick, Canada. *Forestry Chronicle*, Apr. 2006, pp. 496 – 511.

④ Adelaja A., Derr D., Rose-Tank K. Economic and equity implications of land-use zoning in suburban agriculture. Feb. 1989, pp. 97 – 112.

⑤ Talen E. Land use zoning and human diversity: Exploring the connection. *Journal of Urban Planning and Development-ASCE*, Apr. 2005, pp. 214 – 232.

Geneletti（2013）通过对智利一个行政区 The Araucanía 进行实证研究，评价了不同土地利用分区政策对包括水体净化、土壤保护、物种栖息地保护、碳封存及木材生产等方面在内的一整套生态服务系统的影响①。

二　国内研究现状和趋势

（一）主体功能区规划

1. 主体功能区规划实施历程

全国人民代表大会于 2006 年 3 月通过的《中共中央关于制定国民经济和社会发展第十一个五年规划的建议》在提出实施主体功能区规划的思路，促使经济发展与人口、资源及环境相协调的基础上，明确划定了禁止开发区域和限制开发区域的分布范围。2006 年 10 月 11 日，国务院办公厅发出通知启动编制全国主体功能区规划工作。2010 年 6 月，《全国主体功能区规划》在国务院常务会议上获得原则上通过。《全国主体功能区规划》中界定推进形成主体功能区，就是要根据不同区域的资源环境承载能力、现有开发强度和发展潜力，统筹谋划人口分布、经济布局、国土利用和城镇化格局，确定不同区域的主体功能，并据此明确开发方向，完善开发政策，控制开发强度，规范开发秩序，逐步形成人口、经济及资源环境相协调的国土空间开发格局。主体功能区规划将国土空间分为以下主体功能区：按照开发方式，分为优化开发区域、重点开发区域、限制开发区域和禁止开发区域；按照开发内容，分为城市化地区、农产品生产区和重点生态功能区；按照层级，分为国家和省级两个层级②。

从 2006 年提出编制规划到 2010 年原则性通过规划再到今天，主体功能区规划已受到各界学者的广泛关注，关注角度也多种多样：孟召宜（2008）、樊继达（2011）、李炜（2012）和徐梦月（2012）等对基于主体功能区的生态补偿理论、转移支付等财税政策、生态补偿机制及模型

---

① Geneletti D. Assessing the impact of alternative land-use zoning policies on future ecosystem services. *Environmental Impact Assessment Review*，2013，pp. 25 – 35.

② 国务院关于印发全国主体功能区规划的通知，http：//www. gov. cn/zwgk/2011 – 06/08/content_ 1879180. htm。

进行了研究①；娄峰（2012）、刘正广（2010）等对主体功能区规划人口分布方面进行了研究②；傅鼎等（2011）对青岛市的资源承载力进行分析的基础上对市域辖区进行区划分析及提出发展思路③，程克群等（2010）以安徽省为案例，对其主要环境区域进行评价、从理论和实践方面阐述了各类功能区与环境的关系，最终提出了构建适用安徽省主体功能区实施的环境政策体系基本思路及框架设计方案④；韩俊霞（2009）、段进军（2010）和徐诗举（2011）等认为在主体功能区建设中推进基本公共服务均等化对构建和谐社会具有重要的理论与现实意义，故而在研究分析基本公共服务均等化的现状基础上，学者们在不同研究区范围内探索了主体功能区建设中推进基本公共服务均等化的途径和措施⑤；此外，主体功能区各方面配套政策体系也是研究的热点⑥。

已有学者在加快形成主体功能区背景下所做的关于生态补偿、财政转移支付、人口分布、资源环境承载力、基本公共服务均等化及土

① 孟召宜、朱传耿、渠爱雪等：《我国主体功能区生态补偿思路研究》，《中国人口·资源与环境》2008年第2期。

樊继达：《政府转型、财税政策创新与主体功能区建设》，《新视野》2011年第6期。

李炜、田国双：《生态补偿机制的博弈分析——基于主体功能区视角》，《学习与探索》2012年第6期。

徐梦月、陈江龙、高金龙等：《主体功能区生态补偿模型初探》，《中国生态农业学报》2012年第10期。

② 娄峰、侯慧丽：《基于国家主体功能区规划的人口空间分布预测和建议》，《中国人口·资源与环境》2012年第11期。

刘正广、马忠玉、殷平：《省级主体功能区人口分布格局探讨——以宁夏回族自治区为例》，《中国人口·资源与环境》2010年第5期。

③ 傅鼎、宋世杰：《基于相对资源承载力的青岛市主体功能区区划》，《中国人口·资源与环境》2011年第4期。

④ 程克群、潘成荣、王晓辉：《主体功能区的环境评价与政策研究——以安徽省为例》，《科技进步与对策》2010年第21期。

⑤ 韩俊霞：《主体功能区、公共服务均等与财政转移支付制度设计》，《商业会计》2009年第3期。

段进军、董自光：《基于主体功能区视角的基本公共服务均等化研究——以浙江省为例》，《社会科学家》2010年第11期。

徐诗举：《基本公共服务均等化的标准与实现途径——以安徽省为例》，《探索》2011年第3期。

⑥ 杜黎明：《主体功能区配套政策体系研究》，《开发研究》2010年第1期。

杜黎明：《我国主体功能区现代农业发展研究》，《经济纵横》2010年第4期。

地利用空间格局研究等研究多遵从《全国主体功能区规划》主旨，即推进形成主体功能区，主要是根据不同区域的资源环境承载能力、现有开发强度和发展潜力，统筹谋划人口分布、经济布局、国土利用和城镇化格局，确定不同区域的主体功能，并据此明确开发方向，完善开发强度，规范开发秩序，逐步形成人口、经济及资源环境相协调的国土空间开发格局①。

2. 主体功能区规划与土地利用

土地是人类赖以生存和发展的最基本物质基础，是人类创造财富的源泉。一切社会及经济活动都将表现为特定的土地资源利用的空间格局，相对应的，土地利用的不同空间格局终将影响社会经济活动的进行与发展。主体功能区规划在充分考虑人口分布、经济布局和生态环境的前提下，最终形成一定的土地利用及空间开发结构与秩序，本质上是一种区域规划思想，故而对主体功能区及土地利用相关内容的研究多且广：在主体功能区规划颁布对土地利用变化的影响方面，李德一等（2011）选择黑龙江省哈大齐地区为研究案例，以 CLUE - S 模型模拟了实施与不实施主体功能区规划两种情景下的未来土地系统变化情况，结果表明，在不实施任何空间管制措施的情景下，耕地对草地的蚕食将延续，生态功能持续降低。而在主体功能区建设的情景下，居民地将大幅度扩展，且主要占用盐碱地，同时保持了耕地和生态用地的安全，在一定程度上可缓解土地利用冲突，优化土地利用结构和国土开发格局，从而说明了主体功能区规划的积极作用②。在主体功能区技术性分类方法方面，钱敏等（2012）提出应用 SLEUTH（slope land use exclusive layer urbanization transportation hillshade）模型的主体功能区划方法，该法根据土地利用的变化趋势对已划分好的主体功能区进行适当调整，作者通过对苏锡地区的模拟，认为通过该法可以对初次划分中由于条件模糊而

---

① 国务院关于印发全国主体功能区规划的通知，http://www.gov.cn/zwgk/2011 - 06/08/content_ 1879180. htm。

② 李德一、张树文、吕学军等：《主体功能区情景下的土地系统变化模拟》，《地理与地理信息科学》2011 年第 3 期。

难以判断的部分区域进行调整和优化，从而得到完整的主体功能区[①]；赵东娟等（2008）基于 GIS 和遥感技术，通过构建了县域数字高程模型（DEM）对地形复杂的山区划分优化开发区、重点开发区、限制开发区和禁止开发区，研究为可以进行山区县域主体功能分区及景观生态优化调控提供了一种较为精确的途径[②]；丁建中等（2009）认为空间开发潜力评价是主体功能区规划的基础，也是建设用地空间配置的重要依据，建设用地空间上的拓展与空间开发潜力指数基本呈正相关，故而空间开发潜力评价指数可以作为主体功能分区的一种方法体系[③]。

3. 主体功能区规划与其他规划

主体功能区规划的本质是分区规划，主要强调对国土空间的"管制"，主体功能区规划与城市规划以及土地利用总体规划均是我国现行的区域空间划分，对于三者的关系，已有学者进行了一定研究。

主体功能区规划与城市规划都是以空间管制为目的，但两个空间管制的具体目标不同，两者在"区块功能"和"空间界限"上存在不一致性。主体功能区规划主要强调对国土空间的"管制"，是以资本、土地、劳动力、技术和政策等生产要素配置导引为基本原则；城市规划则是以用地功能确定为目标，为城市规划用地布局服务[④]。

主体功能分区和土地利用分区在分区内容、分区目的及作用上均有差异。在分区内容方面，一种功能区内会含有多种土地利用类型，如优化开发区、重点开发区、限制开发区和禁止开发区内均会有不同比例的建设用地、工矿仓储用地等。在分区指标上，主体功能规划以环境承载能力、现有开发密度、发展潜力为被考虑的首要指标，同时也要考虑未来区域人口格局、经济布局、国土利用和城镇化发展趋势。土地利用分

---

① 钱敏、濮励杰、朱明：《基于 SLEUTH 模型的主体功能区划分后的土地利用变化》，《农业工程学报》2012 年第 18 期。

② 赵东娟、齐伟、赵胜亭等：《基于 GIS 的山区县域土地利用格局优化研究》，《农业工程学报》2008 年第 2 期。

③ 丁建中、金志丰、陈逸：《基于空间开发潜力评价的泰州市建设用地空间配置研究》，《中国土地科学》2009 年第 5 期。

④ 韩青、顾朝林、袁晓辉：《城市总体规划与主体功能区规划管制空间研究》，《城市规划》2011 年第 10 期。

区的指标体系相对成熟，其选择的基本原则要遵循科学的规律，从实际要求出发，综合考虑组成地域综合体的条件，包括土地、社会、经济和环境四大类指标[①]。在分区目的及作用方面，主体功能分区的目的在于实行分类管理的区域政策，而土地利用分区的目的则主要是为区域土地资源用途管制的需要[②]。

（二）土地利用模式

1. 土地资源的概念

资源的本质是人类生产和生活资料的来源，联合国环境规划署（UNEP）将其解释为：所谓资源，特别是自然资源，是指在一定时间、地点的条件下能够产生经济价值、以提高人类当前和将来福利的自然环境因素和条件。

土地资源是指在一定的技术条件和一定时间内可以为人类利用的土地。相比于"土地"的概念，"土地资源"更强调土地作为资源的利用价值，但与"土地"具有自然和经济双重属性一致，土地资源同样具有"自然资源特性"和"社会资产特性"。土地资源的自然特性因受区域水热条件、地质地貌条件等一系列地带及非地带性规律影响，使得土地表现出显著的地域差异性；同时土地资源的资产增值性因受稀缺性及人类对其的改造利用影响，人类积极的土地利用方式能使原来自然条件差、经济价值低的土地增值，如通过修建梯田使得山坡地地价增值、通过改变利用方式、改善基础设施条件使得农地变为建设用地、区位条件得以提高，进而土地增值。所以，土地资源的地域差异性及资产增值性共同决定了人类若想充分发挥土地的区域优势，便必须因地制宜地开展生产、生活活动，充分考虑区域自然条件的发展瓶颈以及增值能力。故而在充分调查一定区域自然、经济、社会及生态等方面状况的前提下，利用科学的方法对该区域进行分区，为不同区域选取差异化的土地利用

---

① 吴胜军、洪松、任宪友等：《湖北省土地利用综合分区研究》，《华中师范大学学报》（自然科学版）2007 年第 1 期。

② 覃发超、李铁松、张斌等：《浅析主体功能区与土地利用分区的关系》，《国土资源科技管理》2008 年第 2 期。

模式是保证土地资源以环境友好的可持续发展方式得以利用的有效途径。

2. 土地利用模式的概念

广义的土地利用模式可以被定义为土地资源利用的结构布局，它不仅包括土地利用分区的地域空间结构，同时注重反映土地利用过程中自然、经济、社会及生态环境的相互关系。目前，根据我国城乡二元结构的特点，学者分别对城市和农村的土地利用模式进行了研究。高志昊（2011）、毛蒋兴（2005）、朱光明（2011）、韩涛（2011）等分别对大庆市、广州市、长春净月开发区、天津市文化产业示范园等不同范域尺度的城市土地利用模式进行了研究①。农村方面的研究多以土地持续利用及生态环境友好为目标展开，孙新章（2004）、杨庆媛（2004）和朱连奇（2004）等分别对坝上农牧交错带、丘陵及山地等农村土地利用模式进行了分析②。另外，一些典型区域如喀斯特流域、三峡库区的土地利用模式研究也是学者和政府的关心焦点③。以上的研究多在城市及农村间分别进行，缺乏对处于城乡结合区域的乡镇土地利用研究，不利于城乡的统筹发展。

以上学者对土地利用模式的研究思路大体相似：在调查研究区域土地资源利用现状、社会经济水平状况及生态环境水平等现状前提下，建

---

① 高志昊、宋戈、张远景：《石油城市经济转型背景下土地利用模式研究——以黑龙江省大庆市为例》，《水土保持研究》2011年第3期。

毛蒋兴、闫小培：《基于城市土地利用模式与交通模式互动机制的大城市可持续交通模式选择——以广州为例》，《人文地理》2005年第3期。

朱光明、王士君、贾建生：《基于生态敏感性评价的城市土地利用模式研究——以长春净月经济开发区为例》，《人文地理》2011年第5期。

韩涛、杜娟：《基于共生理念的城市用地布局模式探讨——以天津市国家级文化产业示范区为例》，《规划师》2011年第7期。

② 孙新章、张立峰、张新民等：《河北坝上农牧交错带生态经济型土地利用模式与技术》，《农业工程学报》2004年第2期。

杨庆媛、田永中、王朝科等：《西南丘陵山地区农村居民点土地整理模式——以重庆渝北区为例》，《地理研究》2004年第4期。

朱连奇、钱乐祥、刘静玉等：《山区农业土地利用模式的设计》，《地理研究》2004年第4期。

③ 胡绪江、陈波、胡兴华等：《后寨河喀斯特流域土地资源合理利用模式研究》，《中国岩溶》2001年第4期。

廖和平、邓旭升、卢艳霞：《三峡库区坡地资源优化利用模式与途径》，《山地学报》2005年第2期。

立指标体系，应用聚类分析法、专家打分法或主成分分析法等科学方法分析区域土地利用特点及存在问题，从不同研究角度出发，因地制宜地、有针对性地提出土地利用模式优化方案。

3. 环境友好型土地利用模式的概念

由于近年来我国人口的剧增和生态环境压力的增大，伴随着土地利用变化产生的资源、环境问题愈加受到人们的重视，国内对于土地利用模式的研究成为焦点是从中央提出"环境友好型土地利用模式"范畴开始。"环境友好型土地利用模式"的说法最早在 2005 年国务院办公厅国办发 32 号文件中被正式提出。

学术界对于"环境友好型土地利用模式"并没有统一的定义，如，中国农业大学的郭璐斐（2006）认为，环境友好型的土地利用模式是一种在各种土地利用过程中，把对环境的有害化影响减少到最低程度基础之上的，采取环境污染少并且对所处区域整体生态环境不造成退化、资源消耗小、经济效益好、科技含量高、社会可接受的土地利用方式[1]；湖南师范大学的毛德华等（2007）认为，环境友好型土地利用模式是根据生态学和循环经济学原理，运用系统工程与现代科学技术，基于资源环境承载力，建立的具有高效的经济过程和和谐的生态功能的网络型土地利用方式[2]；王志海等（2008）认为环境友好型的土地利用模式是按照土地的自然生态条件和环境承载力，进行土地规划，优化配置土地资源，使不同功能用地之间的位置关系与比例关系协调，增强土地利用集约程度，从而实现经济效益、生态效益的双丰收[3]。刘宗连认为环境友好型土地利用模式是针对特定的地域单元，以保护和改善生态环境、节约与集约利用土地及可持续利用土地为原则和目标的土地利用方式[4]。

[1] 郭璐斐：《泰安市环境友好型土地利用模式及其评价指标体系研究》，中国农业大学硕士学位论文，2006 年。

[2] 毛德华、陈秋林、汪子一：《关于环境友好型土地利用模式的若干基本问题的探讨》，《资源环境与工程》2007 年第 1 期。

[3] 王志海、高阳、徐建华等：《生态环境友好型城市土地利用模式探讨——以上海市为例》，《城市》2008 年第 2 期。

[4] 刘宗连：《基于农村可持续发展的土地利用模式研究——以常德市鼎城区为例》，湖南师范大学硕士学位论文，2008 年。

李继明认为环境友好型的土地利用是以遵循自然规律为准则，与土地的可持续利用在内涵上是基本一致的、与资源环境承载力相协调的，并与建设社会主义新农村相辅相成的一种在现有的认识水平和技术水平下不产生负外部性或者负外部性最小化的、追求人与自然和谐共存的土地利用模式①。在总结了前人见解的基础上，本文认为环境友好型土地利用模式是在自然、社会、经济等条件相对一致的区域内，根据区域人地系统的条件，选择一整套适合该区域土地利用方案，使该区域的土地利用既促进了当地经济发展，又最大限度地保护了生态环境，使人与自然和谐相处。

4. 土地利用模式相关实证研究

土地利用模式相关的实证研究是近年学术界研究的热点，多数实证研究都是针对某一拥有特定自然生态条件的区域，以当地产业（一般是大农业）在时间和空间上的发展特点为基础，展开的对特定土地利用模式具有针对性的研究。如，刘黎明和林培（1998）经过黄土高原小流域的持续土地利用模式设计，提出土地利用模式是根据自然、社会、经济条件，在分析其土地利用的特点和问题的基础上，提出一套适合该区域的土地生态改良措施与土地利用优化方案②；刘彦随等（1999）以陕西秦岭北部为例，进行了土地类型空间结构、数量结构和质量结构的系统分析，提出了土地类型格局的空间层次性、结构多级性和功能多元性的观点，并进行了山地系统生态模式设计③；胡绪江等（2001）通过对喀斯特流域土地资源合理利用模式研究，对土地合理利用模式进行了归纳，并提出了各种土地利用模式的推广实施对策④；廖和平等（2005）基于土地资源优化利用原理和生态设

---

① 李继明：《县域土地资源环境友好型利用评价的理论和方法》，华中农业大学博士学位论文，2011年。

② 刘黎明、林培：《黄土高原持续土地利用研究》，《资源科学》1998年第1期。

③ 刘彦随：《山地农业资源的时空性与持续利用研究——以陕西秦巴山地为例》，《长江流域资源与环境》1999年第4期。

④ 胡绪江、陈波、胡兴华等：《后寨河喀斯特流域土地资源合理利用模式研究》，《中国岩溶》2001年第4期。

计的理念，提出三峡库区土地资源优化利用应突出生态效益、经济主导、产业协调和区域特色 4 种模式①；周潮洪、刘晗和梁伟恒等人（2012）均利用一定的土地评价方法对天津市大黄堡蓄滞洪区、太行山区牛叫河小流域、西南山地丘陵区等生态功能区域的土地利用模式进行了规划②；余中元和刘云等人（2013）分别深入研究滇池流域、香格里拉等生态脆弱地区的地域特征后确定了适宜的环境友好型土地利用模式方案③。

　　由于中国土地农村与城市的二分性，国内在进行土地利用模式研究时，很多学者也将土地分为农村土地利用模式、城市土地利用模式和城乡统筹下的土地利用模式。针对农村土地利用模式进行研究的学者主要结合大农业用途和新农村建设进行，如，李智广（2000）对秦巴山区柞水县薛家沟流域土地持续利用模式进行了探讨，依据流域立体分异特性，提出平地以粮食种植、坡地以经济果木和防护林为主导的山地林果药菌立体开发的土地利用模式④；杨庆媛等（2004）从丘陵山地区域的自然环境条件和社会经济发展水平的实际出发，提出农林综合开发整理和新农村建设两种土地整理模式⑤；王成和赵万民等（2009）研究以重庆市万洲居仙试验区作为研究区，分析不同土地利用模式下土壤性质变

---

①　廖和平、邓旭升、卢艳霞：《三峡库区坡地资源优化利用模式与途径》，《山地学报》2005年第 2 期。

②　周潮洪、冯雨：《蓄滞洪区土地合理利用模式研究》，《水利水电工程设计》2012 年第 3 期。

　　刘晗、吕斌：《太行山区牛叫河小流域土地可持续利用模式探讨》，《地理研究》2012 年第 6 期。

　　梁伟恒、廖和平、杨伟等：《基于生态安全的西南山地丘陵区土地利用优化模式研究——以重庆市开县为例》，《西南师范大学学报》（自然科学版）2012 年第 5 期。

③　余中元、李波：《滇池流域生态经济系统特征与区域协调发展土地利用模式研究》，《农业现代化研究》2013 年第 4 期。

　　刘云：《香格里拉生态旅游环境友好型土地利用模式研究》，《广东土地科学》2013 年第 2 期。

④　李智广、刘务农：《秦巴山区中山地小流域土地持续利用模式探讨——以柞水县薛家沟流域为例》，《山地学报》2000 年第 2 期。

⑤　杨庆媛、田永中、王朝科等：《西南丘陵山地地区农村居民点土地整理模式——以重庆渝北区为例》，《地理研究》2004 年第 4 期。

化及其经济效益的响应①；饶静和欧阳威（2011）通过对农户的问卷调查和访谈方法，分析得出造成农业高投入高产出土地利用模式的原因有现代农业技术的实施过程中缺乏政府的农业公共服务供给、缺少正向的经济激励和农民环境意识淡泊等因素，并有针对性地给出了政策建议②；李艳丽（2013）对农业不同土地利用模式和管理实践下的经济效益的差异进行了比较分析③。

针对城市土地利用模式进行研究的学者通常从一定视角通过一定技术方法评价土地利用现状，旨在提高城市土地集约度的同时，促使城市土地生态系统协调发展。如，张杰等（2008）通过对北京市东城区土地利用现状与问题的分析，提出了国际化大都市建成区土地利用模式创新的原则、内涵和具体途径④；高志昊等（2011）运用模糊综合评价石油资源型城市大庆市的城市土地集约利用程度，寻求制约大庆市土地集约利用的关键因素，探究适宜大庆市经济转型背景的土地利用模式⑤；刘英英等（2011）针对陇南市的自然、经济和生态条件，运用现代生态学理论，采用叠置法，对其进行了生态功能区划，并针对不同功能区土地资源的特点，探讨了各区的环境友好型土地利用模式，提出了土地资源区域治理措施和土地利用的方向⑥；近两年随着中国城市交通的发展，学者们对以城市交通为主线的城市土地利用模式的研究也成为焦点，如，席海凌（2012）和林依标等（2013）分别对昆明、香港和浙江台州等城市轨道交通站点和沿线土地利用模式特点进行了全面深入分

① 王成、赵万民、谭少华：《不同土地利用模式与管理实践下的土地经济效益响应》，《农业工程学报》2009 年第 10 期。

② 饶静、欧阳威：《高投入高产出土地利用模式的成因及对策》，《中国土地科学》2011 年第 12 期。

③ 李艳丽：《不同土地利用模式与管理实践下的土地经济效益响应探讨》，《黑龙江科技信息》2013 年第 13 期。

④ 张杰、杨重光、蒋三庚等：《国际化大都市核心区土地利用模式创新分析——以北京市东城区为例》，《首都经济贸易大学学报》2008 年第 6 期。

⑤ 高志昊、宋戈、张远景：《石油城市经济转型背景下土地利用模式研究——以黑龙江省大庆市为例》，《水土保持研究》2011 年第 3 期。

⑥ 刘英英、石培基、刘春雨等：《基于 GIS 陇南市生态功能区划及环境友好型土地利用模式》，《干旱区资源与环境》2011 年第 1 期。

析，进而分析影响整个城市空间布局的因素[①]；丁川等（2013）在公共交通导向（TOD）模式下，利用非线性微分方程模型揭示城市公交干线与土地利用的互动关系及演化趋势[②]；徐磊（2012）通过对武汉城市圈交通体系发展趋势的研究，为武汉以交通体系为导向设计了几种城市土地利用发展模式[③]；另外，通过对于相似城市之间土地利用特征的对比，为发展落后的城市提供借鉴，例如，殷少美（2012）通过利用国外典型城市与扬州市之间土地规划布局、利用格局、利用方式及利用效益等方面的对比，希望能对扬州土地利用模式改善给予借鉴[④]；刁其怀（2012）探讨了香港土地利用模式对深圳土地改革的借鉴价值[⑤]。

近年在城乡统筹政策指导下，学者们从此角度对于城市化进程中城市向农村扩张的土地利用模式进行了研究，如，蒲春玲等（2011）以"低碳经济"为切入点从减少碳源和增加碳汇两个角度将新疆划分为主要碳源区、重要碳汇区和碳中和区三个碳综合功能区，并为城市和农村构建出相应的低碳与环境友好型土地利用模式[⑥]；张春花等（2012）在分析大连市土地生态环境关键问题的基础上，提出了城市中心区搬迁改造模式、金州区特色农业模式及长山群岛海水养殖经济模式三种环境友好型土地利用模式[⑦]；温向东等（2012）为沈阳市城市郊区土地利用模式进行

① 席海凌、计文波：《昆明轨道交通建设与城市土地开发利用模式探讨》，《多元与包容——2012中国城市规划年会》，中国云南昆明，2012年。

林依标、陈权：《地铁线路选择及站点区域土地利用模式研究》，《综合运输》2013年第4期。

袁媛：《组团城市轨道交通沿线土地的利用模式——以台州市为例》，《城市问题》2013年第6期。

② 丁川、谢秉磊、王耀武：《TOD模式下城市公交干线与土地利用的互动关系》，《华南理工大学学报》（自然科学版）2013年第2期。

③ 徐磊：《交通引导下的武汉城市圈土地利用模式研究》，华中农业大学硕士学位论文，2012年。

④ 殷少美：《国外城市土地利用模式对扬州建设世界名城的启示》，《中国名城》2012年第12期。

⑤ 刁其怀：《香港土地利用模式对深圳土地改革的借鉴意义》，《中国房地产》2012年第15期。

⑥ 蒲春玲、余慧容：《新疆低碳与环境友好型土地利用模式探讨》，《干旱区资源与环境》2011年第6期。

⑦ 张春花、武传表：《大连市环境友好型土地利用模式初探》，《北方经济》2012年第12期。

了设计，提出了能够较好融合城市和农村并完善城市新区功能的"新型绿环模式"①。

另外，学者们越来越重视土地科学与其他科学的交叉研究，并在土地利用实践中引入其他技术和理论框架，解决土地利用与人类社会其他领域相融合问题，例如，纪昭（2012）、田向南（2012）和刘文秀（2012）分别从包容性增长、生态足迹、城乡一体化的角度对土地利用模式进行研究②，而利用主体功能区规划理念对土地利用的研究也是学者关注的焦点，如，彭毅（2009）以主体功能区战略为思路，运用系统动力学德尔菲法（Delphi）与层次分析法（AHP）分析在不同主体功能区中土地开发、利用、整治和保护（DUHP）组合的优先度，对于各种区域土地利用模式选择给出指导建议③；王月基（2013）基于主体功能区划的视角，在对广西主体功能区规划布局分析基础上，提出了从区域统筹、城乡统筹和集约利用统筹这三个方面构建土地的可持续利用模式④；樊杰等（2013）以长株潭结合部暮云镇为例，主要采用2004年与2010年土地利用数据，对行政边界区域土地利用与空间发展的特征、机制及问题进行系统分析，以其探索跨越行政界限的土地利用理论模式⑤。

综上所述，目前国内学术界对于土地利用模式的研究越来越热门，试图通过多学科知识交叉来解决区域土地利用焦点问题为研究趋势所在。《全国主体功能区》颁布和实施后，随着各省级主体功能区规划陆续颁布实施，基于省级主体功能区规划的各区域土地利用模式的设计和

---

① 温向东、彭晓烈：《城市周边土地利用模式初探》，《山西建筑》2012年第3期。
② 纪昭：《包容性增长视角下的土地利用模式研究》，中国地质大学硕士学位论文，2012年。
田向南：《基于生态足迹的咸宁市低碳土地利用模式的研究》，华中师范大学硕士学位论文，2012年。
刘文秀：《长春市城张一体土地利用的机制与模式研究》，东北师范大学博士学位论文，2012年。
③ 彭毅：《主体功能区战略引导下的区域土地利用模式及情景模拟——以浙江省遂昌县为例》，浙江大学硕士学位论文，2009年。
④ 王月基：《基于主体功能区划视角的区域土地利用模式研究》，《大众科技》2013年第3期。
⑤ 唐常春、樊杰、陈东等：《行政边界区域土地利用与空间发展模式研究——以长株潭结合部为例》，《人文地理》2013年第2期。

选择问题研究必将成为焦点，本书将以全国主体功能区规划和贵州省主体功能区规划为框架，以西部欠发达地区贵州省为研究实证区域，分别选取地（州、市）、县（深入到乡镇）、乡（镇）、村、重点旅游景区为各种地域尺度研究实证区，探讨不同类型主体功能区下具体土地利用模式优化选择问题，这将打破以往单纯划分城市和农村土地利用模式的研究范式。另外，本书将以土地利用评价和经济分析相关模型对区域土地进行定量研究的基础上，在主体功能区划框架下，为特定地域土地利用模式的选择提供全新的视角和政策借鉴。

（三）土地适宜性评价

土地适宜性评价是进行土地资源空间分析及优化的配置的基础，在进行主体功能区划分前对大方县的土地适宜性进行评价可以为进一步的分区规划、资源优化配置提供基础条件和资料，在鉴定大方县域内各种土地的适宜性，结合其现有利用情况，可以确定不同分区的土地开发强度及土地资源优化配置方案。

近年来，我国城市化进程加速、人地矛盾突出，生态脆弱状况不容忽视，对土地资源利用起导向作用的土地适宜性评价的应用也越来越广泛。

从内容上来说，农用地土地适宜性评价研究范围逐步由大范围的地域、省域向县市级以下尺度过渡。另外，对生态环境脆弱区域的农用地适宜性研究也逐渐增加，如对喀斯特地区、洞庭湖流域等特殊区域的评价等。

从方法上来说，城市建设用地适宜性评价一般以城市内部环境友好型的土地资源开发和优化配置为目标。相关学者在评价指标体系构建、土地适宜评价技术方法两方面进行探索。在评价指标体系方面，自然因素所占比重下降，而根据不同的评价目标，生态、经济及社会等因素受到越来越多的关注。在评价方法方面，从 20 世纪 90 年代开始，GIS 技术被引入我国的土地评价中，以遥感和 GIS 平台为基础的土地适宜性评价越来越普遍。土地适宜性评价以加权平均法应用得最为广泛，近年来，也有突破，如宗跃光等（2007）将生态规划的思想和适宜性评价相结合，通过生态要素对给定土地利用方式的适宜性程度进行评价，并提出加权"潜力—限制评价法"的技术方法。[1]

（四）土地利用分区的方法研究

土地利用模式的研究建立在土地利用分区基础上，故而笔者对土地利用分区的方法进行了研究与总结。

国内学者对土地利用分区方法的研究多种多样，其中聚类分析法是被应用最多的分区方法，近年来众多学者应用该种方法对不同行政区内的土地利用进行了分区研究：陈云川、廖晓勇、张元玲和赵荣钦等分别运用聚类分析方法对四川省、西藏自治区、辽宁省、江苏省等省级区域进行土地利用分区研究[2]；曲晨晓、焦庆东、陈怀录、庄红卫和王炯等分别对许昌市、重庆市、甘肃省临夏回族自治州、吉首市、保定市等市级区域进行土地利用分区研究。[3]

除聚类分析方法外，前人也应用了其他的方法对土地利用分区进行了研究：丛明珠等借助 SPSS 软件，利用主成分分析法，对江苏省各县市的土地利用程度进行综合评价的基础上将江苏省划分为 3 个一级土地利用区域[4]；张俊平等应用模糊分类的思想探讨土地利用最优分区数目

① 宗跃光、王蓉、汪成刚：《城市建设用地生态适宜性评价的潜力——限制性分析——以大连城市化区为例》，《地理研究》2007 年第 6 期。

② 陈云川、朱明苍、罗永明：《区域土地利用综合分区研究——以四川省为例》，《软科学》2007 年第 1 期。

廖晓勇、陈治谏、王海明等：《西藏土地利用综合分区》，《山地学报》2009 年第 1 期。

张元玲、任学慧、钞锦龙：《辽宁省土地利用综合分区研究》，《资源与产业》2009 年第 4 期。

赵荣钦、黄贤金、钟太洋等：《聚类分析在江苏沿海地区土地利用分区中的应用》，《农业工程学报》2010 年第 6 期。

③ 曲晨晓、孟庆香：《许昌市土地利用功能分区研究》，《中国土地科学》2008 年第 11 期。

焦庆东、杨庆媛、冯应斌等：《基于 Pearson 分层聚类的重庆市土地利用分区研究》，《西南大学学报》（自然科学版）2009 年第 6 期。

陈怀录、徐艺诵、许计平等：《层次聚类分析法在甘肃省临夏回族自治州土地利用分区中的应用》，《兰州大学学报》（自然科学版）2010 年第 5 期。

王炯、许月明、郭庆：《基于聚类分析法的保定市土地利用分区及建议》，《中国农业资源与区划》2011 年第 2 期。

庄红卫、张芳、刘卫芳：《欠发达县级市域土地利用功能分区研究——以吉首市为例》，《经济地理》2010 年第 11 期。

④ 丛明珠、欧向军、赵清等：《基于主成分分析法的江苏省土地利用综合分区研究》，《地理研究》2008 年第 3 期。

策略，以弥补传统硬性聚类分析方法的不同[①]；王华等认为传统的分区方法明显不能满足解决多目标的土地利用分区优化问题，故而提出一种基于多目标微粒群优化的土地利用分区模型。[②]

综上，国内学者对土地利用分区研究方法探索极多，在众多的研究方法中，聚类分析法是被应用得最多且最成熟的土地利用综合分区研究方法，该方法在学者根据多目标选择评价指标的基础上，借助专业软件对一定区域进行分区划定，根据划定后的结果，结合区域实际情况，对不同分区进行分析并给定优化建议，既保证了研究者的主观学科专业性，又保证了运算方法的客观科学性，故而笔者选择聚类分析法为本文的主要研究方法。

通过以上分析可以看出，目前国内对城镇土地利用分区及土地利用模式选择的研究越来越多的以生态环境友好为前提，研究基础和目标的变化，使得各位学者更加注重经济、社会及生态因素的比重，而逐渐减少了自然因素的权重，另外研究领域范围逐步细化，但是研究多在城市及农村分别进行，缺乏对处于城乡结合区域的乡镇土地利用研究，不利于城乡的统筹发展；此外，更缺乏对于生态脆弱、经济落后的西部乡镇的研究。

第三节　研究目标、内容和方法

一　研究目标

本书以贵州省为例，首先运用因子分析法通过分析贵州省土地利用机制与区域经济耦合关系，明确各地区的土地利用驱动因素，然后根据不同尺度地域自然和社会经济条件，选用适合的定量与定性分析方法，寻求地市级、县、乡（镇）级、村级到主导产业级（拟选取旅游业）即从宏观层面到微观层面的土地利用模式优化途径，拟为主体功能区战

---

① 张俊平、胡月明、阙泽胜等：《基于主分量模糊c—均值算法的区域土地利用分区方法探讨——以广东省大埔县为例》，《经济地理》2011 年第 1 期。

② 王华、刘耀林、姬盈利：《基于多目标微粒群优化算法的土地利用分区模型》，《农业工程学报》2012 年第 12 期。

略引导下的土地利用政策的制定提供参考依据。

本书总目标是解决欠发达地区生态保护与经济发展的矛盾，旨在解决主体功能区规划实施后，欠发达地区生态保护与经济发展的矛盾问题，拟通过土地利用与区域经济发展耦合与模拟，利用一定的方法体系选择一种生态环境与区域经济耦合度最优的土地利用模式。

本书的分目标包括以下几个方面。

（1）在主体功能区划分的基础上，探讨区域土地利用模式与区域经济发展的关系，对于经济发展落后而生态环境脆弱的西部欠发达地区尤为迫切和重要。如何在促进经济发展、缩小东西部差距的同时，结合自身实际选择适宜的环境友好型土地利用模式，是目前亟须解决的问题。首先通过对于贵州省各地（州、市）现状土地利用与区域经济存在的耦合关系的研究，得出对区域经济发展造成主要影响的土地驱动因素，并分析出现状土地利用模式存在的问题，为区域经济发展问题和未来环境友好型最优土地利用模式的选择问题的解决奠定基础。

（2）为了更好地为贵州省城市土地利用模式的发展提供借鉴，应该选取与之自然条件相似、具有可比性的东部省市实证城市与之进行对比研究。本书选取同处于中国生态安全战略格局的"两屏三带"之南方丘陵山地带上的贵州省毕节市和福建省南平市（两个城市处于同纬度）。根据两个城市土地利用历史、现状和潜力的异同点，通过对各自的土地利用模式进行优化布局，旨在为落后的西部城市土地利用模式选择提供借鉴。

（3）为了更深入地研究贵州省县域尺度（县域之间、县域内部）与区域经济相协调的环境友好型土地利用模式选择问题。本书选取毕节市七星关区、大方县和赫章县为实证研究区域，这些县域涵盖了贵州省所有的三种主体功能区类型并连片分布，通过 BP 人工神经网络模型分析和实地调查，从空间布局上分析出贵州省不同主体功能区的土地利用模式差异，旨在科学分析与研讨全省不同主体功能区土地利用模式特征及其对经济发展的影响。并在区域协调发展的基础上，探讨不同主体功能区之间的协调问题，包括产业转移、投资侧重、人口迁移和财政转移支付等政策制定准则。

（4）为了打破以往制定土地利用政策的行政区限制，本书拟对欠发达地区主导产业土地利用优化和开发模式选择问题进行研究。选取贵州旅游用地为研究对象，以贵州省 18 个国家级风景名胜区为实证研究区域，运用游憩机会谱理论框架和 AHP 法与熵值法结合先从省域层面对各种类型旅游用地的资源禀赋进行分析，然后对不同类型旅游用地的开发模式提出有针对性的建议，这部分研究的目标是探讨在主导产业开发中科学采用差别化土地利用政策，这需要更好地融合主体功能区规划理念到更微观的地域。

（5）通过以上对于未来土地利用模式选择的优化模拟的研究，结合各种保证措施和政策制定原则，探讨各种主体功能区内部及其之间的协调性政策体系制定的方法。

（6）本书所采用研究手段和方法可以为西部欠发达地区在主体功能区规划框架下具体的环境友好型土地利用模式的选择与应用提供借鉴。

二　研究内容

（一）相关理论基础及概念界定

对主体功能区、土地利用和区域经济相关概念进行界定，并对前人理论加以阐释，如土地区位理论、空间结构理论、地域分异理论、协调发展理论、可持续发展理论和人地系统论等，以其对实证研究给予理论指导，并希望通过后续实证研究对于前人研究理论进行验证。

（二）基于主体功能区规划理念的区域土地利用与经济发展关系研究

本部分探讨在全国主体功能区框架下，中国土地利用的特点以及土地利用发展趋势，及对区域经济发展的影响，探讨社会经济发展与其土地利用模式之间的内在作用机制，为了对前述理论关系进行验证，以贵州省为例通过运用因子分析法分析各地区的土地利用机制与区域经济之间耦合关系，并得出贵州各地区土地利用的区域经济驱动力。为后续研究提供必要的战略支撑，并希望在前人研究的基础上结合中国的国情有所创新。

（三）贵州省土地利用结构时空变化与主体功能区划分

结合前述分析得出的贵州省区域经济发展的土地利用驱动因子，通过资料调查和实地调研，研究确定贵州省不同主体功能区（重点开发区、限制开发区和禁止开发区）下土地利用结构布局及发展特点，并用 GIS 图展示贵州省主体功能区下产业布局现状图，最后根据实证区土地利用历史和现状情况，结合前述实证区土地利用驱动因子，有针对性地研究实证区土地利用实践中存在的问题。

（四）生态功能区城市土地利用模式对比研究

为了研究贵州省典型城市土地利用模式，本书拟选取与实证城市贵州省毕节市处于同一纬度的福建省南平市为对比区域，因为南平市属典型的中低山丘陵构造侵蚀地貌，是山水森林城市，闽江上游的生态功能区，而毕节市是典型的岩溶山区，正处在滇东高原向黔中山原丘陵过渡的倾斜地带，是乌江、赤水河和北盘江的重要发源地之一。两地的生态功能定位相似，资源禀赋相似。只是因为分属东西不同省份，地理区位的不同，加之人文社会等因素不同，使得经济社会发展有一定的差异，因此，土地利用模式也有很大差异，对于两地的比较分析，有助于相互借鉴，尤其对处于西部的毕节市选择先进的发展模式有重要意义。

（五）不同主体功能区县域间土地利用模式协同研究

分别选取三个县域为实证单位（处于不同主体功能区），并要求三个县在地理区位上连成一片，每个实证县拥有各自的土地利用模式。本部分针对三个实证县域，根据主体功能区划分和评价的理论框架从土地资源承载力、现有开发程度和未来开发潜力三个方面构建指标体系，运用 BP 人工神经网络模型，根据每个县域所处不同的主体功能区类型采取不同绩效评价标准（阈值）进行三个实证县域土地利用绩效评价，以便最终为优化实证区土地利用模式提供依据。本部分研究将三个连片实证县土地利用系统看作整体，总结各县土地利用对区域经济造成影响的主要因素，依据评价分析结果并结合实地调研以乡镇为单位确定实证区土地利用模式并对其产业空间格局关系进行分析。

（六）基于主体功能区规划的县域土地利用分区及利用模式优化

在已经颁布的省级主体功能区规划和已有研究中，主要是以县级以上行政区为基本单元，而县级以下尤其是乡镇的开发在我国的日后发展中却起到至关重要的作用，以此为切入点，本章依据主体功能区规划理念，选取贵州省大方县的 34 个乡镇为研究单元，从土地生态环境承载力、土地利用效益及强度和土地开发潜力三个方面建立指标体系，采用样本聚类分析法进行土地利用分区，根据空间聚类结果及不同乡镇土地适宜开发强度对适合各区域的环境友好型土地利用模式加以探讨，以期为优化乡镇级行政区的开发秩序提供借鉴。

（七）喀斯特山区典型农村土地利用模式研究

在全国"新型"城镇化进程中，远离城市郊区且生态脆弱的农村土地利用模式的优化研究对于西部绝大部分农村土地利用优化具有十分重要的借鉴价值。本部分将通过对实证村——处于乌蒙山深处的大堰村和戛木村的土地经营状况和土地产权状况两个方面深入分析，掌握当地土地资源和资产特征。采用的农户问卷调查和乡、村委员会及重点农户访谈方式获取研究数据和资料，采用简单数据分析和多元线性回归分析相结合的方法，旨在利用调查数据资料分析出土地利用相关影响因素特征及各因素之间的逻辑关系，最终根据分析结果为实证村选择未来适宜的土地利用模式。

（八）贵州省主导产业土地利用模式研究（以贵州省 18 个国家级风景名胜区旅游用地为例）

贵州省的旅游业一直以来都被确定为主导产业，尤其是国家主体功能区规划战略实施后，贵州对于生态旅游、民族文化旅游以及农业观光旅游的发展更加重视，但是旅游相关产业应该遵循哪些规律发展，用地应该怎样布局，应该注重哪些因素实现旅游用地经济效益、社会效益及生态效益的均衡？本部分拟以此为切入点，依据贵州省多数为生态风景旅游的现状，依据游憩机会谱理论，以贵州省 18 个国家级风景名胜区为研究对象，构建贵州省旅游用地游憩机会评价指标体系，通过层次分析法（AHP）与熵值法确定权重对重点风景区旅游用地分类，并通过对定量分析结果的深入分析优化现有贵州省旅游业用地模式。

三　拟采用的研究方法

本书主要采用规范研究与实证研究、定性分析与定量分析相结合的方法。具体来说，在进行理论基础以及根据定量研究贵州省土地利用与区域经济之间耦合关系结果进行分析时，主要采用规范研究；在研究贵州省不同地域尺度土地利用模式研究时，均采用实证研究；研究贵州全省土地利用分区及土地利用模式，主要基于实证调研及定量分析基础上的定性分析；在针对不同地域尺度进行土地利用评价时，都针对地域本身土地利用条件选取了相应的指标体系，并选用了适宜的评价方法，如因子分析法、对比分析法、ANNs 模型、AHP 法和熵值法等定量分析方法。

四　主要创新之处

理论上，更深入地探讨土地利用与区域经济之间的耦合关系。已有研究主要从土地利用结构入手，通过定量模型研究某类土地变化与对应经济指标存在显著的相关关系或函数关系。但是，缺乏代表城乡土地利用变化机制的土地指标的运用，也缺乏对于土地利用与区域经济的系统动态机制的定量研究，更缺乏基于主体功能区规划对于生态脆弱区域的研究，将在这几方面填补国内研究空白。

实证上，对主体功能区规划颁布后省域尺度以下各微观区域的土地利用模式优化方法进行创新研究，具体创新之处包括以下几个方面：

（1）为实证城市毕节市选取适宜的土地利用模式时，采取地域上横向比较方法。在对两个城市的土地利用模式的对比研究中，本书总结已有研究，首次采用通过定量对比福建南平市和贵州毕节市的土地利用历史、现状和潜力的不同，分析形成差异的原因，得出发展相对先进的南平市的经验和教训，为毕节市选择未来适宜的土地利用模式提供借鉴。

（2）对于地域条件相似的连片县域，区别于以往研究，为不同主体功能区设置不同指标体系，本书探索设置能够全面体现区域资源禀赋、经济社会基础等方面的统一指标体系，但针对不同类型主体功能区的所承担的发展功能不同，对指标设置不同的阈值，以此体现出不同类型主体功能区绩效评价体系的差异。运用 BP 人工神经网络模型根据每个县域所处不同的主体功能区类型采取不同绩效评价标准（阈值）进行三个实证县域土地利用绩效评价，以便最终为优化实证区土地利用模式提供依据。

（3）在对贵州省主导产业——旅游业土地利用模式进行研究时，本书立足贵州"国家公园省"的旅游资源条件，在国内首次利用层次分析法（AHP）与熵值法相结合建立贵州省风景名胜区游憩机会谱，并结合土地利用规划和主体功能区规划的管制要求对各风景名胜区旅游用地开发限制因素进行分析，最终形成贵州省重点风景名胜区游憩机会类型空间分布图，并对未来适宜贵州省各类型旅游用地的开发模式给出有针对性的建议。

（4）国内学术界以大农业生产为核心探讨农村土地利用模式，已经不能适应现阶段中国"新型城镇化"迅速发展的历史背景，必须根据特定地域农村土地资源和资产两方面的特性，结合当地城镇化现状，为其选择适宜的环境友好型土地利用新模式。通过问卷调查和访谈方式获得实证村土地经营状况和土地产权状况数据资料代表土地资源和资产两个方面特征，运用多元线性回归模型深入分析实证村土地利用显著影响因素，最终有针对性地提出实证村适宜的土地利用模式。

五 研究技术路线

首先介绍支撑土地利用模式、主体功能区规划和区域经济发展的相关理论，如规划分区理论、生态经济理论、资源经济理论、可持续发展理论和系统论等，成为贵州省土地利用模式优化研究的理论基础；并结合对国内外土地利用与经济发展相关研究的总结，探讨在主体功能分区基础上二者之间的理论关系；并运用贵州省9个地市级区域相关指标数据，定量研究贵州省土地利用与经济发展的耦合关系，除了对以上理论关系予以验证，还对后续各个地域尺度和不同主体功能区实证区土地利用模式优化研究提供土地驱动因素；在实证研究中，除了对贵州省土地利用时空变化关系进行论述外，还分别选取不同主体功能类型典型实证区域，对贵州省城市、县域间、县域内、农村和主导产业（旅游用地）

的土地利用模式进行定量和定性研究，以期为欠发达地区各种主体功能类型区的差别化土地利用政策的提出提供借鉴。本书的技术路线如图1－1所示。

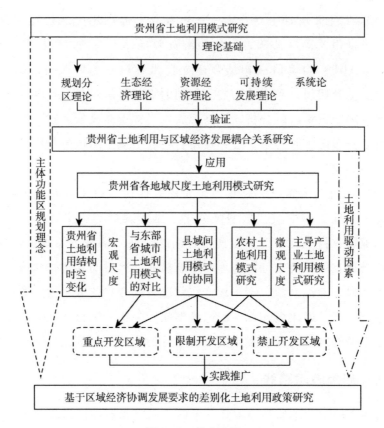

图1－1 技术路线

第二章

基于主体功能区规划的区域土地利用与经济发展理论研究

第一节 相关概念界定

一 主体功能区规划相关概念

（一）主体功能区

推进形成主体功能区，就是要根据不同区域的资源环境承载能力、现有开发强度和发展潜力，统筹谋划人口分布、经济布局、国土利用和城镇化格局，确定不同区域的主体功能，并据此明确开发方向，完善开发政策，控制开发强度，规范开发秩序，逐步形成人口、经济及资源环境相协调的国土空间开发格局。

（二）主体功能区规划分区

主体功能区规划将中国国土空间分为以下主体功能区：按开发方式，分为优化开发区域、重点开发区域、限制开发区域和禁止开发区域；按开发内容，分为城市化地区、农产品主产区和重点生态功能区；按层级，分为国家和省级两个层面。

优化开发区域、重点开发区域、限制开发区域和禁止开发区域，是基于不同区域的资源环境承载能力、现有开发强度和未来发展潜力，以是否适宜或如何进行大规模高强度工业化城镇化开发为基准划分的。

城市化地区、农产品主产区和重点生态功能区，是以提供主体产品的类型为基准划分的。城市化地区是以提供工业品和服务产品为主体功能的地区，也提供农产品和生态产品；农产品主产区是以提供农产品为主体功能的地区，也提供生态产品、服务产品和部分工业品；重点生态功能区是以提供生态产品为主体功能的地区，也提供一定的农产品、服务产品和工业品。

优化开发区域是经济比较发达、人口比较密集、开发强度较高并且资源环境问题更加突出，从而应该优化进行工业化城镇化开发的城市化地区。

重点开发区域是有一定经济基础、资源环境承载能力较强、发展潜力较大、集聚人口和经济条件较好，从而应该重点进行工业化城镇化开发的城市化地区。优化开发和重点开发区域都属于城市化地区，开发内容总体上相同，开发强度和开发方式不同。

限制开发区域分为两类：一类是农产品主产区，即耕地较多、农业发展条件较好，尽管也适宜工业化城镇化开发，但从保障国家农产品安全以及中华民族永续发展的需要出发，必须把增强农业综合生产能力作为发展的首要任务，从而应该限制进行大规模高强度工业化城镇化开发的地区；另一类是重点生态功能区，即生态系统脆弱或生态功能重要，资源环境承载能力较低，不具备大规模高强度工业化城镇化开发的条件，必须把增强生态产品生产能力作为首要任务，从而应该限制进行大规模高强度工业化城镇化开发的地区。

禁止开发区域是依法设立的各级各类自然文化资源保护区域，以及其他禁止进行工业化城镇化开发、需要特殊保护的重点生态功能区。国家层面禁止开发区域，包括国家级自然保护区、世界文化自然遗产、国家级风景名胜区、国家森林公园和国家地质公园。省级层面的禁止开发区域，包括省级及以下各级各类自然文化资源保护区域、重要水源地以及其他省级人民政府根据需要确定的禁止开发区域。

各类主体功能区，在全国经济社会发展中具有同等重要的地位，只是主体功能不同，开发方式不同，保护内容不同，发展首要任务不同，国家支持重点不同。对城市化地区主要支持其集聚人口和经济，对农产品主产区主要支持其增强农业综合生产能力，对重点生态功能区主要支持其保护和修复生态环境。

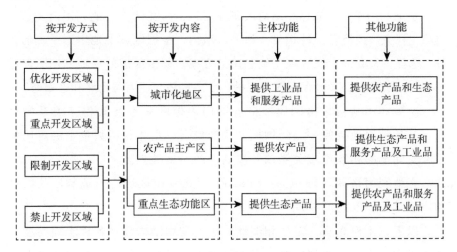

图 2－1 主体功能区分类及功能①

（三）其他相关概念

国土空间是指国家主权与主权权利管辖下的地域空间，是国民生存的场所和环境，包括陆地、陆上水域、内水、领海和领空等。

开发通常指以利用自然资源为目的的活动，也可以指发现或发掘人才、发明技术等活动。发展通常指经济社会进步的过程。开发与发展既有联系也有区别，资源开发、农业开发、技术开发、人力资源开发以及国土空间开发等会促进发展，但开发不完全等同于发展，对国土空间的过度、盲目、无序开发不会带来可持续的发展。

开发强度指一个区域建设空间占该区域总面积的比例。建设空间包括城镇建设、独立工矿、农村居民点、交通、水利设施以及其他建设用地等空间。

空间结构是指不同类型空间的构成及其在国土空间中的分布，如城市空间、农业空间或生态空间的比例，以及城市空间中城市建设空间与

———————————
① 摘自《全国主体功能区规划》。

工矿建设空间的比例等。

二 土地利用相关概念

土地利用模式，通过总结前人研究成果，本文认为土地利用模式是在自然、社会、经济等条件相对一致的区域内，根据区域土地生态系统的条件，选择一整套适合该区域土地利用的方案，使该区域的土地利用既促进了当地经济发展，又最大限度地保护了生态环境，使人与自然和谐相处。

土地利用结构是指国民经济各部门占地的比重及其相互关系的总和，是各种用地按照一定的构成方式的集合，具体包括数量上的对比关系和空间上的相互位置关系以及权属上的所属关系。

土地利用格局（Land use pattern）是指一定区域内土地利用的数量和质量结构以及空间布局[①]。

以上三个概念有一定的相似性，土地利用结构强调各种土地类型的数量时空关系；土地利用格局考虑各种土地类型之间在结构和功能上的关系，从而更加强调土地利用的整体性、综合性和关联性，以维持土地利用格局的稳定性和持续性[②]；土地利用模式研究还融合了区域自然、社会和经济等特定条件。

土地评价，又称土地质量评价或土地资源评价，是指根据土地的物质生产能力或非物质效用能力的高低对土地的质量做出定性或定量的等级评定[③]。

三 区域经济相关概念

（一）区域经济空间结构

学术界关于区域经济空间结构（一般简称"区域空间结构"）概念目前并没有统一说法，如：陈才（1991）指出，区域空间结构是"人类经济活动的地域（空间）组合关系"，也是"经济地域的主要物质内

---

① 王学雄：《参与式小流域土地利用格局调控研究》，北京林业大学博士学位论文，2006 年。
② 肖笃宁、李秀珍、高峻等：《景观生态学》，科学出版社 2003 年版。
③ 倪绍祥：《土地类型与土地评价概论》，高等教育出版社 2008 年版。

容在地域空间上的相互关系"①；而陆大道（1995）认为，区域空间结构是指"社会经济客体在空间中的相互关系，以及反映该关系的空间集聚形态和集聚规模"②；李小建等（2006）认为，区域空间结构是指"各种经济活动在区域内的空间组合形式及空间分布状态"③；吴传清（2008）认为，"区域空间结构是指在一定时期内人类各种经济活动在特定区域内空间分布状态和空间组合形式"。

（二）劳动地域分工

也称生产地域分工、产业地域分工、经济地域分工、地域分工或地理分工，是指人类经济活动按地域（或地理）进行的分工，即各个地域依据各自的条件（自然、经济、社会诸条件）与优势，着重发展有利的产业部门，以其产品与外区交换，又从其他地区进口其所需要的产品，这种一个地区为另一个地区生产产品并相互交换其产品的现象，即劳动地域分工④。

第二节　相关理论基础

一　主体功能区规划相关理论

主体功能区规划是国家为了实现区域均衡发展实施的国土空间区划，而地域分异理论和协调发展理论是一切综合区划的基础理论⑤。

（一）地域分异理论

由于地球各个圈层在地球表面交互作用的强度和主次地位存在空间差异，因而在地表空间上存在不均一性，使地表自然、地理各因素及其组合出现地域分异的规律。人类生产活动与具体的地域有着必然的联

---

①　陈才：《区域经济地理学原理》，中国科学技术出版社 1991 年版。

②　陆大道：《区域发展及其空间结构》，科学出版社 1995 年版。

③　李小建：《经济地理学》，高等教育出版社 2006 年版。

④　陈才：《区域经济地理学原理》，中国科学技术出版社 1991 年版。

⑤　王丽：《生态经济区划理论与实践初步研究——以黄山市为例》，安徽师范大学硕士学位论文，2005 年。

系。所以在自然条件地域差异的基础上又形成生产的地域差异，劳动地域分工论便随之应运而生。土地利用作为人类生产活动的表现形式，也遵循着地域分异规律。根据这一规律，区域土地利用配置必须按照因地制宜、地尽其用的原则来进行，也即必须在更广泛的地域结构对应变换分析基础上考虑土地利用优化配置的方案①。

（二）协调发展理论

中国区域经济发展中不均衡问题自 20 世纪 90 年代后凸显，因此成为关注焦点。国内学术界由此提出在中国区域经济协调发展的新战略，试图解决区域经济发展差异问题。1991 年，国务院成立"国民经济和社会发展总体研究协调小组"。小组一共选定了 13 个研究课题，"中国区域协调发展战略"就是其中之一。1996 年，国务院发布《中华人民共和国国民经济和社会发展"九五"计划和 2010 年远景目标纲要》，提出"从'九五'开始，要更加重视支持内地的发展，实施有利于缓解差距扩大趋势的政策"，随后中央做出了实施西部大开发的重大决策，把区域协调发展作为解决区域经济差异问题的新战略提出。2007 年党的"十七大"将东部、中部、西部和东北部四区域的战略定位与发展方向进行了阐述，这标志着国家把区域经济协调发展作为新战略②。从"十一五"规划纲要开始，到 2010 年 12 月《全国主体功能区规划》颁布，再到目前已有大多数省（市）颁布本省主体功能区规划，中国促进区域协调发展的步伐又迈向新台阶。

二　土地利用相关理论

（一）土地区位理论

1826 年德国农业经济和农业地理学家杜能（J. Thünen）的著作《农业和国民经济中的孤立国》的出版标志着区位论的问世。区位论是关于人类活动的空间分布及其空间中的相互关系的学说。区位理论包括杜能的农业区位论（孤立国）、韦伯的工业区位论、克里斯塔勒的中心

---

① 刘彦随：《区域土地利用优化配置》，学苑出版社 1999 年版。
② 康凯、张金锁：《区域经济学》，天津大学出版社 2009 年版。

地理论及廖什的市场区位论等。比较有代表性的是杜能和韦伯的区位理论。杜能的农业区位论指出：农业土地利用类型和农业土地经营集约化程度，不仅取决于土地的自然特性，而且更重要的是依赖于其经济状况，其中特别取决于它到农产品消费地（市场）的距离；1909 年，韦伯（A. Weber）的《论工业的区位》的发表，标志着工业区位论的问世，韦伯首次引用了"区位因素"（Standort Factor），即指一个地理点上能对工业生产起积极作用和吸引作用的因素。韦伯的工业区位论中排除了社会文化方面的区位因素，只考虑原材料、劳动力和运费，他把原材料费用及其地区差异纳入运费之中，因此，"孤立的工业生产"的区位就取决于运输费用和劳动费用，并从两项因素的相互作用分析中，推导出工业区位分布的基础网（ground nets），继而用集聚因素对基础网做进一步的位置变换。在前述两位学者的理论研究基础上，克丽丝塔勒（W. Christaller）于 20 世纪 30 年代初提出"中心地理论"（城市区位论），廖什（August Losch）从工业配置寻求最大市场角度，从总体均衡的角度来揭示整个系统的配置问题。

土地利用实践必须全面系统的应用区位理论作为指导，合理地确定土地利用方向和结构，根据区域发展的需要，将一定数量的土地资源科学地分配给农业、工业、交通运输业、建筑业、商业和金融业以及文化教育卫生部门，以谋求在一定量投入的情况下获得尽可能高的产出。

（二）土地可持续发展理论

"可持续发展"理念源于 20 世纪中叶，当时环境问题日益严重，在关于发展方式讨论日益激烈的背景下，1983 年 11 月联合国成立了以挪威首相布伦特兰夫人为主席的"世界环境与发展委员会"（WCED），并于 1987 年向联合国大会正式提出了可持续发展的模式，在她的报告里，可持续发展被定义为：既满足当代人的需要，又不对后代人满足其需要的能力构成危害的发展。

土地数量的有限性和土地需求的增长性构成土地资源持续利用的特殊矛盾。土地资源持续利用的目的在于具有持续性特点的利用。通过对土地资源的持续利用，人类可从中获取土地产品和劳务的满足。土地数量的有限性为土地资源持续利用提供了宏观必要性，土地可更新性和利用永续性使土地资源持续利用成为可能。协调土地供给和土地需求是土地资源持续利用的永恒主题，也是土地利用规划的重要内容①。

（三）人地关系系统理论

持续发展是当今以人地关系系统的优化与调控为研究核心的地理学面临的重大课题之一。所谓人地关系系统，是指以地球表层一定地域为基础，人与地在特定地域中相互作用、相互联系而形成的一种动态结构。人地关系是人类起源以来就存在的客观关系，人地系统结构和功能随着人类社会经济的发展也随之发生变化。特别是"二战"以来，人类对自然的开发利用的范围、规模及深度不断增加，人地关系矛盾日益凸显。人口、资源环境和发展之间的关系严重失衡，已对人类生存和发展构成严重威胁。严峻现实迫使人类必须正视不合理的社会经济行为，努力寻求一条社会经济与资源环境相互协调、持续发展的道路，既能满足当代人的需求，又不影响后代人满足自己需求能力的发展道路。人地关系地域系统理论研究人地关系系统各要素的相互作用，以及该系统的整体行为与调控机制，以便从时间过程或空间结构等方面去认识和寻求全球、全国或区域等各尺度人地系统的整体优化控制手段②。

三　区域经济相关理论

（一）区域经济空间结构理论

空间结构是指社会经济客体在空间相互作用及其所形成的空间集聚形态和集聚程度，是区域发展状态的指示器。空间结构形成因子包括流、通道（线或轴）、网络、节点和等级体系五大要素；空间结构理论就是研究前述五大要素在地域上演变规律及组合特征的理论③。这一理论的基本观点如下：

第一，区域发展是一个由点及面、渐次扩展的动态过程，应该以区

---

①　王万茂、王群：《土地利用规划学》，北京师范大学出版社 2010 年版。
②　毛汉英：《人地系统与区域持续发展研究》，中国科学技术出版社 1995 年版。
③　陆大道：《区域发展及其空间结构》，科学出版社 1995 年版。

域空间结构为重要依据制定区域发展战略。这一理论认为，任何一个区域的发展，其发展的不平衡性是不可避免的，总是最先从一些点开始，然后在空间上沿着一定轴线延伸，最终轴线交织形成经济网络。

第二，区域发展阶段性使区域空间结构的形成也具有阶段性。区域处于不同发展阶段具有不同的空间结构。处在离散均衡阶段区域，应采取增长极模式与分散地域一体化相结合战略，先是通过广大农村地区经济发展，形成内在发展力量，然后选择一两个最佳区位，实施"中心化"战略，通过增长极的发展带动更大范围区域的发展；对于处在单核极化发展阶段的区域，应采取点轴开发模式；对于处在多核扩散阶段的区域，可采取网络开发模式与均衡功能空间模式相结合的方式；对于处在均衡网络化发展阶段的区域，则应寻找新的不均衡发展模式，促使区域空间结构由低级有序的非均衡转向高级有序的协调发展。

第三，一般情况下，区域空间结构的演变经历均衡封闭型空间结构、单核极化型空间结构、多核扩散型空间结构和均衡网络型空间结构四大阶段。分析不同阶段的空间结构功能与特征、空间网络与行为、产业集聚程度与效益或城市空间相互作用与空间组合格局等内容，以便更好地把握区域空间结构发展方向。

（二）劳动地域分工理论

分工是人类社会发展过程中一种固有的现象，也是一种重要的社会经济规律。地域分工理论的基本观点可归纳为地域分工发展论、地域分工竞争论、地域分工层次论、地域分工协调论、地域分工合作论和地域分工效益论六大方面[①]。它们分别从不同侧面对国土规划起着重要的指导作用。

地域分工发展论强调地域分工的目的在于最大限度地发挥区域优势，确定区域主导专业化部门、一般专业化部门以及区域内部各经济部门之间的比例关系和空间结构，进而指明地区发展方向与目标，而这些正是国土规划，尤其是经济发展规划所要研究的内容。

地域分工竞争论认为不同地区之间出于自身利益需要，必然会产生

---

① 吴次芳、潘文灿：《国土规划的理论与方法》，科学出版社 2003 年版。

对稀缺资源、销售市场等的竞争行为，这对地区资源优化配置和提高地区发展整体效益是很有利的，但这种竞争必须以统一市场为条件，以政策引导公平竞争为前提。

地域分工协调论认为通过合理的地域分工，使资源配置在不断扩展的空间范围内调整和重组，使地区之间、行业之间或地区 PRED（人口、资源、环境和发展）之间保持动态协调与自组织状态，进而形成高级有序的地区产业结构与空间结构，是编制持续协调发展规划的重要依据。

地域分工层次论认为地区经济活动离不开一定的地域空间，地域分工在空间上的扩展，使各经济地域间分工与协作加强，形成更大空间范围的地域分工层次体系，高层次的地域分工对低层次的地域分工有指导与制约作用，这一理论对编制不同空间层次国土规划有重要指导作用。

地域分工合作论认为分工是合作的前提，合作是分工得以实施的保障，合作的目的是合作各方扬长避短，取得"整体大于部分之和"的综合效益。通过合作，不仅可避免地区产业结构雷同导致的区际冲突，而且可提高协作地区总体在全国劳动地域分工的地位与作用，促进地区产业组织的创新，全国统一市场的形成和产业结构的协调化与高级化。国土规划必须加强地区联合与协作研究，使规划成为合作发展规划。

地域分工效益论强调建立在发挥地区优势基础上的地域分工与协作，以获得新的生产力，提高劳动生产率为主要目的，合理的地域分工将促使国土规划通过规模结构、空间结构和产业结构的合理化达到地域分工效益最大化。

第三节　基于主体功能区规划的区域
土地利用与经济发展关系

一　土地利用与经济发展相互影响机制

特定区域的土地利用与其经济发展之间存在复杂的相关关系，两者之间通过特定方式相互影响，在特定的自然、经济和社会条件下可能相互促进，亦可能相互阻碍。

（一）经济发展对土地利用的影响

土地利用是人类依据土地资源的自然属性和社会经济属性，按照对社会经济发展的需要，对土地进行开发、利用与改造的社会经济行为。一方面，在人类社会变迁中的不同经济发展阶段，土地利用方式、目标和土地开发利用的技术水平不同；另一方面，不同产业部门对土地资源利用都有特殊要求，以及各类型产业用地投入产出也存在很大的差异，导致土地资源会在不同产业部门之间重新配置，从而改变土地利用类型、结构及其空间分布。

随着科学技术的进步和生产力的发展，首先引起产业分工和经济结构的变化，进而使人们利用土地资源的目标和方式发生转变，引起土地资源在不同产业之间的重新分配，促使土地利用的类型相互转变，最终导致土地利用结构的变化。因此，在历史上随着经济发展的不断变化，土地利用也不断随之发生分化，逐渐由简单、粗放的利用方式转变为多样、集约的利用方式，如由以农用地为主的利用方式逐步转变为城镇用地中二、三产业用地扩大的利用方式，农用地内部农、林、牧、副、渔等土地类型也在进一步分化。

产业发展及其产业结构的变化必然导致土地利用类型及结构发生变化，产业结构的变化就相应地表现在土地利用类型的转化上，在一定的产业结构下就对应一定的土地利用结构。正常情况下，随着经济结构和产业结构的发展演进，土地利用类型也会逐渐趋向经济合理，但是由于经济和产业发展受到自然社会等诸多因素的影响，现实中经济和产业结构也会存在问题，就会导致土地利用结构不合理。土地利用变化本身就是自然与经济活动互相交织变化的一个复杂过程。一方面，土地的自然和物质条件为土地利用提供了适宜性和可行性；另一方面，土地实际的利用限制、结构与方式又取决于社会经济技术的可行性、合理性，并受城乡产业结构和产业发展水平的深刻影响。总体来看，随着区域经济结构和产业结构由低级向高级的演进，会伴随着土地资源在产业之间的重新分配，一般表现为农用地比例降低、非农用地比例增大，土地利用趋于集约化，最终使土地利用更加合理和经济。

（二）土地利用对经济发展的影响

同时，土地利用结构、类型或空间分布格局等变化又会影响区域经济结构、产业结构或产业布局的演进和变化，最终决定区域经济发展水平。

土地利用结构、布局是经济发展的承载及物质基础。土地位置固定性、面积的有限性，以及土地质量等级差异等自然经济特性导致各个区域之间和区域内不同地段经济发展的巨大差异。土地利用结构是否合理直接关系到经济发展的快慢及程度，合理的土地利用结构及潜力能够促进经济持续发展，而不合理的土地利用结构和缺乏土地利用潜力则不利于经济发展，甚至会阻碍经济发展。土地利用的方式对经济发展影响巨大。2010 年和 2011 年的第 20 个和第 21 个全国"土地日"，国土资源部确定的宣传主题分别为"土地与转变发展方式——依法管地集约用地"和"土地与转变发展方式——促节约、守红线、惠民生"。其中，"集约用地"和"促节约、守红线"是促进整个经济发展的主要手段，通过该手段能够有效地提高土地利用效率和保护耕地安全，加快推进土地利用方式由粗放无序型向集约有序型转变。也只有通过调整土地利用方式才能够完成"惠民生"的任务，也才能够在新形势下理顺土地权益关系，促进区域经济快速、健康发展（董捷，2012）。

二 区域土地利用与经济发展耦合关系

从区域人地系统的角度出发，土地利用与经济发展之间的关系可以被称作耦合关系。在不同类型区域，土地利用的不同因素与经济发展系统中的不同方面存在显著相关关系，并通过耦合程度好坏影响整个区域人地系统的可持续发展。对于土地利用与经济发展之间的相关性研究，是政府关心的焦点，也有不少学者对其进行了研究。学者们多数根据中国目前的城乡土地和经济系统二元结构特点，分别对城市和农村进行了研究。

（一）城市土地利用与经济发展耦合关系

1. 城市土地集约利用与经济发展的关系

在城市土地利用与经济发展关系研究方面，大多数学者都认为城市土地应该趋向于集约利用，这将有利于取得更高的经济效益。因此，学者们都从土地集约利用的不同角度出发，对于特定城市土地集约利用与经济发展的协调性进行了广泛研究。赵可等（2011）利用动态计量分析中的协整检验、脉冲响应函数及方差分解等方法，研究中国城市建设用地与经济发展和城市化之间的关系，发现在研究期内我国城市建设用地、经济发展与城市化之间存在协整关系，即长期均衡关系。城市建设用地变动与其自身滞后值关联度很大，城市建设用地增加对经济发展起到了重要作用，且其扩张有利于城市化的进程①；蔡俊等（2011）通过构建中国31省区市经济发展与城市土地集约利用的协调发展评价模型基础上，得出各省经济发展与城市土地集约利用的协调发展程度，表明各省协调度存在明显的区域差异，协调发展水平整体上表现出东部地区大部分省份高于中西部地区的规律，区域协调发展水平与经济发展水平具有较强的相关关系②；李萍等（2010）利用因子分析法对四川省18个城市经济与土地利用效率进行综合评价，表明四川省地级城市经济与城市土地利用效率的协调程度虽然逐步提高，但是总体上水平不高③；李卫清等（2011）对台州市9个县（市、区）的土地资源与经济协调性和资源—经济综合发展水平进行了横向比较，认为必须严格限制耕地的继续占用，提高各市县土地资源利用效率，有利于其经济发展④。

2. 城市土地市场与经济增长的关系

另外，城市土地市场与经济发展的关系也受到学术界的关注，尤其是对于土地市场运行机制促进经济健康发展是很多学者试图探讨的话题。黄晓宇等（2006）为了揭示土地市场与宏观经济之间的关系，分

---

① 赵可、张安录：《城市建设用地、经济发展与城市化关系的计量分析》，《中国人口·资源与环境》2011年第1期。

② 蔡俊、郑华伟、刘友兆等：《中国经济发展与城市土地集约利用的协调发展评价研究》，《农业系统科学与综合研究》2011年第3期。

③ 李萍、谭静：《四川省城市土地利用效率与经济耦合协调度研究》，《中国农学通报》2010年第21期。

④ 李卫清、李跃军：《台州市土地资源持续利用与经济发展协调性评价》，《统计科学与实践》2011年第8期。

析需求拉动的经济增长对土地市场的影响以及土地供应量加大对经济增长的影响，并应用经济周期理论以及蛛网模型分析土地供应滞后调节对宏观经济的影响，表明宏观经济的增长和土地市场的发展互为因果关系，并且 GDP 同土地供应量及地价呈正相关关系，但是 GDP 对土地供应量变动的敏感程度大于对地价变动的敏感程度①；王青（2007）研究了中国城市土地一级市场和土地二级市场对经济增长的影响，发现土地一级市场运行是通过建设用地规模扩张支撑经济增长的，而土地二级市场的运行将促使土地、劳动力和资本等经济要素投入向高效产业集中，从而有利于整体经济实力的快速提升，而一、二级市场化程度将有利于提高经济要素投入的强度和利用效率，从而驱动经济加快增长②。

（二）农村土地利用与经济发展耦合关系

在耕地资源变化与区域经济关系研究方面，学者们关注耕地资源变化速度和阶段对区域经济增长或发展的影响，并进行了各种时间序列或空间尺度的研究。吴群（2006）通过国际比较研究表明发达国家、发展中国家和欠发达国家的耕地资源数量变化与经济增长速度、经济发达程度的相关性大体上呈现三种不同类型的特征，而中国的耕地资源与经济发展的关系从新中国成立以来也经历了类似从欠发达、发展中到发达国家的变迁特征③；叶延琼等（2011）分析得出，由于广东省农用地变化特征，1996—2008 年农业生态系统服务价值逐年减少，农业生态系统服务价值变化趋势与 GDP、城市化水平、总人口和社会固定资产投资总额之间存在极为显著的负相关关系，而与第一产业比重之间呈显著的正相关关系，这说明了广东省经济结构变化及经济发展与农用地变化的关系④；魏建等（2011）通过研究山东省各地市耕种不同作物土地数

---

① 黄晓宇、蒋妍、丰雷：《土地市场与宏观经济关系的理论分析及实证检验》，《中国土地科学》2006 年第 4 期。

② 王青：《土地市场运行对经济增长影响研究》，南京农业大学博士学位论文，2007 年。

③ 吴群、郭贯成、万丽平：《经济增长与耕地资源数量变化：国际比较及其启示》，《资源科学》2006 年第 4 期。

④ 叶延琼、章家恩、李韵等：《基于农用地变化的社会经济驱动因子对广东省农业生态系统服务价值的影响》，《农业现代化研究》2011 年第 6 期。

量对经济增长产生影响，表明耕种粮食的土地资源与经济增长之间存在长期的均衡关系，且二者之间存在双向因果关系，但在耕种棉花与油料作物的耕地上二者不存在长期均衡关系，因此为了保持山东省经济的持续增长必须保证耕种粮食土地的数量[①]；胡明等（2008）通过对陕西省安塞县近年来土地利用变化及与当地经济发展的关系分析，认为坡耕地面积减少，而高技术、高产值的农产品增加和具有良好生态效益的土地利用面积扩大，能够促使第三产业的发展、城镇化水平、提高社会消费品零售总额增加和农民个人纯收入增加，最终促进当地经济发展[②]；田玉军等（2011）以宁夏南部山区农村为实证区，分析工业化和城镇化快速发展对农户土地利用决策行为的影响，表明随着农业劳动力务农机会成本的上升，青壮年劳动力外出务工的情况下，留守劳动力倾向种植劳动生产率更高的农作物而撂荒部分贫瘠耕地[③]。

（三）城乡土地利用与经济发展耦合关系

基于近年来中国城乡土地类型变化特征，研究者主要从土地利用结构变化尤其是土地农转非入手，通过定量模型研究某类土地变化与对应经济指标存在显著的相关关系或函数关系。曲福田等（2005）为了了解农地非农化的作用机制，应用1995—2001年的省级数据分析土地资源部门配置与相关经济因素之间的相关关系，表明固定资产投资、人口增长是农地非农化的主要推动因素，耕地资源禀赋和土地利用的比较效益是农地非农化的基础因素，地方政府的管制应对行为以及地方政府的收益与农地非农化呈正相关关系，而土地的市场化配置程度与农地非农化的面积呈负相关关系[④]；王业侨（2006）分析海南省经济社会发展与土地利用之间的相关关系，表明建设用地、园地、未利用地的变化与城

---

① 魏建、张广辉：《山东省耕地资源与经济增长之间的关系研究》，《中国人口·资源与环境》2011年第8期。

② 胡明、马继东：《安塞县土地利用变化与经济发展的关系》，《水土保持研究》2008年第1期。

③ 田玉军、李秀彬、马国霞等：《宁夏南部山区农户土地利用决策模拟》，《农业工程学报》2011年第S2期。

④ 曲福田、陈江龙、陈雯：《农地非农化经济驱动机制的理论分析与实证研究》，《自然资源学报》2005年第2期。

市化、工业化进程中经济结构调整及区域开发政策具有显著相关性[1]；周忠学（2007）研究陕北黄土高原土地利用变化与社会经济发展关系，结果表明三次产业结构演变与土地利用结构变化之间相关性达0.976，建设用地和林地比重的变化会影响第二产业在三次产业结构中的比重，从而影响三次产业结构，相关性达0.918，耕地、园地和林地比重变化直接影响种植业在农业结构中的比重，从而影响农业产业结构，相关性达0.788[2]；肖鹤亮等（2007）分析江西省广丰县经济发展与土地利用结构变化之间的相关性，得出土地利用结构变化主要表现为建设用地增长过快、耕地面积下降迅速、林业用地面积不断减少，其主要驱动力是社会经济增长、农业产出和林业总产值[3]。

综合以上学者对于城市、农村和城乡互动区域的土地利用与区域经济的不同方面关系的研究，可以演绎出以下理论（如图2-2所示）：在自发无管制条件下，任何区域土地利用活动都是受经济利益的驱动，土地利用活动将改变土地类型，长期就会引起区域土地利用结构的变化，而获得的经济利益会贡献于区域的短期经济增长或长期经济发展。但是，很多情况下土地利用造成的土地类型转化是不可逆的，如农业用地转化成工矿建设用地，就很难再恢复以前的农业生产能力，农用地一旦转化为建设用地，通常情况下就不可能再恢复了。因此，政府基于公共利益要对土地利用加以管制，当然这种管制也会影响经济发展。在中国，主要通过土地利用总体规划对土地利用进行管制，主要目的是限制农用地转为建设用地，从而保护全国人民的粮食安全。主体功能区规划的颁布实施将会在空间布局上对产业发展起到限制或引导作用，当然也会影响原有自发的土地利用和经济发展关系。

---

① 王业侨：《海南省经济社会发展与土地利用相关分析》，《地域研究与开发》2006年第3期。

② 周忠学：《陕北黄土高原土地利用变化与社会经济发展关系及效应评价》，陕西师范大学博士学位论文，2007年。

③ 肖鹤亮、陈美球、龙颖：《广丰县经济发展与土地利用结构变化互动关系研究》，《水土保持研究》2007年第4期。

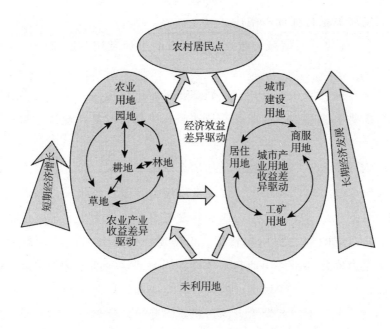

图 2 - 2　自发条件下土地利用与经济发展关系

三　主体功能区规划对区域土地利用与经济发展的影响分析

国家和省级主体功能区规划的颁布实施旨在为各省（区、市）区域经济和产业发展提供功能定位，使得国家和省级层面在城镇化和工业化过程中，不是所有地区都是只追求经济效益最好和经济增长最快，而是根据地区的发展基础和资源禀赋条件确定自身的经济发展方向和开发方式，主体功能区规划在国家和省级战略空间层面给每个地区提出开发导向和开发限制，体现在地区土地利用上，必须对位于不同类型主体功能区的地区实施有针对性的差别化土地利用政策，在后续的土地利用总体规划修编中会对主体功能区规划理念加以体现和实施。由于主体功能规划对于主体功能区的分类中，按层级分为国家和省级两个层面；按开发方式，分为优化开发区域、重点开发区域、限制开发区域和禁止开发区域；按开发内容，分为城市化地区、农产品主产区和重点生态功能区。按照以上分类，分别对处于不同主体功能区类型的地区的土地利用和经济发展关系特征加以阐述。

（一）优化开发区域与重点开发区域的土地利用与区域经济发展的关系

优化开发区域和重点开发区域都属于城市化地区，开发内容总体上相同，主要功能都是提供工业产品和服务产品，但是开发强度和开发方式不同。

优化开发区域一般是经济发达的大城市中心城区，开发强度已经很高，人口承载力也已经很大，因此发展潜力有限，应该重点提供高端工业品和服务产品，土地利用应以优化配置存量土地为主，限制中心城区土地扩张造成的周边农用地转用，保证城市绿地和公园等生态用地比例，优化当地公共服务用地和基础设施用地，将一部分居住用地功能转移至周边新城区，以缓解城市的人口、交通和环境等压力，并改善城市生态环境。由于土地开发重点的转移，因此，经济增长可能变缓，但是经济结构和产业结构将越来越优化，并将对周边地区经济发展起到带动作用。

重点开发区域是具有一定经济基础、具备经济一体化的条件、经济发展潜力较大的区域，中心城市有一定的辐射带动能力，有可能发展成为新的大城市群或区域性城市群。资源环境承载能力较强，集聚人口和经济的条件较好，从而应该重点进行工业化和城镇化开发的城市化地区。重点开发区域一般城镇体系初步形成，能够带动周边地区发展，且对促进全国、省域区域协调发展意义重大。土地利用方面，应该适度扩大当地优势产业用地规模，以便形成产业链或集聚产业；增加服务业、交通和城市居住等用地规模，增加城镇绿色生态用地比例，而通过土地整理减少农村居民点等农村建设用地粗放占地。重点开发区域是未来重要的区域增长极，因此区域经济增长速度将加快，区域经济规模将变大，区域经济的规模效益将凸显，但是依据主体功能区规划理念，经济结构和产业结构的优化和社会及生态效益应该是重点开发过程中应该注重的方面。

（二）限制开发区域与禁止开发区域的土地利用与区域经济发展的关系

限制开发区域与禁止开发区域均是对土地利用有较大限制的区域，必然也会对区域的经济发展造成影响，因此这些区域的均衡发展需要适宜的绩效评价体系和财政转移支付体制。

限制开发区域分为两类：一类是农产品主产区，尽管也适宜工业化城镇化开发，但该区域耕地较多并且农业发展条件较好，从保障国家农产品安全以及中华民族永续发展的需要出发，必须把增强农业综合生产能力作为发展的首要任务，从而应该限制进行高强度大规模城镇化工业化开发的地区，以保持并提高农产品生产能力和生态产业发展水平。在土地利用方面，农产品主产区应着力保护耕地，除了保持现有的耕地数量，通过专项土地整治将农村居民点复垦成良田，保护高质量耕地、改善中低产田，增强耕地综合生产能力，应鼓励农地流转和规模种植，发展现代农业和特色生态农业，增加农民收入，提高农业土地劳动生产率，加强农田水利和道路等农业基础设施用地条件，增强农业可持续发展能力，合理规划新农村社区，保障农村基本公共服务用地，减少小型工矿用地对农业生态环境造成的破坏。由于农业产业附加值比二、三产业低，农业主产区的经济结构是以第一产业为主，这与自发形成的产业结构趋势相悖，经济增长速度和长期经济发展会受到主体功能限制，因此要通过财政转移支付对于农业生产进行补贴才能减小农产品主产区与城镇化地区之间的经济差距。

另一类是限制开发区域是重点生态功能区，即资源环境承载能力较低，生态功能重要或生态系统脆弱，必须把增强生态产品生产能力作为首要任务，该类区域不具备大规模高强度工业化城镇化开发的条件，主要支持其保护和修复生态环境，从而应该限制进行高强度大规模城镇化工业化开发。在土地利用方面，生态功能区要减少工矿建设用地比重，只保留不影响生态系统功能的适宜产业、特色产业和服务业用地，土地开发强度控制在规划目标之内，林地、水面或湿地等绿色生态用地应扩大，人类活动占地应控制在目前水平，引导人口有序转移到城镇化地区。由于该类地区生态环境限制，经济基础大多数较差，经济增长缓慢，经济水平较低，因此应该通过财政转移支付和吸引投资来改善当地的生态环境和基本公共服务水平。

禁止开发区域是依法设立的各级各类自然文化资源保护区域，以及其他需要特殊保护的重点生态功能区域。禁止开发区域内禁止工业开发和城镇化建设，农业生产活动也要受到很大限制，尤其是保护区域的核心区尽量要保持无人类干扰。因此，要逐步将禁止开发区内的人口转移出来，而考核禁止开发区的绩效只能采用生态环境保护类指标，而不适宜采用经济效益指标。

第三章

基于主体功能区规划的贵州省土地利用与
经济发展耦合关系

通过以上对土地利用与区域经济关系的理论分析，可知土地利用与区域经济存在比较复杂的关系。本章将实证分析贵州省各区域土地利用与其经济发展之间的耦合关系，既可在贵州省实证验证土地利用与经济发展的理论关系，又可提取贵州省各区域经济发展中的土地利用驱动要素，在此基础上更深入地研究贵州省城市、县域和农村土地利用模式优化途径。以此为切入点，采用因子分析法并选取能够体现土地利用系统和区域经济系统动态机制的评价指标体系构建耦合关系模型，定量分析贵州省各地区土地利用与其经济发展之间的耦合关系，对其土地利用与区域经济耦合程度进行评价，并分析各区域耦合程度差异在空间上的规律和原因，最后依据耦合评价得出的土地利用驱动因素，并对各地区土地利用优化提出建议。

由第二章可知，前人对于土地利用与区域经济的研究既缺乏从人地动态系统方面的定量研究，也缺乏对于代表城乡土地利用变化机制的土地指标的运用，更缺乏基于主体功能区规划对于生态脆弱区的研究，本章将在这几方面填补国内的研究空白。

第一节　贵州省土地利用概况

贵州省位于中国西南部，省会贵阳。贵州省东毗湖南、南邻广西、西连云南、北接四川和重庆，介于东经 103°36′—109°35′、北纬 24°37′—29°13′之间，气候温暖湿润，夏无酷暑，冬无严寒，年平均气温为 14.8℃。贵州省的地貌属于中国西南部高原山地，岩溶地貌发育非常典型。全省土地资源以山地、丘陵为主，坝子（云贵高原中山间局部平原）较少，山地面积为 10.9 万 km²，占全省土地总面积的 61.7%，丘陵面积为 5.42 万 km²，占全省土地总面积的 31.1%；山间面积为 1.3 万 km²，仅占全省土地总面积的 7.5%。这种地理特点，使得可用于农业开发的土地资源不多，特别是近年来，由于人口增多，非农业用地增多，耕地面积不断缩小。贵州省绝大部分土地面积处于国家规定的限制开发区和禁止开发区名录范围内，即使确定为重点发展区的黔中经济区，亦属于生态脆弱区，在后续的发展过程中应该坚持"生态优先"的开发理念。

一 贵州省土地利用现状和问题

（一）山地特征明显，生态环境脆弱，林地生态功能突出

贵州省处于云贵高原东侧斜坡地段，地貌主体为亚热带岩溶化高原山区，是全国唯一没有平原地貌的内陆省份。特有的山地环境成就了独特的植被资源，因此贵州具有优越的植被生长条件和广阔的林地资源，林地面积占土地面积的 45%，是全国平均水平（25%）的 1.8 倍。但是受岩溶山区特殊地质条件的影响，贵州省不少地方生态环境脆弱，水土流失、土地石漠化严重。目前全省水土流失面积已达 732 万 hm²，占全省总面积的 41.6%。现状石漠化面积达 376 万 hm²，占土地总面积的 21.4%。

（二）土地利用结构不尽合理，土地利用效率低

由于经济社会发展程度相对落后，贵州省土地利用以农用地为主，建设用地面积小，仅占土地总面积的 3.1%，低于邻近的重庆市（6.9%）和湖南省（6.3%），更低于中国中、东部（7%—29%）。对地区生产总值贡献大的建设用地比例太小，已利用的土地效率低，2005 年贵州省地均生产总值为 1.1 万元/hm²，只相当于同期全国平均水平的 58.6%。

（三）耕地质量差，未利用地开发难度大

贵州省耕地面积 450.5 万 hm^2，人均耕地 1.7 亩，贵州土地垦殖率高，为 25.6%，是全国平均水平（12.7%）的 2.01 倍，在西南地区仅次于重庆；而且区域间差距较大，毕节市和六盘水市高达 46.7% 和 43.9%，黔东南州仅为 12.6%；陡坡垦殖现象严重，坡耕地占耕地面积的 46.7%。陡坡耕种导致贵州耕地中坡耕地和石漠化耕地比重大，耕地质量差，扣除大于 25° 的陡坡耕地 75.8 万 hm^2 和小于 25° 的强度以上石漠化耕地及不宜耕耕地 70.6 万 hm^2，适宜耕种的耕地为 304.1 万 hm^2，人均宜耕耕地仅为 1.2 亩。由于山地面积比重大，山高坡陡，地面崎岖，喀斯特地貌发育显著，未利用地中有 58.1% 是裸岩石砾地，难以利用，加上经济滞后，造成土地开发利用难度大，交通等基础设施建设滞后，丰富的水能、矿产、旅游资源处于欠开发状态（贵州省人民政府，2009）[①]。

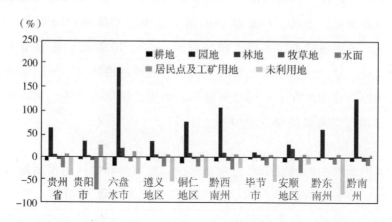

图 3-1 1996—2005 年贵州省各地区土地利用结构变化率

二 贵州省各地区土地利用结构变化及原因分析

根据图 3-1 可知，贵州省及所属各地区各类型土地的变化趋势相似，1996—2005 年 10 年间土地面积增加的有园地、林地和居民点及工

---

① 贵州省人民政府：《贵州省土地利用总体规划》（2006—2020 年），2009 年。

矿用地，其中增加幅度最大的是园地，而由于基数较大的缘故，增加的绝对数最大的是林地；10年间面积减少的有耕地、牧草地、水面及未利用地，减少幅度和绝对数最大的都是未利用地。

（一）耕地

就耕地减少的情况来看，减少幅度远远超出贵州省平均水平的是六盘水市和铜仁地区。结合两个地区发展情况不同，六盘水市耕地减少的主要去向是林地、工矿用地和园地，近10年六盘水市是贵州省采矿业和相关工业发展最迅速的地区之一，因此，建设用地占用耕地的主要去向是采矿用地、城镇及基础设施用地。另外，由于生态环境脆弱加之工矿业活动，六盘水水土流失、石漠化等现象严重（六盘水市人民政府，2010）[①]，这正是本章第三节的结论中第三公因子说明的现象在六盘水市较为突出的原因。因此，退耕还林也是六盘水市耕地减少的主要去向之一，另外，近年来六盘水市注重产业结构升级，农业的产业升级中很注重园地的建设，因此，耕地减少的第三个去向是园地；与六盘水市相比，铜仁市耕地减少的主要去向是林地，由于20世纪矿业等重工业不健康发展，对于目前工矿业发展城镇化对土地利用造成了不利影响，退耕还林以及整理废弃工矿用地复垦和造林成为铜仁市土地利用中的重中之重（铜仁市人民政府，2010）[②]。

（二）园地

就园地增加的情况来看，六盘水市、黔南州和黔西南州增加幅度最大，高出全省平均水平。其中，1996年六盘水市园地面积比重在贵州省各地区中最低，仅为不到0.2%，因此，重视土地利用结构调整后增加幅度最大；1996年黔南州园地面积比重也比较低，为3%左右，近年来茶园产业化经营使得园地增幅较大，在全省各地区中，增幅仅次于六盘水市（熊德惠，2010）[③]；而虽然1996年黔西南州园地面积比重就超过5%，仅次于贵阳市居于全省第二，但近年来非常重视水果、茶叶和

---

① 六盘水市人民政府：《六盘水市土地利用总体规划》（2006—2020年），2010年。
② 铜仁市人民政府：《铜仁地区土地利用总体规划》（2006—2020年），2010年。
③ 熊德惠：《贵州省黔南州土地利用结构优化配置研究》，《农技服务》2010年第11期。

鲜花的规模化，随着幼龄园园龄的增加、低产园地的改造和丰产园地的培育，黔西南州园地生产潜力得到大幅度的提高（黔西南州人民政府，2010）①。可见，园地变化的主要驱动力是产业结构调整。

（三）林地

就林地增加的情况来看，六盘水市和安顺地区增加幅度非常大，超出全省平均水平的2—3倍，原因之一是1996年两个地区的森林覆盖率均处于全省后列，低于30%，安顺市仅为17%。本章第三节分析得出的土地生态环境公因子在六盘水、安顺等地区表现出工矿用地比重高、森林覆盖率低和能耗高造成生态环境脆弱，在这些依靠能源开发的地区应该多注重土地生态环境建设和节能减排，这些地区近10年主要依靠林地大幅度增加来改善生态环境，因此，土地生态环境的改善为林地增加的主要驱动力。

（四）牧草地和水面

就牧草地减少的情况来看，黔西南州、贵阳市和黔南州减少幅度都远超出全省平均水平；就水面减少的情况来看，贵阳市水面面积减少幅度远超出贵州省平均水平3倍左右，减少幅度达70%以上，其余地区与之相比变化幅度不大。这三个地区虽然林地有所增加，但是同样预示着生态环境优劣的草地和水面却大幅减少，这些都是因为近10年快速城镇化及城镇土地价格上涨造成的建设用地无序扩张以及水土流失等生态退化带来的结果，这与本章第三节中第二公因子中的耦合关系吻合，而这种关系也是牧草地和水面面积减少的驱动力。

（五）居民点及工矿用地

就居民点及工矿用地增加的情况来看，贵阳市和六盘水市增加幅度均超过10%，贵阳市更是超过25%，其余地区都在5%上下。居住用地增加贡献于房地产业等第三产业发展并影响经济的增长，而工矿用地增加主要贡献于第二产业发展并影响经济的增长，因此，经济增长速度是居民点及工矿用地增加的主要驱动力。从图3-2贵州省各地区近10年居

---

① 黔西南州人民政府：《黔西南州土地利用总体规划》，2010年。

民点及工矿用地增加率与 GDP 增长率对比关系看出，近 10 年除了贵阳市居民点及工矿用地增加幅度异常高外，其余地区两个指标增加率的变化趋势是高度相近的。这主要是因为作为贵州省省会，贵阳市公共设施和基础设施用地较大，另外作为贵州省唯一的二线城市在房价增长因素的推动下，用于房地产产业用地面积也非常大，另外，各类开发区的建设在贵阳占地也非常突出，这些因素都造成其二、三产业用地大幅增加，但是却没在经济增长方面相应体现，预示着贵阳市产业结构有待进一步升级。

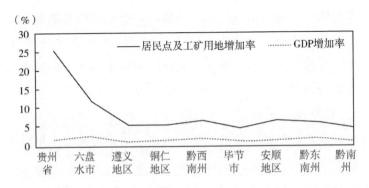

图 3-2　1996—2005 年贵州省各地区居民点及工矿用地增长率与 GDP 增长率对比

（六）未利用地

就未利用地的减少情况来看，贵州省平均减少幅度达 39%，可见在对耕地转为建设用地严格管制的情况下，近 10 年未利用地成为土地转用的主要方向。在各地区中，黔东南州减小幅度最高达近 80%，遵义地区、毕节市和铜仁地区也减小近 50%，其余地区减小都在 40% 以下。虽然贵州省各地区未利用地转移去向并不相同，但是未利用地的大量占用说明了土地利用集约度较差，土地利用过于粗放，这影响到区域整体经济社会的发展。可见，本章第三节中第一公因子的耦合关系为近 10 年未利用地大量减少的驱动力。在第一公因子得分较低的铜仁地区、毕节市和黔东南州等地区，应通过提高单位土地面积收入和土地生态承载力来实现区域经济发展能力的提高，对于这三个地区中水土流失较严重的石漠化山区，可以采取立体土地利用模式。可见，为了阻止增量土地被过度占用的现象，最有效的方法是提高各产业土地利用的产出率，即实现城乡土地集约利用。

三 贵州省土地利用结构空间变化

根据 1996 年和 2005 年土地利用现状图（图 3－3A 和图 3－3B）对比情况来看，贵州省旱地主要分布在黔西、黔北地势较高的高原地区，而水田主要分布在黔中、黔南等地势相对较低的山间平坝地区。贵州省各地区耕地均有减少趋势，并且"细碎化"趋势也很明显；经过近 10 年时间，林业用地有所增加，这种趋势在黔东南州、毕节市和凯里市等地区表现得尤其突出；与其他类型的土地相比，贵州建设用地的比例虽然不大，但是近 10 年增加得非常迅速，主要增加地区都集中在县市中心，而增加建设用地主要集中在贵阳市、遵义市等大城市，主要驱动力来源于中心城区的向外围扩张；从空间上来看，贵州全省各地的裸岩裸土地等未利用地减少趋势都很明显，主要的去向为，贵州北部的主要是开垦为坡耕地，而贵州东部和南部变为林地，对于未利用地无原则的开垦或开发是造成贵州省喀斯特山区石漠化迅速恶化的主要原因之一。

第二节 贵州省主体功能区划分

一 国家层面主体功能区

依据《全国主体功能区规划》，贵州省国家层面的主体功能区划分为重点开发区域、限制开发区域和禁止开发区域三类，全省均没有优化开发区域（如图 3－5 所示）。

（一）国家重点开发区域

指具备较强经济基础、科技创新能力和较好发展潜力；城镇体系初步形成，具备经济一体化条件，中心城市有一定辐射带动能力，有可能发展成为新的大城市群或区域性城市群；能够带动周边地区发展，并对促进全国区域协调发展意义重大的区域。贵州省划为国家层面重点开发区域的是黔中地区。

A

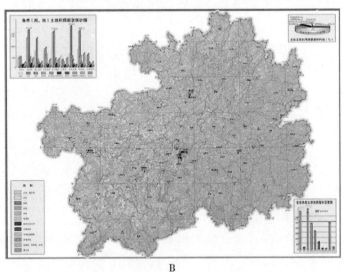

B

图3-3 1996年和2005年贵州省土地利用现状①

---

① 图3-3A和图3-3B分别来源于《贵州省土地利用总体规划（1996—2010）》和《贵州省土地利用总体规划（2006—2020）》。

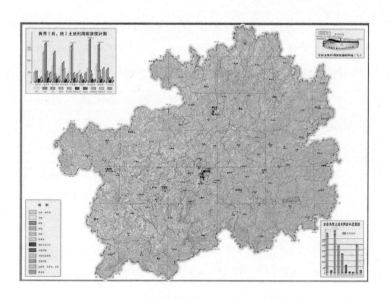

图 3 - 4　2005 年贵州省土地利用现状①

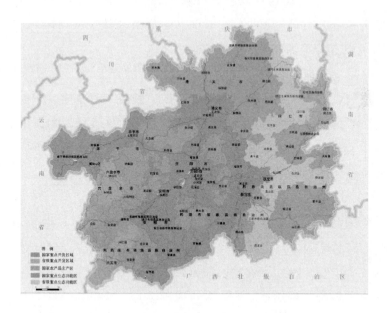

图 3 - 5　贵州省主体功能区划分②

① 贵州省人民政府：《贵州省土地利用总体规划（2006—2020）》，2009 年。
② 贵州省人民政府：《贵州省主体功能区规划》，2013 年。

黔中地区是《全国主体功能区规划》确定的全国 18 个国家重点开发区域之一。该区域位于全国"两横三纵"城市化战略格局中沿长江通道横轴和包昆通道纵轴的交汇地带，渝黔、贵昆、黔桂、湘黔铁路和贵阳至广州、贵阳至重庆、贵阳至成都快速铁路、长沙经贵阳至昆明客运专线在贵阳交汇，杭瑞高速公路、西南出海大通道贯穿其境，是西南连接华南、华东的重要陆路交通枢纽。该区域区位和地缘优势明显，城市和人口相对集中，经济密度较大，铝、磷、煤等矿产资源丰富，水资源保障程度较高，发展的空间和潜力较大，环境承载力较强，是落实国家区域发展总体战略和构建贵州省城市化发展战略格局的中心区域。黔中地区包括贵阳市、遵义市、安顺市、毕节市、黔南州、黔东南州的 24 个县级行政单元（表 3 - 1），区域国土面积 30602.1km^2，占全省的 17.4%；2010 年总人口 1140.3 万人，占全省的 27.2%。同时，还包括以县级行政区为单元划为国家农产品主产区的开阳等 8 个县（市）中的 81 个重点建制镇（镇区或辖区），以及靠近安顺市中心城区的镇宁县城关镇。

该区域的功能定位是：全国重要能源原材料基地、资源深加工基地、以航天航空为重点的装备制造业基地、烟酒工业基地、绿色食品基地和旅游目的地；西南重要的陆路交通枢纽，区域性商贸物流中心和科技创新中心；全省工业化城镇化的核心区；带动全省发展和支撑全国西部大开发战略的重要增长极。

（二）国家限制开发区域

国家限制开发区域分为两类：一类是农产品主产区，即耕地较多、农业生产条件相对较好，尽管也适宜工业化城镇化开发，但从保障国家农产品安全以及全民族永续发展的需要出发，必须把增强农业综合生产能力作为发展的首要任务，从而应该限制进行大规模高强度工业化城镇化开发的地区。贵州省国家农产品主产区共有 35 个县级行政单元（表 3 - 1），同时，还包括以县级行政区为单元划为国家重点开发区域的织金等 5 个县中的部分乡镇，区域国土面积 83251km^2，占全省的 47.3%。2010 年总人口 1839.4 万人，占全省的 43.9%。贵州省农产品主产区的功能定位是：保障农产品供给安全的重要区域，重要的商品粮油基地、绿色食品生产基地、林产品生产基地、畜产品生产基地、农产品深加工区、农业综合开发试验区和社会主义新农村建设的示范区。

另一类是重点生态功能区，即生态系统脆弱或生态功能重要，资源环境承载能力较低，不具备大规模高强度工业化城镇化开发条件，必须把增强生态产品生产能力作为首要任务，从而应该限制大规模高强度工业化城镇化开发的区域。贵州省国家重点生态功能区有 9 个县级行政单元（表 3 – 1），区域国土面积 26441km²，占全省的 15%。此类区域的功能定位为保障生态安全，保持并提高生态产品供给能力的重要区域，人与自然和谐相处的示范区。

表 3 – 1　　　　　　　贵州省主体功能区分类统计

序号	主体功能区域类型	单元数（或乡镇数）	面积		人口	
			面积（km²）	占全省面积比重（%）	2010 年末总人口（万人）	占全省总人口比重（%）
一	重点开发区域	32 个县	43919.3	24.9	1540.6	36.8
1	国家重点开发区域（黔中地区）	24 个县	30602.1	17.4	1140.3	27.2
2	省级重点开发区域	8 个县	13317.2	7.6	400.3	9.6
二	国家农产品主产区	35 个县、90 个镇	83251	47.3	1839.4	43.9
1	以县级行政区为基本单元的国家农产品主产区	35 个县	74233.1	47.1	1610.2	38.4
2	纳入国家农产品主产区的乡镇	90 个镇	9017.9	5.1	229.2	5.5
三	重点生态功能区	21 个县	48997.7	27.8	809.1	19.3
1	国家重点生态功能区	9 个县	26441	15	449.4	10.7
2	省级重点生态功能区	12 个县	22556.7	12.8	359.7	8.6
合计		88 个县、90 个镇	176168	100	4189.1	100

注：1. 县是指县（市、区、特区），镇是指镇（乡）；2. 人口数为户籍人口。①

———————

① 贵州省人民政府：《贵州省主体功能区规划》，2013 年。

（三）国家禁止开发区域

国家禁止开发区域是指有代表性的自然生态系统、珍稀濒危野生动植物物种的天然集中分布地、有特殊价值的自然遗迹所在地和文化遗址等，需要在国土空间开发中禁止进行工业化城镇化开发的重点生态功能区。贵州省划为国家层面禁止开发区域的是省域范围内的国家级自然保护区、世界和国家文化自然遗产、国家级风景名胜区、国家级森林公园和国家级地质公园（表3-2）。

表3-2　　　　　　　　贵州省禁止开发区域分类统计①

类型	个数	面积（km²）	占全省面积比重（%）
一、国家级禁止开发区域			
国家级自然保护区	9	2471.8	1.4
世界、国家文化自然遗产	8	2142.3	1.2
国家级风景名胜区	18	3416.1	1.9
国家级森林公园	22	1510.5	0.9
国家级地质公园	10	2011	1.1
二、省级禁止开发区域			
省级、市（州）级自然保护区	19	2338.9	1.3
省级风景名胜区	53	5037.7	2.9
省级森林公园	27	871.9	0.5
省级地质公园	3	396.5	0.2
国家级重点文物保护单位	39		
重要水源地保护区	129		
国家重要湿地	2	82	0.1
国家湿地公园	4	40.6	0
国家级、省级水产种质资源保护区	5	38.4	0
合计	348	20357.7	11.5

注：本表统计结果截至2010年12月31日，合计数据中扣除了重复计算的部分。

二　省级层面主体功能区

贵州省省级层面主体功能区划分为重点开发区、限制开发区和禁止

---

①　贵州省人民政府：《贵州省主体功能区规划》，2013年。

开发区域三类，没有优化开发区域。

（一）省级重点开发区域

省级层面重点开发区域是具有一定经济基础、资源环境承载能力较强、发展潜力较大并且集聚人口和经济的条件较好，从而应该重点进行工业化城镇化开发的城市化地区。贵州省划为省级重点开发区域的共有8个县级行政单元（表3-1），同时还包括划为国家农产品主产区县（市、区）中的中心城区、县城关镇和部分重点建制镇。

（二）省级限制开发区域

省级层面重点生态功能区生态系统脆弱、生态系统重要，资源环境承载能力较低，是不具备大规模高强度工业化城镇化开发条件的地区。贵州省省级层面的限制开发区域只有重点生态功能区。贵州省划为省级重点生态功能区的共有12个县级行政单元（表3-1）。

（三）省级禁止开发区域

省级层面的禁止开发区域是依法设立的省级和市（州）级自然保护区、省级风景名胜区、省级森林公园、省级地质公园、国家级重点文物保护单位、重要水源地保护区、国家重要湿地、国家湿地公园、国家级和省级水产种质资源保护区等（表3-2），点状分布于重点开发区域和限制开发区域。

各类主体功能区在全省经济社会发展中具有同等重要的地位，只是主体功能不同，开发方式不同，保护内容不同，发展的首要任务不同，国家和省支持的重点不同。对城市化地区主要支持加快工业化城镇化集约优化发展，集聚经济和人口；对农产品主产区主要支持农业综合生产能力建设；对重点生态功能区主要支持生态环境保护和修复，同时支持其加强公共服务能力和相应的基础设施建设①。

在后续研究中，关注贵州省重点开发区经济社会发展的同时，也会对限制开发区和禁止开发区做较深入的研究，在实证区选取方面，兼顾重点开发区域、限制开发区域和禁止开发区域等各种主体功能区类型，

---

① 贵州省人民政府：《贵州省主体功能区规划》，2013年。

研究其产业结构和土地利用时空布局变化及优化机制。

第三节 贵州省土地利用与经济发展耦合关系实证分析

一 研究方法

本章采用因子分析法研究贵州省土地利用与经济发展之间的耦合关系。因子分析法通过运用少数几个公因子去描述多个指标或变量之间的联系，以达到降维和数据简化目的，即将相关性比较密切的几个变量归在同一类中，每一类变量成为一个公因子，因此，利用因子分析法便可通过较少的公因子尽可能地反映原来变量的信息，因子分析法会使每个公因子内部存在较强相关性，而公因子之间相关性较弱。

本章在研究土地利用与经济发展各指标相关性的基础上，评价贵州省各区域各指标的耦合关系。针对指标较多、样本较大的特点选用因子分析法，将原始指标简化成若干公因子。公因子内部的各个变量存在较强耦合关系，每个公因子作为一个整体说明耦合程度的一个方面。运用公因子的贡献率作为权重，最终对贵州 9 个地区进行贵州省土地利用与经济发展耦合程度评价和排序，因子分析利用统计软件 SPSS18.0 完成。依据各地区在各公因子上的得分情况，分析区域经济发展的主要土地利用驱动因素，最终确定各地区土地利用机制与区域经济的耦合程度的差异，并判定其在具体的土地利用方面的发展状况及空间分布特点，据此提出各地区土地利用优化建议。

（一）计算模型

根据以上因子分析法的基本原理，构建公因子模型如下：

$$X_1 = a_{11}f_1 + a_{12}f_2 + \cdots + \varepsilon_1$$
$$X_2 = a_{21}f_1 + a_{22}f_2 + \cdots + \varepsilon_2 \qquad （公式 3-1）$$
$$\cdots\cdots$$
$$X_m = a_{m_1}f_1 + a_{m_2}f_2 + \cdots + \varepsilon_m$$

公式 3-1 中，X_1，X_2，…，X_m 为实测变量；a_{ij} 为因子载荷（生成

的系数矩阵称为因子载荷矩阵）；f_j 为公因子；ε_i 为特殊因子。

（二）关键点的统计意义

（1）因子载荷矩阵 a_{ij} 的统计意义：在各公因子不相关的前提下，a_{ij} 是 X_i 与 f_j 的相关系数，表示 X_i 依赖于 f_j 的程度。反映了第 i 个原有变量在第 j 个公因子上的相对重要性。因此，a_{ij} 的绝对值越大，则公因子 f_j 与原有变量 X_i 的相关性越强。

（2）公因子的方差贡献率 g_j 的统计意义：g_j 为 a_{ij} 的列平方和，表示第 j 个公因子 f_j 对 X_i 所提供方差的总和。称第 j 个公因子的方差贡献率，是衡量公因子相对重要性的指标，g_j 越大，表明公因子 f_j 对 X_i 的贡献越大，该因子的重要程度越高。

（3）载荷矩阵最大正交旋转的统计意义：对载荷矩阵进行正交旋转的目的是希望所得结果能使载荷矩阵的每一列元素尽可能向 1 和 0 两级分化，即原始变量主要与其中一个公因子有关。

二　评价指标体系构建

在全面性、科学性、可获性、现势性等基本原则的指导下，参考前人研究基础，从土地利用与经济发展两大方面共选取 28 个指标（表 3 - 1），采用贵州省 9 个地（州、市）2009 年的指标数据为分析样本，数据来源于 2010 年《贵州省统计年鉴》、2010 年《贵州省各地（州、市）统计年鉴》、2010 年《贵州省国土资源公报》、2010 年《贵州省水土流失公报》及 2010 年《贵州省森林资源调查数据库》等。

在选取土地利用指标时，为了能够全面体现出土地利用与经济发展的时空变化，以达到深入挖掘影响区域经济发展的土地利用驱动力及两者之间耦合关系的目的。选取的多数为复合指标，每个指标均代表了城乡土地利用与经济发展动态变化机制中的一个方面（在表 3 - 1 中指标内涵一栏已标明）。另外，同以往研究相比，选取了能够突出体现当地土地生态环境的指标，如森林覆盖率、人均生态承载力、水土流失面积比率和单位 GDP 能耗等。这些指标的选取能够体现贵州省各地区土地开发的适宜性程度，与主体功能区规划的中心理念吻合。其中选取的动态指标的含义如下：

（1）X_1：耕地变化量，指研究地区 2009 年度耕地增加（减少）的面积。

（2）X_2：农用地转用面积，指研究地区 2009 年度直接用于农业生产的土地，包括耕地、园地、林地和草地等用途的土地，转为建设用地的面积。

X_1 和 X_2 分别从不同角度表示了农用地尤其是耕地的保护情况。

（3）X_3：建设用地供应总量，指研究地区 2009 年度国有建设用地供应的总面积。

（4）X_4：建设用地土地利用动态度，表达地区一定时间范围内，建设用地数量变化情况，反映了地区土地利用变化速度及土地开发强度大小，其表达式为：

$$K = \frac{U_b - U_a}{U_a} \times \frac{1}{T} \times 100\%　　（公式 3-2）$$

公式 3-2 中，K 为 2009 年某一土地利用类型的动态度，U_a、U_b 分别是在 2009 年初和年末的某一种土地利用类型的数量（文中是建设用地）。T 为研究时段长。文中 T 的时段为 1 年，K 为研究区内某种土地利用类型 2009 年的变化率。

（5）X_5：建设用地土地利用相对变化率，反映了地区土地利用变化速度相对于全省其他地区的大小，能够反映全省各地区建设用地的空间变化。其表达式为：

$$R = \frac{|K_b - K_a| \times C_a}{K_a \times |C_b - C_a|}　　（公式 3-3）$$

公式 3-3 中，R 为土地利用相对变化率，K_a、K_b 表示某一地区某土地类型在 2009 年初和年末的数值，C_a、C_b 表示全区该土地类型在 2009 年初和年末的数值。

指标 X_4 和 X_5 分别从时间和空间上表现了地区土地利用变化程度。

（6）X_6：单位土地面积财政一般预算收入，即财政预算收入比上总土地面积，表明研究地区单位土地面积上的收入状况，能够体现土地利用效率的高低。

（7）X_7 和 X_8：分别为国有土地出让和转让的平均价格，表示某地区国有土地出让和转让价格的平均数，分别反映了当地土地一级和二级的市场状况。

（8）X_9、X_{10} 和 X_{11}：分别为建设用地中商服用地、住宅用地和工矿仓储用地比率，即某地区商服业、住宅业和工矿仓储业用地占总建设用地面积比例，表明某地区主要产业用地结构情况。

（9）X_{12}：公路密度，即某地区公路总里程比上土地总面积，表明该地区基础设施建设用地情况。

（10）X_{13}：森林覆盖率，即某地区森林面积占土地总面积的百分比，对于贵州省这样的喀斯特山区，森林覆盖率是代表当地生态好坏的重要指标。

（11）X_{14}：人均生态承载力，本书借鉴 Rees 和 Wackernagel（1996）运用生态足迹概念和方法来核算生态承载力，人均生态承载力的计算公式为：

$$ec = \sum_{j=1}^{n} r_j \times y_j \times a_j \qquad （公式3-4）$$

公式3-4中，ec 为人均生态承载力，j 为生物种类，r_j 为均衡因子，y_j 为产量因子，a_j 为人均生物生产面积。

参照 Wackernagel 等（1996）的实证研究，选取耕地、林地、草地、水域、建筑用地、化石能源用地6种生物生产性土地类型，由于现实中并没有留出用于吸收 CO_2 的化石能源用地，因此在计算各地区的人均生态承载力指标时，采用另外5种土地类型，而各种生物生产的均衡因子和产量因子的取值参照张志强等（2001）在中国西部12省（区、市）实证研究中的取值[1]。

（12）X_{15}：水土流失面积比率，即某地区存在水土流失的面积占土地总面积的比重，是代表喀斯特生态脆弱区生态状况的主要指标。

---

[1]　张志强、徐中民、程国栋等：《中国西部12省（区、市）的生态足迹》，《地理学报》2001年第5期。

（13）X_{16} 和 X_{17}：GDP 和 GDP 增长率，分别为代表某区域经济总规模和经济增长速度的指标。

（14）X_{18} 和 X_{19}：农民人均年纯收入和人均社会消费品零售额，分别为代表某地区居民收入和消费水平的指标。

（15）X_{20}：第二、三产业产值占 GDP 比重，为某地区第二产业和第三产业产值之和占 GDP 比重，代表了该地区产业结构状况。

（16）X_{21}：固定资产投资增长率，指某地区 2009 年固定资产投资规模增加额占 2008 年固定资产投资规模的比例，是代表该地区社会投资水平高低的指标，是衡量一个区域经济发展健康状况的一个重要指标。

（17）X_{22}：房地产开发投资占固定资产投资比重，即某地区固定资产投资中房地产开发投资所占比例，为代表该地区投资结构的指标。

（18）X_{23}：财政一般预算支出占 GDP 比重，即某地区财政一般预算支出占地区生产总值的比重，代表当地政府财政支出状况，是区域经济健康发展的衡量指标。

（19）X_{24}：科学技术支出占财政一般预算支出比重，即某地区财政一般预算支出中科学技术支出所占比重，表明当地经济发展中科学技术的贡献，代表当地经济发展的方式。

（20）X_{25}：单位 GDP 能耗，是指 2009 年度某地区每生产一个单位生产总值能源消耗情况，反映该地区能源利用效率。

（21）X_{26}：城镇化率，用城市人口和城镇人口占全部人口（人口数据均用常住人口而非户籍人口）的百分比来计算，是反映一个国家或区域经济社会发展进步程度的指标。

（22）X_{27}：农林牧渔业产值中非农业比重，即某地区农林牧渔业产值中减去农业产值后，余额所占比重，代表该地区农副业的发展状况，亦反映了农村的产业结构状况。

（23）X_{28}：乡村从业人员数中非农业比重，即乡村从业人员中从事非农业的人数占乡村从业人员数的比重，反映了该地区农村劳动力转移情况。

表 3-3　　　　　　　　　土地利用与区域经济耦合关系指标体系

目标层	指标层	指标内涵
土地利用指标	X_1 耕地变化量（hm^2）	农业用地保障情况
	X_2 农用地转用面积（hm^2）	
	X_3 建设用地供应总量（hm^2）	城镇土地开发状况
	X_4 建设用地土地利用动态度（%）	土地利用变化速度
	X_5 建设用地土地利用相对变化率（%）	土地利用的空间结构
	X_6 单位土地面积财政一般预算收入（万元/km^2）	土地利用效率
	X_7 国有土地出让平均价格（万元/hm^2）	土地市场状况
	X_8 国有土地转让平均价格（万元/hm^2）	
土地利用指标	X_9 建设用地中商服用地比率（%）	土地利用结构
	X_{10} 建设用地中住宅用地比率（%）	
	X_{11} 建设用地中工矿仓储用地比率（%）	
	X_{12} 公路密度（公里/平方公里）	基础设施用地
	X_{13} 森林覆盖率（%）	土地生态
	X_{14} 人均生态承载力（hm^2/人）	
	X_{15} 水土流失面积比率（%）	
区域经济指标	X_{16} GDP（亿元）	经济规模
	X_{17} GDP 增长率（%）	经济增长速度
	X_{18} 农民人均年纯收入（元）	居民收入水平
	X_{19} 人均社会消费品零售额（元/人）	居民消费水平
	X_{20} 二、三产业产值占 GDP 比重（%）	产业结构
	X_{21} 固定资产投资增长率（%）	社会投资水平
	X_{22} 房地产开发投资占固定资产投资比重（%）	投资结构
	X_{23} 财政一般预算支出占 GDP 比重（%）	地方政府财政支出能力
	X_{24} 科学技术支出占财政一般预算支出比重（%）	经济发展方式
	X_{25} 单位 GDP 能耗（吨标准煤/万元）	资源使用效率
	X_{26} 城镇化率（%）	经济社会发展程度
	X_{27} 农林牧渔业产值中非农业比重（%）	农业产业结构
	X_{28} 乡村从业人员数中非农业比重（%）	农业劳动力转移

　　注：指标数据来源于 2010 年《贵州省统计年鉴》、2010 年《贵州省各地（州、市）统计年鉴》、2010 年《贵州省国土资源公报》、2010 年《贵州省水土流失公报》及 2010 年《贵州省森林资源调查数据库》。

三 数据处理过程

(一) 构造公因子变量

运用统计软件 SPSS18.0, 选择因子分析法对 28 个原始指标及样本数据进行降维分析, 分析过程中, 选择系统默认的主成分分析法和相关系数矩阵进行分析, 系统通过 6 次迭代, 提取了特征值大于 1 的 6 个公因子, 结果 6 个公因子累计方差贡献率大于 90% (表 3-4), 说明能够非常好地涵盖指标体系, 样本适用于因子分析。系统为了使分析结果更明确, 还生成了因子旋转载荷矩阵 (表 3-4)。

表 3-4 　　　　　　　　　　方差贡献率

因子	特征值	贡献率 (%)	累计方差贡献率 (%)
1	9.432	33.684	33.684
2	5.098	18.206	51.890
3	4.283	15.297	67.186
4	3.578	12.779	79.965
5	2.870	10.250	90.215
6	1.616	5.770	95.985

(二) 因子旋转载荷矩阵说明

旋转后的公因子载荷矩阵 (表 3-5) 可以分析出 6 个公因子都分别与哪些原始指标相关, 并通过载荷系数的大小和正负得出相关性大小和方向。

由表 3-5 可知, 第 1 个公因子在指标 X_6、X_{14}、X_{16}、X_{18}、X_{19}、X_{20}、X_{23}、X_{24}、X_{26}、X_{27} 上载荷大 (绝对值较大的系数), 说明单位土地面积财政一般预算收入和土地生态承载力对众多经济因素具有较大驱动力, 包括 GDP、农民人均年纯收入、人均社会消费品零售额、二、三产业产值比重、财政支出比重、科学技术支出比重、城镇化率及农林牧副渔产值中非农业比重等指标, 这些因素从不同方面解释区域经济发展能力, 因此, 此公因子被定义为土地系统发展能力因子, 据此可以判断在这个因子上的得分越高, 地区土地系统的发展能力越强, 在 6 个公因子中此公因子贡献率最大, 达到 30% 以上, 说明此公因子对于土地利用与区域经济耦合程度贡献度最高。与此公因子相关的原始指标的载荷多数超过 0.8, 说

第三章 基于主体功能区规划的贵州省土地利用与经济发展耦合关系

明这些原始指标与第1个公因子相关性较高。原始指标中，生态承载力、财政一般预算支出比重和农林牧渔业产值中非农业比重指标载荷系数为负，说明在贵州省各地区发展中，生态、财政支出项目和农副业的发展是起到负相关作用的。叶延琼等（2011）对1996—2008年在广东省农用地变化基础上研究得出农业生态系统服务价值变化与 GDP 和城市化水平之间存在极为显著的负相关关系，与第1个公因子结果部分一致。

表 3 - 5 因子旋转成分矩阵

指标	因子					
	1	2	3	4	5	6
X_1	-0.439	-0.578	0.214	0.309	0.543	0.134
X_2	0.073	-0.054	-0.170	0.177	0.887	0.370
X_3	0.092	0.883	-0.232	-0.333	-0.168	0.000
X_4	-0.059	0.958	0.037	-0.123	-0.004	0.224
X_5	-0.059	0.958	0.037	-0.123	-0.004	0.224
X_6	0.939	0.092	0.018	0.236	0.148	-0.048
X_7	0.112	0.895	-0.282	0.112	0.045	-0.295
X_8	0.208	-0.071	0.308	0.176	0.483	0.721
X_9	-0.177	-0.394	0.225	0.857	-0.004	0.023
X_{10}	0.570	-0.203	-0.177	0.683	0.003	0.232
X_{11}	0.192	-0.372	0.882	-0.045	0.079	-0.019
X_{12}	0.338	-0.034	0.089	-0.275	0.853	-0.206
X_{13}	-0.184	-0.270	-0.755	-0.453	-0.085	-0.126
X_{14}	-0.791	0.095	-0.384	-0.399	-0.110	0.138
X_{15}	-0.257	-0.140	0.592	-0.011	0.644	0.282
X_{16}	0.874	-0.048	-0.080	-0.140	0.177	0.377
X_{17}	-0.063	0.228	-0.137	0.068	0.045	0.859
X_{18}	0.962	-0.008	-0.169	0.144	-0.007	0.129
X_{19}	0.972	0.063	-0.122	0.097	0.041	-0.101
X_{20}	0.809	0.086	0.473	-0.139	-0.293	-0.003
X_{21}	0.068	0.488	0.255	0.708	-0.043	0.338
X_{22}	0.490	-0.249	-0.301	0.747	0.005	-0.210
X_{23}	-0.790	-0.116	-0.456	0.206	0.032	-0.189

· 79 ·

续表

指标	因子					
	1	2	3	4	5	6
X_{24}	0.946	-0.008	-0.196	0.138	-0.138	-0.009
X_{25}	-0.398	-0.052	0.853	-0.014	-0.076	-0.247
X_{26}	0.916	-0.143	0.095	-0.023	0.173	-0.262
X_{27}	-0.754	0.307	0.316	0.134	-0.323	-0.326
X_{28}	0.200	0.624	-0.376	-0.068	0.403	0.451

第 2 个公因子在指标 X_1、X_3、X_4、X_5、X_7、X_{28} 上载荷大，说明农村耕地减少和城市建设用地增加及城市土地出让价格变化等土地利用现象主要对农村人口流动等因素具有驱动作用。因此，此公因子被定义为地区城乡土地互动因子，据此可以判断此因子对地区的城市和农村之间的土地和人口流动有一定的解释作用，这与随着我国城市化和工业化进程加速，各地城市建设用地剧增，随之耕地减少，并且伴随着农业人口向二、三产业流动的现象相吻合。王青（2007）在其博士学位论文中通过对中国 1999—2004 年建设用地规模、土地一级市场规模及农村劳动力转移人数等数据进行分析，得出政府通过农用地转用增加土地一级市场的供应，通过建设用地扩张带来经济增长，并驱使劳动力在不同部门间流动[1]，这与第 2 个公因子研究结果相吻合。

第 3 个公因子在指标 X_{11}、X_{13}、X_{25} 上载荷大，说明代表土地生态好坏的森林覆盖率和土地利用结构中工矿仓储用地比重对代表资源使用效率的 GDP 能耗有驱动作用，这几个指标均对地区生态环境有一定影响，此公因子被定义为地区土地生态环境因子，在现实中地区土地利用结构中工矿用地的比例高、森林覆盖率低或 GDP 能耗较高都会造成地区生态环境的破坏，所以此公因子原始指标中森林覆盖率的载荷系数为负，与其余两个指标变化方向相反。

第 4 个公因子在指标 X_9、X_{10}、X_{21}、X_{22} 上载荷大，说明城市住宅用地比例和商服用地比例的提高与房地产投资比例的增加和固定资产投资的增

---

① 王青：《土地市场运行对经济增长影响研究》，南京农业大学博士学位论文，2007 年。

加有关，因此，被定义为地区土地投资因子，而曲福田等（2005）利用中国省级 1995—2001 年数据研究中国农地非农化的驱动机制时，得出农地非农化以土地利用比较收益、人口增长和固定资产投资为主要驱动因素[1]，与第 4 个公因子研究结果一致，并且本章通过贵州省实证分析进一步验证房地产投资、固定资产投资等土地投资，由于土地利用的比较效益的原因，主要被住宅和商服用地需求所驱动，将前人研究深入一步。

第 5 个公因子在指标 X_2、X_{12}、X_{15} 上载荷大，说明地区农用地转用面积与公路等基础设施增加和水土流失面积变化相关，被定义为地区基础设施用地因子，据此可以判断农用地转用面积增加、公路等基础设施增加与生态脆弱区的水土流失面积增加密切相关。

第 6 个公因子在指标 X_8、X_{17} 上载荷大，说明代表土地市场完善程度的国有土地转让价格与地区 GDP 增长率相关性很强，因此，被定义为地区土地市场因子，据此可以判断土地市场的活跃对区域经济增长速度有驱动作用。黄晓宇（2006）等运用中国 29 个省 1994—2004 年 10 年的数据检验土地市场与宏观经济关系时发现，中国宏观经济增长同土地价格呈正相关关系，而一级土地市场供应价格弹性为 0.45，缺乏弹性，据此判断由需求拉动的经济增长会带来租金的大幅增加，即带动土地二级市场[2]，这与第 6 个公因子研究结果相互验证。

四　结果分析

（一）结果分析

以各公因子特征值方差贡献率作为权重反映贵州省各地区土地利用机制与区域经济耦合程度的综合测评得分，测算模型为：

$$F_{总} = 33.68F_1 + 18.21F_2 + 15.30F_3 + 12.78F_4 +$$
$$10.25F_5 + 5.77F_6 \qquad\qquad （公式 3-5）$$

---

① 曲福田、陈江龙、陈雯：《农地非农化经济驱动机制的理论分析与实证研究》，《自然资源学报》2005 年第 2 期。

② 黄晓宇、蒋妍、丰雷：《土地市场与宏观经济关系的理论分析及实证检验》，《中国土地科学》2006 年第 4 期。

公式 3 - 5 中，F_1、F_2、F_3、F_4、F_5、F_6 分别为公因子 1、2、3、4、5、6 得分，$F_总$ 为综合得分，并测算出贵州省 9 个地（州、市）土地利用机制与区域经济耦合度综合得分和排序，如表 3 - 6 所示。在第 1 个公因子上贵阳市、遵义市和六盘水市的得分排在前三位，说明这三个地区土地系统发展能力优于其他地区，也表明了其综合经济实力较强；在第 2 个公因子上黔西南州、贵阳市和黔南州排名在前，说明这三个地区在研究时间区段内建设用地增速较快，土地价格增长迅猛；在第 3 个因子上六盘水市、毕节市和安顺市等地区得分最高，说明其土地生态环境因子所包含指标在这些地区耦合程度较高；在第 4 个公因子上安顺市、贵阳市和毕节市得分较高，说明其土地投资力度较大；在第 5 个公因子上铜仁地区、毕节市和贵阳市得分最高，说明其土地基础设施建设力度较大；在第 6 个公因子上毕节市、遵义市和黔南州得分最高，说明其土地市场发育较好，经济增速也随之加大；在综合排名上，贵阳市以绝对优势排在第一位，因为其综合经济实力远远超过其他地区，所以其土地利用与区域经济耦合程度远超过其他地区；毕节市排在第二位，虽然其经济发展能力排名靠后，但是其土地市场、土地投资、土地生态环境及土地基础设施等多个方面都排名在前两位，表现出较好的土地利用潜力；黔西南州排在第三位，主要依靠其建设用地的大量增加，以及城市土地价格的飞速增长带动经济发展。

表 3 - 6　　　　　　　　各地（州、市）公因子得分和排名

地州市	F_1 得分	F_2 得分	F_3 得分	F_4 得分	F_5 得分	F_6 得分	$F_总$ 得分
贵阳市	2.39 (1)	0.31 (2)	-0.56 (6)	0.74 (2)	0.39 (3)	-0.04 (4)	0.91 (1)
六盘水市	0.39 (3)	-0.59 (8)	2.13 (1)	-1.02 (8)	0.16 (4)	-0.93 (8)	0.18 (4)
遵义市	0.49 (2)	-0.53 (7)	-0.50 (5)	-1.25 (9)	-0.34 (6)	0.87 (2)	-0.15 (6)
安顺市	-0.38 (4)	-0.35 (6)	0.53 (3)	1.93 (1)	-1.32 (9)	-0.47 (6)	-0.03 (5)
铜仁地区	-0.79 (9)	-0.31 (5)	-0.74 (8)	0.25 (4)	1.91 (1)	-0.99 (9)	-0.27 (7)
黔西南州	-0.48 (6)	2.51 (1)	0.05 (4)	-0.44 (6)	-0.27 (5)	-0.40 (5)	0.20 (3)
毕节市	-0.63 (8)	0.01 (3)	0.77 (2)	0.66 (3)	0.96 (2)	2.06 (1)	0.21 (2)
黔东南州	-0.60 (7)	-0.82 (9)	-1.04 (9)	-0.23 (5)	-0.40 (7)	-0.67 (7)	-0.62 (9)
黔南州	-0.39 (5)	-0.24 (4)	-0.64 (7)	-0.63 (7)	-1.08 (8)	0.57 (3)	-0.43 (8)

注：表中括号中为各地区在公因子上的排名。

　　通过上述的因子分析方法对研究区土地利用与区域经济耦合关系的研究，根据前述各地区在 6 个公因子上的得分及排名情况，得出各地区限制经济发展的土地利用驱动因素，并对土地利用的不同方面给出建议。

　　（1）第 1 个公因子上得分较低的铜仁地区、毕节市和黔东南州等地区，应通过提高单位土地面积财政一般预算收入和土地生态承载力来实现区域经济发展能力的提高，对于水土流失较严重的铜仁、毕节和黔东南的石漠化山区，可以采取立体土地利用模式，例如，在农村，可以发展立体生态观光农业、山顶种树、乔灌草相结合，山腰种植药、果或茶等，山脚发展农作物加经济作物套种，这样，既有利于水土保持和生态环境建设，又有利于取得最大土地经济效益。而在城市，通过合理的城市规划控制城镇建设用地规模扩张，提高存量用地的使用效率，利用贵州省的主体功能区规划和新型工业化进行产业结构调整的契机，优化用地结构，加大这些地区单位面积土地上的资本及劳动力尤其是科学技术投入，并发挥产业集聚效应，使得资源配置更高效。

　　（2）第 2 个公因子说明的土地利用现象在黔西南州、毕节市和贵阳市等地区表现比较突出，应该注意纠正这些地区依靠土地财政发展经济的现状和趋势，这些地区处于工业化和城市化的初期阶段，城镇用地扩张是必然趋势，但是为了尽量避免由此带来的弊端，应该加强城镇和乡村规划以及土地利用规划的管制作用，合理有序地开发土地，使得土地开发与经济发展相协调。

　　（3）第 3 个公因子在六盘水市、毕节市和安顺市等地区得分高，说明这些地区工矿用地比例高、森林覆盖率低并且能耗高，造成生态环境脆弱，在这些依靠能源开发的地区，应该多注重土地生态环境建设和节能减排。对于这些新型资源型城市，应积极向生态型城市转变，整合发挥资源产业集群优势，延长能源型工业产业链，建立多种模式的循环利用系统，使废物得到再利用，降低能耗，实现资源利用最大化。另外，为了遏制石漠化、水土流失，各地区应该重视林业发展，保持森林覆盖率是改善生态环境的首要选择。

　　（4）第 4 个公因子说明的问题在安顺市、贵阳市和毕节市等地区的城市建设中表现得比较明显，为了防止这些地区投资过热，导致经济发展不稳定，以及对欠发达地区居民消费的消极影响，应该通过适当控制投资规模和方向，注重在基础设施和农村公共服务上的投资比例。

（5）第 5 个公因子说明的问题在贵州的铜仁地区、毕节市和贵阳市等地区较明显，当地比较注重土地基础设施的投资，但应该加强基础设施建设中水土保持措施的配套。在山区基础设施水土保持设计时应采取分区分期防治，工程建设前期对主体工程防治区、取土场防治区、弃土场防治区及临时工程用地防治区分别因地制宜地采取水土保持工程措施，辅以植物措施相结合，快速有效地遏制水土流失，后期主要以植物措施为主防止水土流失，改善生态环境。

（6）第 6 个公因子说明的问题在毕节市、贵阳市和黔西南州等地区较显著，这些地区经济快速增长中土地市场影响较大，而黔东南州、铜仁地区、黔南州等地区土地市场发展还不够完善，应该通过完善相关法规，规范市场行为，根据本地住房和开发建设需求来进行房地产开发，并注重培育房地产相关产业发展，使得房地产市场健康平稳发展，促进经济增长。

（二）分析结果在空间上的解释

将贵州省各地区土地利用机制与区域经济耦合程度综合得分情况表现在空间布局上，如图 3-6 所示，贵州省土地利用机制与区域经济耦合程度明显分为 3 个梯度，其中，位于地理上中心位置的贵阳市耦合程度最强，处于第一梯度，这与其长期政治经济文化的中心地位有关，另外近些年立足于生态文明城市建设的城市规划和产业结构调整，也是其在各地区中耦合程度最好的原因之一；位于西半部的毕节市、黔西南州、六盘水市和安顺市处于耦合程度处于第二梯度，原因是这些地区多数处于海拔较高的高山地带，开发程度较低，生态破坏较小，所以耦合程度较强，具有较大的开发潜力，而这些地区由于生态环境较脆弱，在以后的土地开发中在利用资源的同时要注重生态保护；位于东半部的遵义市、铜仁地区、黔南州和黔东南州处于耦合程度处于第三梯度，原因是这些地区多数处于资源相对优势的地区，近年来的旅游、矿产等资源的开发对于这些地区的生态环境造成了一定破坏，资源开发带动较快城镇化的发展，亦给土地利用带来了负面效应，因此，这些地区应该可持续地开发利用土地及其他资源，注重对于各种地区的功能定位，尤其对于有些水土流失和石漠化较为严重的地区应该限制开发。

图 3-6　贵州省各地区土地利用与经济发展耦合程度分区

第四节　基于主体功能区规划的贵州省
各地区产业用地空间布局

通过前述实证评价和分析贵州省土地利用与区域经济的耦合关系，了解了在省域层面耦合度的空间分布状况。为了能够在主体功能区规划框架下更好地发展各地区经济，有必要将各地区土地利用与经济发展耦合关系与该地区的主体功能相结合研究，最终确定合理的贵州省各地区产业布局状况。

一 基于主体功能区规划的贵州省土地利用与区域经济耦合关系空间分析

如图 3 - 7 所示，贵州省主体功能区空间分布上，国家级和省级重点开发区域及一部分国家级农产品主产区主要分布在贵州省中部、北部和西部，与图 3 - 6 中贵州省土地利用与区域经济耦合度中第一梯度和第二梯度的地区基本吻合，这些地区是贵州省资源禀赋较好，开发程度不高，但是有一定产业基础，开发潜力较大的地区，尤其是以省会贵阳为中心的黔中经济区将起到带动贵州其他地区的发展极作用，而具备较好农业产业基础的县域将承担起提供农产品的主要功能；国家级和省级限制开发区域，包括生态功能区和粮食主产区，主要分布在贵州省东部和南部，与图 3 - 6 中贵州省土地利用与区域经济耦合度中第三梯度的地区基本吻合，这些地区是贵州省生态较脆弱，土地资源承载力较差，由于不合理的土地开发和利用，有些地区水土流失和石漠化较为严重，因此，在后续的开发中，应将生态环境保护和改善放在首位，开发农业和旅游等产业应以生态农业和生态旅游为主，限制大规模的城镇化和工业化对这些地区生态环境继续造成破坏。

二 贵州省各地区产业用地空间布局

2012 年国务院 2 号文件《关于进一步促进贵州经济社会又好又快发展的若干意见》精神，按照"黔中带动、黔北提升、两翼跨越、协调推进"的原则，充分发挥黔中经济区辐射带动作用，加快建设黔北经济协作区，积极推动毕水兴（毕节、六盘水、兴义）能源资源富集区可持续发展，大力支持"三州"（黔东南州、黔南州、黔西南州）等民族地区跨越发展，构建区域协调发展新格局（如图 3 - 8 所示）。

（一）黔中经济区

黔中经济区占贵州省国土面积的 17.37%，包括 24 个县级行政区，是以贵阳—安顺为核心，以遵义、毕节、都匀和凯里等城市为支撑的连片重点开发区域。将建设成"一核三带多中心"空间开发格局。

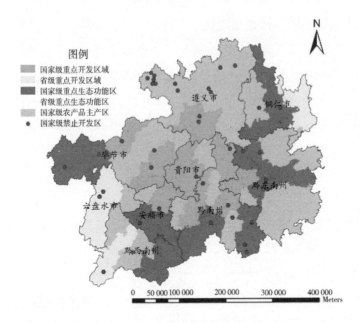

图 3-7　贵州省主体功能区划分

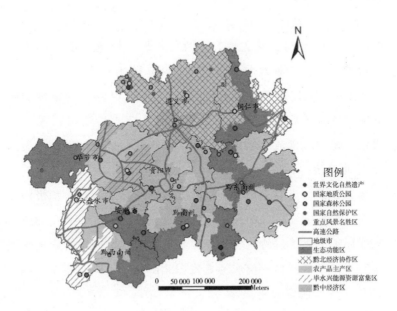

图 3-8　贵州省各地区产业结构空间布局

1. 贵阳—安顺一体化核心区

推进贵阳—安顺经济一体化发展，加快建设贵安新区，重点发展装备制造、资源深加工、战略性新兴产业和现代服务业。

2. 贵阳—遵义经济带

沿贵遵高速公路、渝黔铁路等交通干线，重点发展资源深加工、装备制造、汽车及零部件、新材料、电子信息、新能源、优质烟酒和生物制药等产业。

3. 贵阳—都匀、凯里经济带

沿贵广铁路、贵广高速公路和长昆客运专线等交通干线，重点发展磷化工、特色轻工和民族文化、旅游等产业。

4. 贵阳—毕节经济带

沿贵毕高等级公路、成贵铁路等交通干线，重点发展以火力发电为主的能源工业、以煤化工为重点的资源深加工产业、以能矿机械为主的装备制造业以及旅游业。

（二）辐射带动区域

按照"黔中带动、黔北提升、两翼跨越、协调推进"的原则，充分发挥黔中经济区的辐射带动作用，加强与黔北经济协作区、毕（节）（六盘）水兴（义）能源资源富集区、"三州"（黔东南苗族侗族自治州、黔南布依族苗族自治州和黔西南布依族苗族自治州）民族地区的经济联系，促进要素流动和功能整合，实现优势互补、联动发展。

1. 黔北经济协作区

以遵义、铜仁为节点城市，以黔北、黔东北为腹地，积极构建连接成渝经济区和黔中经济区的经济走廊。重点发展航天等装备制造、金属冶炼及深加工、化工、特色轻工及旅游等产业。推进武陵山地区经济协作和扶贫攻坚，将铜仁建设成为贵州东北部区域性中心城市。

2. 毕水兴能源资源富集区

以毕节、六盘水及兴义为节点城市，充分发挥能源矿产资源优势，建设我国南方重要的战略资源支撑基地。重点发展煤电煤化工、钢铁有色、汽车及装备制造、新能源等产业，加强毕水兴能源资源富集区与黔中经济区在资源深度开发和转化的分工合作，将六盘水建设成为贵州西部中心城市和重要交通枢纽，将兴义建设成为黔桂滇交界的区域性大城市和商贸物流中心。

（三）农业产业化地区

贵州省农产品主产区占国土面积的 47.3%，是一个以农业为主的省份。受自然地理条件限制，贵州省农产品主产区主要呈块状分布在农业生产条件较好、人口较密集及经济较集中的西部地区、北部地区和东南部地区，主要由国家粮食生产重点县和全省优势农产品生产县组成，形成 5 个农业开发区，包括黔中丘原盆地都市农业区、黔北山原中山农——林——牧区、黔东低山丘陵林——农区、黔南丘原中山低山农——牧区和黔西高原山地农——牧区，这些地区主要依据所处区位和已有的农作基础条件，开发成适宜当地的重要的商品粮油基地、农产品深加工区、畜产品生产基地、绿色食品生产基地、林产品生产基地、农业综合开发试验区和社会主义新农村建设示范区。

（四）生态功能区和禁止开发区

生态功能区面积占贵州省整个国土面积的 27.8%，呈条带状分布在贵州省的西南部和东部地区；而禁止开发区均匀分布在贵州全省各地区，占国土面积的 10.2%（贵州省人民政府，2013）[①]。这两类地区对于改善和保护贵州省的生态环境起到非常关键的作用，生态功能区限制城镇化和工业化，仅发展对生态有益或无破坏的产业，而禁止开发区禁止一切工业化城镇化开发活动。

第五节　实证区选择及其土地利用驱动力分析

本书选取位于贵州省西北部的毕节市为研究的主要实证区。毕节市地处滇东高原向黔中山原丘陵过渡的倾斜地带，境内喀斯特地貌发育典型，拥有丰富的矿产资源、水能资源、生物资源和旅游资源以及四季皆

---

① 贵州省人民政府：《贵州省主体功能区规划》，2013 年。

宜的气候资源，这些是能够代表贵州省的典型资源特征。另外，因为自1988年起毕节被时任贵州省省委书记的胡锦涛同志确定为西部开发脱贫的试验区，经过二十多年的发展，探索出了很多适合当地的发展模式，为本书研究提供了有价值的研究实证资料。所辖县（区）中，《全国主体功能区规划》颁布实施后，毕节市七星关区被贵州省确定为新的区域发展增长极，成为带动周边县域地区发展的重要节点城市。而位于七星关区周边的某些县域由于生态环境极其脆弱，被列入限制发展或禁止发展名录。例如，与七星关区接壤的赫章县是贵州省被列入桂黔滇喀斯特石漠化防治生态功能区的9个县之一，而大方县为国家级农产品主产区，两个县均属于限制开发区类型。可见，现在的毕节市既是作为贵州省核心的黔中经济区的重要组成部分，又作为三大连片贫困区之一——乌蒙山区的扶贫攻坚区域，这些都是贵州省现在省情的最好代表，因此，本书在对贵州省城市、县域之间和农村等不同地域尺度土地利用模式进行优化研究时，均选择毕节市的不同地区作为实证地。在对城市土地利用模式进行研究时主要选择毕节市七星关区（中心市区）为实证地；对县域之间土地利用模式协同研究时，选择拥有三种主体功能区类型（重点、限制和禁止开发区类型）并在地域上连片的赫章、大方和七星关为实证地；对农村土地利用模式进行研究时选择属于国家级禁止开发名录里的百里杜鹃风景区的戛木村和大雁村为实证地。另外，为了从全省战略角度研究主导产业——旅游业的土地利用模式，本文选择贵州省18个国家级（重点）风景名胜区为研究实证地，各地域尺度的实证区空间布局如图3-9所示。为了对后续各章微观尺度土地利用模式研究更加深入，首先对毕节市土地利用结构及驱动力进行分析。

一　实证区土地利用结构变化特征

由毕节市2005年的土地利用结构状况（图3-10）来看，与贵州省的平均水平相比，耕地面积比重在全省各地区中最高达37%，远高于贵州省平均水平28%，但是耕地质量较差，25°以上坡耕地占18%，

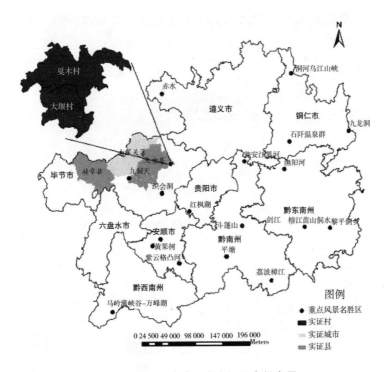

图 3 - 9 各地域尺度实证区空间布局

耕地垦殖率高，造成严重的水土流失和石漠化。相对来说，园地、林地、牧草地和水面等都低于贵州省平均水平①，说明毕节市土地利用结构不尽合理，主要表现为土地利用粗放、地均土地产值低、土地生态承载力极差。

1996—2005 年 10 年间毕节市各类用地变化趋势（图 3 - 11）与贵州省其他地区相似，耕地、牧草地、水面和未利用地有所减少，园地、林地和居民点及工矿用地有所增加。其中，未利用地减少的幅度最大，达到 52%，仅次于黔东南州位居全省第二，未利用地的转移去向主要是生态林地和少量的矿山用地。除未利用地外，其余类型土地变化幅度均小于全省平均水平②，说明毕节市这十年中第一产业中产业结构调整

---

① 毕节市人民政府：《毕节市土地利用总体规划》（1996—2010 年），2008 年。
② 毕节市人民政府：《毕节市土地利用总体规划》（2006—2020 年），2012 年。

幅度不大，第二产业中规模较大的工矿业用地开发有限，第三产业的发展也不理想，因此，毕节市经济社会发展现状不容乐观。

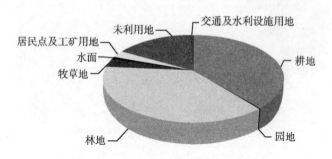

图 3 – 10　2005 年毕节市土地利用结构（单位：%）

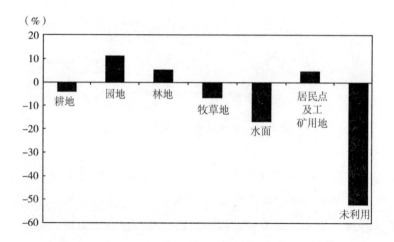

图 3 – 11　1996—2005 年毕节市土地利用结构变化率

二　实证区土地利用驱动力分析

根据前述的研究结论，得知 6 个公因子所述土地利用与区域经济发展的耦合关系中，实证区毕节市有 4 个所述不合理的土地利用问题，毕节市都居于贵州省前列，综合来讲，毕节市土地生态承载力低，加上各产业单位面积土地效益差，导致社会经济各方面发展受到限制，近年毕节市农用地大量转为建设用地，其中很大一部分为公路等基础设施用地，这使得高山喀斯特地貌条件下的土地产生石漠化等生态问题，另外，中小规模工矿用地的发展导致了土地粗放经营和产能差等问题，这对本就脆弱的生态环境有很大的影响，另外，城镇中心区建设用地的扩张和土地价格的上涨趋势也非常明显①，这会对本就不合理的经济结构造成不利影响。可见，经济增长等短期发展愿望成为毕节市各种土地利用活动的最终驱动力，很明显这种发展模式并不适合生态脆弱地区，因此，从主体功能区规划理念入手，深入研究毕节市土地利用条件，探索不同主体功能区下的适宜土地利用模式，并为实行差别化的土地利用政策提供建议是本书所述研究的最终目的。

第六节 小结

贵州省地处山地，土地利用受自然环境制约，土地利用结构不合理，耕地质量较差。近年来，耕地、未利用地等土地类型减少明显，而建设用地增加迅速，使得土地生态承载力不断增加，对生态环境造成严重破坏。而近年贵州省林地增加明显，这有效控制了石漠化土地退化现象。

贵州省包含重点开发区、限制开发区和禁止开发区三种主体功能区类型，有超过 70% 的国土面积位于限制开发区或禁止开发区。贵州省对国家级和省级重点开发区实行"黔中带动、黔北提升、两翼跨越、协调推进"的开发原则，限制开发区主要发展农产品和少数民族生态旅游等产业，而禁止开发区的主要任务是保护生态环境。

本书在深入研究基于主体功能区规划的土地利用与区域经济耦合关系基础上，利用定量方法在主体功能区规划框架内对贵州省土地利用与区域经济耦合关系进行实证研究，旨在验证前述土地利用与区域经济耦合关系理论。另外，分析得出的贵州省各地区土地利用驱动因素，可以为后续土地利用模式优化的实证研究奠定基础，从各尺度实证区土地利用评价指标体系的建立到土地利用模式优化方案的确定，都将以实证区的土地利用驱动因素为依据。

---

① 韩德军、朱道林：《贵州省土地利用与区域经济耦合关系分析》，《农业工程学报》2012年第15期。

从主体功能区规划理念出发建立指标体系，利用因子分析法对贵州省各地（州、市）进行的土地利用机制与区域经济耦合关系进行分析及验证，得出以下结论：贵州省各地区土地利用与区域经济之间存在很强的耦合关系，并且土地利用机制中不同的方面与不同经济因素互相驱动。主要表现在：（1）土地生态承载力、土地利用效率与代表区域经济发展能力的多方面经济因素具有耦合关系；（2）城市建设用地大幅扩张及城市土地价格的飞速上涨对农村劳动力在不同产业间转移有很强的驱动作用；（3）土地利用的生态环境效益的好坏直接与工矿用地的使用及能耗的高低有关；（4）地区固定资产投资的增加与房地产投资比例增加直接相关，并用于居住和商服用地建设；（5）地区农用地转用数量及公路等基础设施用地数量与水土流失的程度密切相关；（6）土地市场的活跃与否与区域经济增长速度互相耦合。本章分析了贵州省各地区的土地利用与区域经济耦合程度及6个耦合方面的表现情况，并对于各个方面的土地利用政策及措施给出了针对性建议。

最后，将各地区土地利用与经济发展耦合程度空间分布与贵州省主体功能区的空间分布对比分析，确定合理的贵州省各地区产业空间布局状况与贵州省目前宏观产业布局一致，这将是贵州省省域宏观尺度土地利用优化布局方案。

第四章

生态功能区城市土地利用模式对比研究

第一节 研究背景

　　随着中国人口的增长和城镇化进程的推进，城市建设的步伐也在提速。随之大城市甚至特大城市纷纷出现，人口、产业和交通等要素的集聚带来了很多"大城市病"。首先，城市社会经济发展对于建设用地需求日益加剧，这使得城市周边大量农田被城市侵占，城市也像"摊大饼"式的向外扩张；其次，城市规模的不断扩张，给城市交通带来隐患，生态环境也日益恶化，城市用电、用水以及垃圾处理等一系列问题都亟待解决。城市规划方面，一方面，高楼林立、现代设施发达的城市新区如雨后春笋般迅速被造就；另一方面，城市老城区的"旧城改造"却进展得缓慢而艰难，这也给很多大城市的城市形象带来不少弊端；再次，中国疆域辽阔，各级城市的发展都是重建设、轻定位、少保护，城市的长远规划很少体现地域自然社会条件，因为城市建设用地的利用具有很强的不可逆性，在这种情况下，城市一旦被建成就很难改变。因此，在全国和各省级主体功能区规划颁布实施之际，应该将规划理念贯彻到各类城市建设中，在此基础上为特定城市选择适宜的土地利用模式。

　　本章以此为选题背景，为了促使不同主体功能区域城市的土地利用更好地依据本地的自然和社会条件，选择适宜的发展模式，通过对比分析处于中国东部和西部生态功能区的福建南平市和贵州毕节市的土地利用历史、现状和潜力的不同,分析形成差异的原因,并分别为两个城市选择未来适宜的土地利用模式。

第二节　实证城市概况及对比城市选择

为实证城市——毕节市选取适宜的土地利用模式,本章采取地域上横向比较方法。为了使所选取的对比城市更具可比性,选取与实证区贵州省毕节市处于同一纬度(北纬 26°左右)的福建省南平市为对比城市,另外,南平市属典型的山地丘陵构造侵蚀地貌,是闽江上游主要支流河源地、中亚热带常绿阔叶林保存最好的地区,对于闽江下游生态安全和水源保证、生物多样性资源及遗传基因库保护具有重大意义,南平市部分地区属于闽西武夷山脉北段山地森林生态功能区[①];而毕节市是典型的岩溶山区,正处在滇东高原向黔中山原丘陵过渡的倾斜地带,是乌江、赤水河、北盘江的重要发源地之一,部分地区属于桂黔滇喀斯特石漠化防治生态功能区[②]。两地的生态功能定位相似,资源禀赋相似。只是因为分属东西不同省份,地理区位不同,加之人文社会等因素不同,使得经济社会发展有一定的差异,因此,土地利用模式也有很大差异,对于两个城市的比较分析,有助于相互借鉴,尤其对于处于西部的毕节市选择先进的发展模式具有重要借鉴意义。

根据主体功能区划分时不同区域的已有资源环境承载能力、现有开发强度和发展潜力的理念,通过对比福建南平市和贵州毕节市的土地利用历史、现状和潜力的不同,分析形成差异的原因,尤其研究得出发展相对先进的南平市的经验和教训,为毕节市选择未来适宜的土地利用模式提供借鉴。首先,利用两个实证城市近 10 年产业结构和土地利用结构的变化数据来反映两个地区土地利用历史变化规律;其次,对两个城

---

① 姬桂珍、吴承祯、洪伟:《南平市土地利用结构的动态变化》,《福建农林大学学报》(自然科学版)2006 年第 1 期。

② 黄璜:《毕节市社会经济发展与土地利用关系分析》,贵州大学硕士学位论文,2009 年。

市土地利用现状进行评价，并分析出导致两个城市土地利用主要问题的影响因素，为土地利用模式选择提供依据；再次，从土地利用强度和结构两方面分析两个城市土地利用未来潜力；最后，依据前述对两个城市土地利用历史、现状和潜力的评估和测算确定适宜两个城市的土地利用模式，尤其要对毕节市土地利用优化途径给出建议。

第三节　两个城市土地利用历史、现状和潜力分析

一　两个城市产业结构及土地利用结构历史变迁对比分析

土地作为各产业发展的唯一承载场所和基本投入要素之一，是各地区社会经济发展不可或缺的。土地利用的发展历程伴随着经济水平的不断提高和产业结构的调整，土地利用变化与社会经济发展互相驱动，形成了每个地区特有的土地利用历史。

（一）两个城市产业结构动态分析

对于产业结构与经济发展水平之间的关系，已经有很多学者在大量的实证研究基础上发表过相关理论，而钱纳里的理论对于说明区域经济发展阶段是应用非常广泛的理论之一[①]。根据钱纳里的理论，如表 4-1 所示，从 2002—2011 年 10 年间，南平市市区（延平区）人均 GDP 水平由 1243 美元提高到 3343 美元，南平市在这 10 年正由工业化后期向发达经济初级阶段转变，说明已经开始进入后工业化阶段，而三次产业结构却从 2008 年开始由"三二一"型向"二三一"型转变，说明当地以工业为主导的产业结构，也与政府城市规划功能[②]有关；处于同纬度

[①]　[美] M. 赛尔奎因、S. 鲁宾逊、H. 钱纳里：《工业化和经济增长的比较研究》，上海人民出版社 1989 年版。

　　余国合：《湖北省经济发展阶段的判断》，《湖北经济学院学报》（人文社会科学版）2005 年第 2 期。

[②]　2005 年福建省发改委在《福建省中心城市框架规划研究》研究报告中提出了建设"武夷新区"的概念，并把"武夷新区"的规划定位为闽浙赣三省接合部的一个现代化中心城市，南平市按照产业起步的发展思路，先期在武夷新区规划区内启动建设闽北产业集中区，自此，南平市的中心城区的功能被部分转移至武夷新区，新的城市服务体系也慢慢由延平区转移向武夷新区。

的毕节市人均 GDP 由 423 美元提高到 1418 美元，三次产业结构从"一二三"型向"二三一"型转变，说明毕节市进入工业化阶段，在这 10 年经历了从工业化初期到工业化后期阶段。通过以上分析，两个城市在 10 年间都经过大力发展工业带动经济快速发展的历程。产业结构方面，毕节市中心城区的产业结构转变与经济发展阶段是相适应的，而南平市中心城区产业结构却产生了逆向发展，说明南平市中心城区是由政府主导进行产业结构和土地利用结构调整，使其中心城区的城市功能发生了改变。

表 4 - 1　　　　　　　　两个城市经济发展动态变化

年份	生产总值 (亿元)		人均生产总值				各产业产值结构（%）						经济发展阶段	
			当年价格 (元)		1978 年价格和汇率 （美元）		第一产业		第二产业		第三产业			
	南平	毕节	南平	毕节	南平	毕节	南平	毕节	南平	毕节	南平	毕节	南平	毕节
2002	254.98	140.7	8368	2004	1243	423	25.9	40.1	33.9	29.7	40.2	30.2	Ⅳ	Ⅱ
2003	282.64	157.6	9917	2223	1463	436	24.9	35.5	34.9	33.2	40.2	31.3	Ⅳ	Ⅱ
2004	321.7	194.0	11209	2711	1590	499	25.9	34.7	34.7	35.7	39.4	29.6	Ⅳ	Ⅱ
2005	349.86	231.0	12065	3200	1676	532	26.2	32.2	37.5	37.5	40.2	30.3	Ⅳ	Ⅱ
2006	393.19	270.1	13652	3711	1881	550	25.8	29.2	35.3	40.1	38.9	30.7	Ⅳ	Ⅱ
2007	466.58	335.5	16201	4580	2118	627	24.0	30.1	37.8	38.6	38.1	31.3	Ⅴ	Ⅲ
2008	559.14	403.0	19348	5761	2420	773	23.8	26.3	39.4	41.5	36.8	32.2	Ⅴ	Ⅲ
2009	621.65	500.0	21473	7111	2737	966	22.5	22.0	39.7	41.3	37.8	36.7	Ⅴ	Ⅲ
2010	728.65	600.9	25129	9113	3103	1203	21.9	20.7	41.8	43.2	36.3	36.1	Ⅴ	Ⅳ
2011	894.31	737.7	28536	11295	3343	1418	23.8	18.2	42.1	46.4	34.1	35.4	Ⅴ	Ⅳ

注：根据钱纳里的研究结论，将一国（或地区）的经济发展分为 6 个阶段，分别为：Ⅰ——初级产品生产阶段；Ⅱ——工业化初期阶段；Ⅲ——工业化中期阶段；Ⅳ——工业化后期阶段；Ⅴ——发达经济初级阶段；Ⅵ——发达经济高级阶段，其中，Ⅰ为准工业化阶段；Ⅱ—Ⅳ为工业化阶段；Ⅴ、Ⅵ为后工业化阶段。

（二）两个城市土地利用结构动态分析

为了整体上了解两个城市土地利用变化历程，对两个城市主要土地利用类型面积变化进行比较（表 4 - 2），可以了解 1996—2005 年 10 年间两个城市土地利用结构的变化特点。南平市耕地、林地和未利用地的面积有所减少，其中减少幅度最大的为未利用地，减幅超过40%。而其余土地利用类型面积都有不同程度的增加，其中建设用地增加幅度较大，增加了一倍以上，主要因为城市化速度加快，非农建设加剧的缘故；与之相比，毕节市耕地、牧草地和未利用地的面积有所减少，其中未利用地减少幅度最大，减幅超过半数，主要因为城市化和退耕还林等缘故，除此之外，其余土地利用类型面积有不同程度的增加，其中建设用地增幅最大，增加超过原来的两倍以上。与南平市相比，毕节市林地面积有所增加，牧草地却有很大程度的减少，南平市这两种类型的用地面积变化趋势与毕节市相反，但无论这两种类型用地面积哪种减少，都会对当地的生态环境有负面影响。除此之外，两个城市其他土地类型变化趋势十分相似。

表4-2　　　　　　1996—2005年两个城市土地利用结构变化

土地利用类型	南平市			毕节市		
	1996年面积（hm²）	2005年面积（hm²）	变化率（%）	1996年面积（hm²）	2005年面积（hm²）	变化率（%）
耕地	233493	228162	-2.28	1033972	990458	-4.21
园地	67893	77368	13.96	8368	9331	11.50
林地	2106660	2093682	-0.62	1010351	1065559	5.46
牧草地	340	373	9.71	86856	81114	-6.61
建设用地	57107	133331	133.48	86481	310731	259.31
未利用土地	162560	95137	-41.48	458417	227252	-50.43
土地总面积	2628053	2628053	—	2684445	2684445	—
人均土地总面积（亩/人）	13.30	12.92	-2.94	6.20	5.85	-5.65

注：数据来源于南平市和毕节市《土地利用总体规划》。

二　两个城市土地利用现状对比评价

南平市和毕节市均是生态脆弱的山区城市，两个城市依据资源优势和地理区位等条件均选择了工业为主导产业，两个城市在社会经济发展过程中的土地利用结构变化趋势也非常相似。两个城市都亟须依据土地利用现状选择适宜的环境友好型发展模式，因此，本章将依据两个城市现实情况，构建两个城市土地利用现状评价指标体系，通过对比评价结果和主要影响因素得分状况来研究两个城市的土地利用现状差异，为土地利用模式优化提供参考。

（一）指标体系构建

城市土地利用是一个复杂系统，很难用一个或少数几个指标进行评价，必须建立科学的评价指标体系。由于两个城市土地利用模式的选择最终目的还是要促进当地的社会经济全面发展，本章将从土地的投入和产出两方面入手，来比较分析两个城市投入和产出两个方面的耦合关系。土地利用现状指标体系的因素层包括土地资源禀赋和社会经济产出两个方面，这两个因素分别包含 7 个指标，共 14 个指标，为了避免城市土地、人口及经济总量差异等给比较分析造成影响，本章采用的均为地均、人均或相对指标。两个城市土地利用现状评价指标体系的构建中，除了体现两地的实地情况和经济发展的主要方面，还体现出两个城市工业主导、人口承载力、城市生态等重要特征。为使分析结果直接用于两个城市中心城区土地利用模式优化，土地利用现状评价采用的均为南平市延平区和毕节市七星关区（两个城市中心城区）2011 年的数据。

在本章构建的指标体系中，理论上城市的指标 X_{1i} 和 X_{2i}（$i=1，2，…，7$）应该是相对应的，例如 X_{11} 地均固定资产投资代表城市的资本要素投入状况，而 X_{21} 地均地方财政收入代表城市的地方收入状况，在正常状况下，X_{11} 越高，X_{21} 也应该越高；X_{12} 地均二、三产业从业人员数代表中心城区各产业劳动力要素投入状况，而 X_{22} 在岗职工年均工资代表中心城区劳动力收入状况，X_{12} 越高，X_{22} 也应该越高；X_{13} 人均城市建设用地面积表示城市土地要素投入状况，而 X_{23} 人均 GDP 代表城市经济产出状况，X_{13} 越高，X_{23} 也应该越高；X_{14} 城市建设用地中工矿用地比重表示城市中工矿业用地投入，表达城市工业生产用地投入状况，而 X_{24} 地均工业增加值表示城市单位面积工业收入，表达城市工业产出状况，X_{14} 越高，X_{24} 也应该越高；X_{15} 城市建设用地中住宅用地比重代表城市中住宅用地投入强度，能够表达城市人口生活用地投入状况，而 X_{25} 人口密度代表城市单位面积人口数量，表达城市承载人口现状，X_{25} 越高，X_{15} 也应该投入力度越大；X_{16} 人均城市道路面积代表城市道路用地投入，表达城市设施用地投入情况，而 X_{26} 地均社会消费品零售总额表示城市单位面积的消费水平，表达城市市场产出状况，X_{16} 越高，X_{26} 也应该越高；X_{17} 单位 GDP 能耗代表城市单位经济收入中的能源投入情况，而 X_{27} 城市绿化覆盖率代表城市单位面积的绿地比重，也能够表达城市景观生态效益，正常情况下如果城市是能源密集型，那就应该更注重绿地建设，因此，X_{17} 越高，X_{27} 也应该越高。但是由于城市发展过程中会遇到很多问题，所以现实中投入和产出的关系可能会与理论发生偏离，所以本章将利用指标体系比较分析两个城市在资源禀赋的投入与社会经济的产出之间的耦合关系，指标体系构成及指标内涵之间的对应关系如表 4 – 3 所示。

表 4 – 3　　　　　两个城市土地利用现状评价指标体系

目标层	因素层	指标层	指标单位	权重	指标内涵
城市土地利用现状评价	土地资源禀赋	X_{11} 地均固定资产投资	亿元/km^2	0.0709	资本要素投入
		X_{12} 地均二、三产业从业人员数	万人/km^2	0.0856	劳动力要素投入
		X_{13} 人均城市建设用地面积	m^2	0.1186	土地要素投入
		X_{14} 城市建设用地中工矿用地比重	%	0.0501	生产用地投入
		X_{15} 城市建设用地中住宅用地比重	%	0.0559	生活用地投入
		X_{16} 人均城市道路面积	m^2	0.0512	设施用地投入
		X_{17} 单位 GDP 能耗	吨标煤/万元	0.0537	能源（城市生态）投入
	社会经济产出	X_{21} 地均地方财政收入	亿元/km^2	0.0463	地方收入
		X_{22} 在岗职工年平均工资	元	0.0554	劳动力收入
		X_{23} 人均 GDP	元	0.1327	经济产出
		X_{24} 地均工业增加值	亿元/km^2	0.1009	工业产出
		X_{25} 人口密度	万人/km^2	0.0526	承载人口现状
		X_{26} 地均社会消费品零售总额	亿元/km^2	0.0740	市场产出
		X_{27} 城市绿化覆盖率	%	0.0521	城市景观生态效益

（二）指标权重确定

指标权重对评价结果的影响很大，本章为了避免德尔菲法等方法的主观随意性，采用熵值法确定各指标的权重值。根据信息论基本原理，熵是系统无序程度的一个度量，如果指标的信息熵越小，该指标提供的信息量越大，在综合评价中所起作用越大，权重就应该越高。为了使指标数据样本量足够大，除了南平市和毕节市两个城市中心城区的 2011 年的指标数据，本章在权重确定中，还加入了与南平市和毕节市相邻的福建省三明市和龙岩市以及贵州省六盘水市和安顺市等四个城市中心城区 2011 年的指标数据。

1. 指标数据标准化

本章采用极差变换的方法对于数据进行标准化处理，标准化的公式如下：

$$\begin{cases} X'_{ij} = (X_{ij} - X_{jmin})/(X_{jmax}X_{jmin}) \text{ 正向指标} \\ X'_{ij} = 1 - (X_{ij} - X_{jmin})/(X_{jmax} - X_{jmin}) \text{ 负向指标} \end{cases} \quad （公式 4-1）$$

公式 4-1 中，$i = 1, 2, \cdots, n$（指标的样本数），$j = 1, 2, \cdots, m$（指标个数），X'_{ij} 为指标标准化后值，X_{ij} 为指标实际值，X_{jmin} 为第 j 个指标的最小值，X_{jmax} 为第 j 个指标的最大值。

2. 计算评价值的比重 P_{ij}

$$P_{ij} = X_{ij}' / \sum_{i=1}^{m} X_{ij}' \quad （公式 4-2）$$

3. 计算指标熵值 e_j

$$e_j = -k \sum_{i=1}^{m} P_{ij} \ln P_{ij} \quad （公式 4-3）$$

公式 4-3 中，若取 $k = 1/\ln(m)$，则 $0 \leqslant e_j \leqslant 1$。

4. 计算指标差异系数

指标的熵值 e_j 越大，指标样本的差异性越小，则指标在综合评价中所起的作用越小，因此定义差异系数 g_j：

$$g_j = 1 - e_j \quad （公式 4-4）$$

5. 计算指标权重系数 w_j

$$w_j = g_j / \sum_{j=1}^{n} g_j \quad （公式 4-5）$$

（三）评价模型构建

各评价指标以各自的权重对城市土地利用现状造成影响，本章通过综合评价模型测算两个城市土地利用程度 Y_i：

$$Y_i = \sum_{j=1}^{n} w_j X_{ij}'$$ （公式 4 - 6）

（四）评价结果及因素分析

利用前述指标体系及指标权重，通过评价模型计算，得到南平市和毕节市土地利用程度及两方面影响因素的得分如表 4 - 4 所示。

表 4 - 4　　　　　　　　两个城市土地利用现状评价结果

城市	土地利用程度	土地资源禀赋（投入）	社会经济产出
南平市	0.5787	0.5256	0.6099
毕节市	0.3053	0.3856	0.2649

两个城市土地利用现状评价结果显示，毕节市土地利用程度明显低于南平市，这是由两个城市所处社会经济发展阶段不同所决定的。由影响因素来看，南平市土地资源禀赋得分相对社会经济产出较低，而其社会经济产出得分相对较高，这与其经济发展中土地面积有限，造成基础设施、居住用地等方面投入有限有关；毕节市土地投入和产出均远低于南平市，但两方面因素相对来说土地资源禀赋得分相对较高，而社会经济产出得分相对较低，主要与其各产业土地投入和资本投入较大，相对产出较低有关，说明应该注意调整经济发展结构，避免粗放开发。

三　两个城市土地利用潜力对比分析

对于土地利用未来潜力的研究，学者们多数都强调从强度潜力、结构潜力两个方面加以分析[1]，本章也将从这两个角度应用 2011 年毕节市和南平市两个城市的相关指标数据加以对比分析。

（一）土地利用强度潜力分析

城市土地利用强度通常是用城市的平均建筑密度和平均建筑容积率来表示，而城市平均建筑密度数据一般很难直接查询到或计算出，本章

---

[1]　季小妹、邵波：《中国土地利用潜力研究进展与启示》，《生态环境学报》2012 年第 1 期。

通过 2011 年《城镇土地利用现状数据》中两个城市各类型用地的面积比例，并根据两个城市 2011 年 1 月 1 日刚刚实施的《土地定级与基准地价修订更新结果》中公布的两个城市各类型用地容积率，估算出毕节市和南平市的平均建筑容积率分别为 0.72 和 1.65，有些学者认为，根据我国城市的情况，规划的整体容积率最高为 0.6。仅从土地利用强度来看，两个城市潜力均非常有限，南平市甚至已经大大超出了适宜的容积率。这与两个城市同属山区城市，受自然地形条件限制，本身适宜建设的土地就非常有限，经过长期无序开发，就形成了现在的土地利用特点有关；借鉴南平市发展经验，毕节市应该避免无序开发，并注意将中心城区的某些土地利用功能有序转移出去。

（二）土地利用结构潜力分析

城市土地利用结构是指城市内部各种功能的用地比例和空间结构及其相互影响、作用的关系。从用地比例来看（表 4－5），南平市工矿用地比例相对较高，这与其为老工业基地的城市发展历史有关，因此，南平市应注重整治工矿用地，使其更集约利用；毕节市住宅用地比例较其他城市低得多，这与其经济发展刚刚进入工业化阶段及城镇化水平较低有关，因此，毕节市应该提高城镇化水平，增加住宅用地和配套设施用地比例，另外，要避免工业用地的扩张。从用地的空间结构来看（图 4－1），两个城市的老城区各种用地类型在空间上都是交错分布的，缺乏城市用地合理规划，各种类型土地功能发挥均不充分，甚至带来了交通、环境等一系列城市问题，因此，应该通过新、老城区协调优化土地功能布局来完善城市发展模式。

表 4－5　　　　　两个城市与相关城市用地结构对比

用地类型	南平市	毕节市	福州市	贵阳市
商服用地（%）	6.74	5.58	4.60	13.58
工矿用地（%）	21.49	14.03	18.61	18.43
住宅用地（%）	32.95	18.60	42.83	37.65
公共用地（%）	18.85	15.72	15.39	17.70
交通用地（%）	13.25	10.99	13.59	7.98

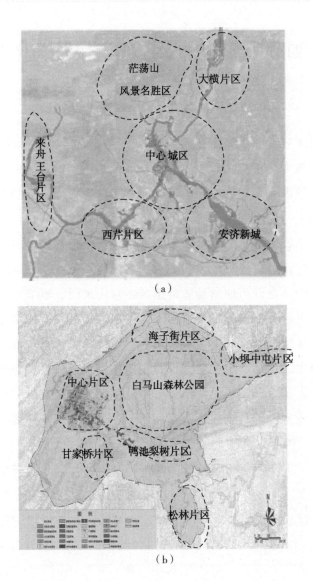

图4－1　南平市（a）和毕节市（b）中心城区土地利用空间布局

第四节　两个城市土地利用模式空间优化

一　两个城市中心城区土地利用模式比较分析

通过前述对于两个城市土地利用的历史、现状和潜力的对比研究，得知南平市和毕节市都是以工业为支柱产业的山区城市，南平市历经工业化阶段已经进入了后工业化阶段，而南平城区在土地利用强度已经非常高的情况下，土地利用现状评价并不是很高，这主要是由于传统工业发展早，用地较粗放，造成工业用地比重较高，地均产值较差。从南平市土地利用变化看，多年来以工业为主的发展，造成了耕地、林地和未利用地的减少，建设用地增加非常迅速；对比来说，毕节市刚刚进入工业化阶段，土地利用强度远低于南平市，但是却高于全国城市的平均水平，由于是新型工业化城市，所以土地利用现状评价也较低，土地利用结构不尽合理，住宅及相关配套设施用地比例较低，借鉴南平市的发展经验和教训，在后续开发中，毕节市应该避免工业用地的粗放扩张，注重各产业用地的协调发展，以便合理发挥各种类型土地功能。

空间上，两个城市的土地利用布局有一定的相似之处，例如地形条件，中心城区都有地势较高的风景名胜区或森林公园，属于禁止开发区或限制开发区，而城市中心和扩展片区的主要建设用地则分布在地势相对较低的地带。另外，两个城市的开发和发展，都是依附一定的交通干线，如公路、江河等，呈串珠式布局（如图 4-1），因为通过交通干线可以扩散原有城市中心的一定土地利用功能，强化不同片区之间的联系，并缓解城市中心土地利用过度集约带来的压力。但是，两个城市的土地利用模式在优化过程中也应体现出很多不同之处，例如，南平市作为闽西北重点开发区重要枢纽城市，不论从交通等基础设施日趋完善，从特色产业壮大和沿海产业转移承接上都应该体现出一定的突出职能；而毕节市是依附于黔中经济区的黔西北重要节点城市，应该整合自身资源和条件，促进自身特色产业发展并构建具有一定外向型的城市发展模式。

二　南平市土地利用模式空间优化

综上所述，南平市土地利用模式属于高密度集中型，因此，需要将城市中心土地利用功能加以分散，如图 4-1（a）所示，南平中心城区主要的土地利用类型为居住用地和工矿仓储用地，应将这两种土地利用功能适当转移，可以将居住功能转移至城市次中心——安济新城，这就需要进一步加强安济新城与城市中心的交通联系，并不断完善公共设施和市政设施的配套，将工矿仓储用地部分转移至西芹片区和大横片区，因为这两个片区已经有一定的产业基础，并且与城市中心区和外界之间的交通比较发达。中心城区应做好老城区的旧城改造，应加强城市道路建设和规划，重点应放在城市公共交通的建设上，并且应加强对私有车辆的监察和管理，必要时应采取措施对私家车的数量进行限制。在加强居住用地改造和规划的同时，还要增加科教文卫等公共设施和城市绿地、市政等配套设施用地，尽量满足当地居民的基本需要。对于流经市中心的闽江干支流，应该加强水质监测，尤其应该完善城市排水管网的建设，保护福建的母亲河。另外，还要抓紧来舟—王台片区这样近郊城镇的开发建设，加强其与南平中心城区的联系，以便协调城市与周边的发展，并对城市产业转移有很大好处。

三　毕节市土地利用模式空间优化

综上所述，毕节市属于集中型土地利用模式，由于地形缘故，城区面积不能呈面式向外扩展。与南平市相似，在后续开发过程中，毕节市也要沿着交通干线开发卫星城区。毕节市中心城区的用地矛盾没有南平市突出，表 4-5 的中心城区用地结构对比能够说明这种情况，但是由于卫星城区开发基础非常薄弱，因此，开发也面临很大的资金问题。在区域空间开发布局中，毕节市是贵州省西北部重点开发的节点城市，因此，毕节市中心城区要起到区域发展的重要枢纽作用，因此，应该着重建设毕节市与遵义市、贵阳市、安顺市及六盘水市之间的交通要道，以更好地带动毕节经济，这样才能增加城市外向度，使这个处于高山地区的城市有足够的后劲获得后续发展的机会。在开发过程中，应该注重充分利用本地资源，将本地的特色产业，如煤炭、水电和两烟等产业发展壮大。依据毗邻云南、四川两省的区位优势，加强与外省的经济联系，发展一定规模的外向型产业基地。对于中心城区的后续产业转移问题，如图4-1（b）所示，应该将居住用地的功能适当地向与城市中心距离近、交通便利并且有一定的居住功能基础的甘家桥片区和海子街片区转移，而工业用地主要向已经有一定工业规模的鸭池—梨树片区转移，并让与外省交通联系便利的小坝—中屯片区、松林片区承担一定的物流和仓储用地功能。

第五节　小结

在依据主体功能区划分理念对南平市和毕节市土地利用历史、现状和潜力定量对比分析基础上，进行两个城市土地利用模式空间优化布局，分析出南平市属于高密度集中型土地利用模式，而毕节市属于集中型土地利用模式。两个城市土地利用的功能、空间布局以及存在的问题都有一定的相似性。两个城市均处于山区的生态功能区，后续土地开发中都面临空间限制问题，为了缓解城区的资源环境压力，必须将一些土地利用功能转移出中心城区，如居住用地、工业用地等，在土地利用功能转移过程中，面临的主要是完善道路等基础设施和公共服务设施的资金紧张问题。因此，必须通过发展适合各自适宜产业的发展模式才能很好地解决经济发展后劲的问题。

由于两个城市所处的空间区位及自然社会经济条件不同，因此，在区域发展中所定位的土地开发性质不同，南平市是闽西北重点开发区重要枢纽城市，其用地功能应着重放在沿海产业转移的承接上；而毕节市是贵州省域经济发展的节点城市，其用地功能应着重放在本地特色产业的发展上。

第五章

不同主体功能区县域间土地
利用模式协同研究

第一节　研究背景

依据《全国主体功能区规划》，未来将对各类主体功能区采取差别化开发政策，而这些区域的土地、人口及财政等政策应针对当地发展现状加以确定，这是国家级和省级两级主体功能区规划颁布后亟须解决的理论和现实问题。而且主体功能区规划属于空间战略层面，不能期望主体功能区规划解决所有的区域存在的发展问题，而必须依据主体功能区战略思想，更好地选择和改善本区域的发展模式，这对这些问题的解决至关重要。对于空间上连片的不同类型主体功能区域的日后开发中的协调途径的研究显得非常必要，因此，县域以下空间地域不同类型主体功能区适宜的土地利用模式的研究，尤其对空间上连片的不同类型主体功能区进行互补型资源配置和整体土地开发模式优化机理的探讨将是今后学术界研究的重点方向之一。

本部分选取毕节市七星关区、大方县和赫章县为实证研究区域，这些县域涵盖了贵州省所有的三种主体功能区类型并连片分布，通过资料查询和实地调查分析，从空间布局上分析贵州省不同主体功能区的土地利用模式差异，旨在科学分析与研究贵州省不同主体功能区土地利用模式特征及其对经济发展的影响。依据各主体功能区域相关政策的制定都有赖于适宜的绩效评价指标体系①的确定这一理论，因此，本部分根据主体功能区规划理念，研究在差异的自然社会经济条件下三个连片实证县域的土地利用绩效评价方法，并在绩效评价结果基础上优化三个县域土地利用模式。

第二节 实证县域概况

毕节市位于贵州省西部，地处贵州屋脊，属乌蒙山区，是贵州三大连片贫困山区之一。选取空间上连片的毕节市七星关区、大方县和赫章县为实证县域，2013 年 7 月，《贵州省主体功能区规划》颁布实施，将七星关区确定为重点开发区类型，属黔中经济开发区的组成部分，而将大方县确定为农产品主产区，赫章县为生态功能区，两个县均是限制开发区。三个县中还包括百里杜鹃国家森林公园、赫章夜郎国家森林公园、毕节国家森林公园等国家级禁止开发区，可见三个实证县涵盖贵州省所有主体功能区类型，并且生态环境和经济社会发展现状对贵州省具有代表性。

七星关区是贵州省毕节市的市辖区，是市委、市政府所在地，地处川、滇、黔三省接合部，是 1988 年时任贵州省委书记胡锦涛同志亲自倡导，并报经国务院批准建立"开发扶贫，生态建设"试验区的主战场；七星关区历史厚重，资源富集，区位优势明显。七星关区汉代为平蛮郡治，东晋为平夷郡治，元代建驿，明代设卫，清康熙二十六年（公元 1687 年）建县，1993 年撤县建市，2011 年 11 月撤销县级毕节市，设立七星关区。全区总面积 3412 平方公里，辖 24 个镇、8 个乡、10 个街道，聚居着 23 个民族，2014 年年末户籍人口 158 万人。境内地势西高东低，平均海拔 1511 米。全区耕地 14 万公顷、林地 15 万公顷。城区建成面积 49.5 平方公里，城区人口约 49.6 万人。区内气候冬无严寒，夏无酷暑，年平均气温 12.5℃，有得天独厚的气候条件，种类繁

---

① 国务院：《国民经济与社会发展第十一个五年规划纲要》，2006 年。

多的矿产资源，物种多样的生物资源，蓄势待发的旅游资源。境内有七星关古遗址、大屯彝族土司庄园、中华苏维埃川滇黔革命委员会旧址、红二、六军团政治部旧址、贵州抗日救国军司令部旧址等重点文物保护单位 31 处；"十二五"期间，各项交通条件得到极大改善，毕节飞雄机场已建成通航，杭瑞高速、厦蓉高速、毕威高速和毕镇高速穿境而过，其中杭瑞高速和毕威高速已建成通车，高速通车里程 68 公里，厦蓉高速和毕镇高速快速推进。成贵快铁、隆黄铁路、毕水兴铁路和昭黔铁路 4 条铁路 7 个通道经过七星关区并已相继开工建设，其中成贵快铁预计 2019 年建成通车；2014 年末，全区生产总值达 258.9 亿元，比 2011 年净增长 69.5%；全社会固定资产投资累计约 994.2 亿元，占规划目标的 82.9%；一般预算收入达 19.6 亿元，比 2011 年净增长 152.9%，工业总产值达 116 亿元，比 2011 年净增长 16%；工业增加值达 60 亿元，比 2011 年净增长 27%。2015 年 1—5 月，全区生产总值同比增长 14.6%，500 万元以上固定资产投资同比增长 25.2%，社会消费品零售总额同比增长 14%，城镇居民人均可支配收入同比增长 11%，规模工业增加值同比增长 13.2%，社会消费品零售额同比增长 9.6%。

大方县"于滇为咽喉，于蜀为门户"，是西南出海大通道之一。全县总面积 3505.2 平方公里，辖 36 个乡（镇）389 个村（居）委会，居住着汉、彝、苗、白等 24 个民族，2012 年末总人口 110.43 万人，其中少数民族人口占 33.2%。县城始建于明崇祯年间，至今已有 360 多年的历史。千百年来，水西彝族土司政权治所大方，孕育了流芳千古的彝族女政治家奢香。大方文化底蕴深厚，文物典籍繁多，人文景观丰富，民族民间艺术多姿多彩，书法、灯谜、诗词、楹联、木雕、农民画及漆器工艺等，一直在黔西北文化领域独树一帜，被文化部命名为"中国民间绘画画乡""中国民间文化艺术之乡"，被省政府命名为"历史文化名城"；大方境内矿产资源十分丰富，已经探明的有无烟煤、硫铁矿、高岭土、大理石和冰洲石等 19 种，优质无烟煤储量达 102 亿吨，是全国 200 个重点产煤县之一，全县境内海拔 720—2325 米，年平均气温 11.8℃，无霜期 257 天，年均降雨量 1150.4 毫米，年日照时数 1335.5

小时，属亚热带高原季风湿润气候，森林覆盖率达 38.6%。全县共有野生动物 140 余种，高等植物 120 多种，中草药植物 1583 种，药用动物 62 种，药用矿物 15 种，是重要的动植物种源地和中药材产区之一。2014 年大方县实现地区生产总值 148 亿元，同比增长 15.4%；全社会固定资产投资 178.9 亿元，同比增长 11.3%；财政总收入约 35.4 亿元，同比下降 8.2%，其中公共财政预算收入 13.5 亿元，同比增长 5.4%；城镇常住居民人均可支配收入 20496 元、农村常住居民人均可支配收入 6260 元，分别增长 9.1% 和 13.8%；金融机构存款余额、贷款余额分别为 95.6 亿元、58.6 亿元，分别增长 7.1% 和 13.9%；招商引资到位资金 178.4 亿元；社会消费品零售总额 19 亿元，同比增长 12.7%。

赫章县位于贵州高原西北部，乌江北源六冲河和南源三岔河上游。东西长 84.3 公里，南北宽 77.6 公里，总面积为 3243 平方公里。居住有汉、彝、苗族和布依族等 14 个民族。赫章县地处滇东高原向黔中丘陵过渡的倾斜地带，境内属黔西高原中山峡谷区，山高坡陡，峰峦重叠，沟壑纵横，河流深切。山脉呈西北—东南走向，地势西北、西南和南部高，东北部略低，平均海拔为 1996 米。境内属暖温带温凉春干夏湿气候，年均气温 13.8℃，年均降水量 793.1 毫米，无霜期 263 天。主要灾害性气候春旱、夏涝、秋绵雨、倒春寒、冰雹和秋风时有发生。境内河流属长江流域的横江水系和乌江水系，有干流和支流 19 条，河道总长 357 公里。水能理论蕴藏量 8.3 万千瓦，可开发量 2.9 万千瓦。全县属北亚热带黔西北高原山地常绿栎林、云南松林、漆树及核桃林地区。针叶林以云南松、华山松和杉木为主；阔叶林以栎类为主；灌木林以常绿类林为主；常见的乔灌木有 62 种，203 属，600 余种。经济林中的漆树有 3 属 4 种，人工栽培的有 8 个品种。产量高、质量好的有肤烟波、新红皮及厚朴皮等 4 个品种。"财神漆"在国内外享有盛誉。核桃广布全县，以薄壳、仁满、味香及出油率高而著称。水果以桃、梨、苹果和樱桃为大宗，尤以樱桃著名。药材品种以天麻、茯苓、半夏及厚朴等为名贵。境内主要有煤、铁、铅、锌、铜、锑、重晶石、硅石、萤石、高岭土和高钙石灰石等 10 多种。已探明的铁矿储量 2.5 亿吨；铅锌金属储量 90.8 万吨；煤储量 8.4 亿吨，其中无烟煤 8.2 亿吨；硅石储量上亿吨，含二氧化硅 98% 以上。2014 年赫章县完成地区生产总值 89.6 亿元，同比增长 13.9%；财政总收入 9.9 亿元，同比下降 3%；公共财政预算收入 3 亿元，同比下降 21.9%；金融机构存款余额 65.8 亿元，同比增长 9.2%；金融机构贷款余额 33.6 亿元，同比增长 38.2%；城镇居民人均可支配收入 20269 元，同比增长 9.8%；农民人均可支配收入 5857 元，同比增长 14.6%；社会消费品零售总额 17.7 亿元，同比增长 12.9%。

第三节 基于主体功能区规划的实证县域土地利用绩效评价

主体功能区规划的实施有赖于改善原有的绩效评价体系，对于不同类型主体功能区采取不同的绩效评价标准是学术界研究的共同出发点，王倩（2007）、王志国（2012）、赵景华（2012）和王茹（2012）等人依据主体功能区的内涵、实质、意义、动因及主体功能区绩效评价指标体系的设计思路与原则等方面，分别为不同类型的主体功能区域设计了指标组成不同的指标体系[1]。

针对任何区域的开发不可能朝向单一方向，而只是依据该地区资源禀赋不同而开发重点不同，并且现实中不同主体功能区在地域上交错分布，例如，重点开发区中分布限制开发区，而农产品主产区和生态功能区中分布着城镇化地区，因此，对不同类型主体功能区的绩效评价除应该体现全面性原则，同时也应该针对主体功能不同体现出差别化原则，评价方法应该体现科学性原则。本章在对地域条件相似的

---

① 王倩：《主体功能区绩效评价研究》，《经济纵横》2007 年第 13 期。

王志国：《关于构建中部地区国家主体功能区绩效分类考核体系的设想》，《江西社会科学》2012 年第 7 期。

赵景华、李宇环：《国家主体功能区整体绩效评价模式研究》，《中国行政管理》2012 年第 12 期。

王茹、孟雪：《主体功能区绩效评价的原则和指标体系》，《福建论坛》（人文社会科学版）2012 年第 9 期。

连片区域进行土地利用绩效评价时，突破已有为不同功能区设置不同指标体系的研究框架，而是设置能够全面体现区域资源禀赋、经济社会基础等方面的指标体系，然后针对不同类型主体功能区所承担的发展功能不同，对指标设置不同的阈值，以此体现出不同类型主体功能区绩效评价体系的差异性。本章运用 BP 人工神经网络模型根据每个县域所处不同的主体功能区类型采取不同绩效评价标准（阈值）进行三个实证县域土地利用绩效评价，以便最终为优化实证区土地利用模式提供依据。

一　研究方法选取

由于主体功能区规划中用于评价确定全国主体功能区类型的资源环境承载能力、现有开发程度和未来开发潜力三方面指标之间的相互关系目前尚不明确，所以从这三方面构建绩效评价模型时，采用 BP 人工神经网络方法，能够通过输入样本反复学习和训练，不断调整网络权值，以任意精度逼近指标之间的函数。另外，采用 BP 人工神经网络模型进行绩效评价时，可以通过设置不同评价标准来实现对不同类型主体功能区的差别化绩效评价，因此，本研究采用 BP 人工神经网络模型进行实证区土地利用绩效评价。

如图 5-1 所示，BP 人工神经网络中，神经元处理单元可表示不同的对象，例如特征、字母、概念或者一些有意义的抽象模式。网络中处理单元的类型分为三类：输入单元、输出单元和隐单元。输入单元接收外部世界的信号与数据；输出单元实现系统处理结果的输出；隐单元是处在输入和输出单元之间，是不能由系统外部观察的单元。神经元间的连接权值反映了单元间的连接强度，信息的表示和处理体现在网络处理单元的连接关系中。

二　实证县域土地利用绩效评价模型构建

（一）指标的选取

合理选取指标是进行绩效评价的关键，本章根据全国主体功能区划

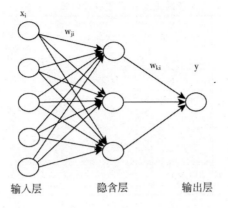

图 5 - 1　BP 人工神经网络模型结构

分和评价的方法，参照土地利用绩效评价指标体系构建的已有研究①，分别从土地利用经济、社会和生态效益三个方面构建指标体系，指标体系还分别从现有开发程度、未来开发潜力和资源环境承载力三个方面体现地区的主体功能定位，其下包含 15 个二级指标，指标体系构成关系如表 5 - 1 所示。

　　土地利用经济效益一级指标共由 6 个二级指标组成，由衡量各产业用地开发程度和经济发展程度的指标构成。其中，单位耕地面积粮食产量、单位工矿用地工业增加值和商服用地比重三个指标分别表示第一二三产业的发展程度，而地均 GDP、地均固定资产投资和人均社会消费品零售额三个指标分别表征经济发展中收入、投资和消费等方面的效益，因此，这些指标能够表征一个区域的现有开发程度。

　　① 吴一洲、吴次芳、罗文斌等：《浙江省城市土地利用绩效的空间格局及其机理研究》，《中国土地科学》2009 年第 10 期。

　　陈士银、周飞、吴雪彪：《基于绩效模型的区域土地利用可持续性评价》，《农业工程学报》2009 年第 6 期。

　　班茂盛、方创琳、刘晓丽等：《北京高新技术产业区土地利用绩效综合评价》，《地理学报》2008 年第 2 期。

　　李灿、张凤荣、朱泰峰等：《基于熵权 TOPSIS 模型的土地利用绩效评价及关联分析》，《农业工程学报》2013 年第 5 期。

表 5 - 1　　　　　　　　　　实证区土地利用绩效评价指标体系

一级指标	二级指标	标准值来源	参考标准值（最高值/平均值）	效果方向	指标代表的主体功能
X_1 土地利用经济效益	X_{11} 地均 GDP（万元/km^2）	贵州省县域参考值	20000/5000	+	现有开发程度
	X_{12} 单位耕地面积粮食产量（kg/hm^2）	贵州省县域参考值	12000/7500	+	
	X_{13} 单位工矿用地工业增加值（万元/hm^2）	贵州省县域参考值	30000/3200	+	
	X_{14} 商服用地比重（%）	贵州省县域参考值	16/10	+	
	X_{15} 地均固定资产投资（万元/km^2）	贵州省县域参考值	2000/860	+	
	X_{16} 人均社会消费品零售额（元/人）	贵州省县域参考值	22000/3600	+	
X_2 土地利用社会效益	X_{21} 城镇化率（%）	贵州省县域参考值	97/31	+	未来开发潜力
	X_{22} 人口密度（人/km^2）	同类地区标准	500/200	−	
	X_{23} 人均住宅面积（m^2/人）	国家标准	20（全国平均水平）	+	
	X_{24} 人均教育支出（元/人）	贵州省县域参考值	1800（贵州省最高水平）	+	
	X_{25} 科技支出占财政支出比重（%）	贵州省县域参考值	3（贵州省最高水平）	+	
	X_{26} 单位面积公路里程（km/km^2）	贵州省县域参考值	1.6/0.9	+	
X_3 土地利用生态效益	X_{31} 人均生态承载力（亩/人）	贵州省地区参考值	15/12	+	资源环境承载力
	X_{32} 森林覆盖率（%）	国家标准	70/40	+	
	X_{33} 空气污染指数（API）年平均值	国家标准	100/50	−	

注：标准值数据根据 2008—2012 年《贵州统计年鉴》《城市用地分类与规划建设用地标准（GBJ137—90）》和《森林法实施细则》等整理而来。指标数据来源于 2008—2012 年《贵州省统计年鉴》《城市土地利用现状数据》和《林业资源调查数据》等。

　　土地利用社会效益一级指标共由 6 个二级指标组成，主要从城镇化水平、人口密度、人均居住面积、科技教育发展和基础设施等几方面考察各地区的未来发展潜力。

　　土地利用生态效益一级指标由人均生态承载力、森林覆盖率和空气污染指数（API）年平均值三个二级指标组成。其中，人均生态承载力指标参照 Wackernagel 等的实证研究，选取耕地、林地、草地、水域、建筑用地和化石能源用地 6 种生物生产性土地类型①来计算各实证县域的人均生态承载力指标数据，由于现实中并没有留出用于吸收 CO_2 的化石能源用地，因此本章采用另外 5 种土地类型，而各种生物生产的均衡因子和产量因子的取值参照张志强等（2001）在中国西部 12 省（区、市）实证研究中的取值②；森林覆盖率指标对于喀斯特山区水土流失和石漠化程度这一重要的生态环境破坏现象是一个非常好的表征指标；空气污染指数平均值指标是一个地区环境状况的重要表征指标，以上三个指标能够表示一个地区对于土地利用的资源环境承载能力。

（二）评价标准的确定

区域人地系统是一个异质性、动态性、开放性的系统，要寻找适合所有土地利用评价的统一标准和方法是很困难的，至少在现阶段是不可能的。因此，参照相关的研究成果③，参考同省或同类地区指标参考值或国家相关标准来确定评价标准值。根据《全国主体功能区规划》，重点开发区域是一定经济基础、资源环境承载能力较强、发展潜力较大并且集聚人口和经济的条件较好，从而应该重点进行工业化城镇化开发的城市化地区；限制开发区域分为两类：一类是农产品主产区，即耕地较多、农业发展条件较好，为了粮食安全，必须把增强农业综合生产能力作为发展的首要任务，从而应该限制进行大规模高强度工业化城镇化开发的地区；另一类是重点生态功能区，即生态系统脆弱或生态功能重要，资源环境承载能力较低，不具备大规模高强度工业化城镇化开发的条件，从而应该限制进行大规模高强度工业化城镇化开发的地区。为了使评价结果更适合各类型主体功能区土地利用模式优化的需要，本章结合实证区各县域资源环境和社会经济发展特征，对处于重点开发区和限

---

① M W, L O, P B, et al: National natural capital accounting with the ecological footprint concept. *Ecological Economics*, Mar. 1999, pp. 375 – 390.

② 张志强、徐中民等：《中国西部 12 省（区、市）的生态足迹》，《地理学报》2001 年第 5 期。

③ 朱红梅、周子英、黄纯等：《BP 人工神经网络在城市土地集约利用评价中的应用——以长沙市为例》，《经济地理》2009 年第 5 期。

制开发区（农产品主产区和生态功能区）的县域采取不同评价标准值。如表 5－1 所示，参考同地域（贵州省）或全国各指标的平均值和最高值，对于七星关区这个重点开发区的土地利用经济、社会和生态承载力指标均采用全省（同类地区）最高值为阈值，而森林覆盖率和空气污染指数取平均值为阈值；而对于大方县这样的农产品主产区，单位耕地面积粮食产量指标采取最高值为阈值，而其他指标采用全省（同类地区）平均水平为阈值。而对于赫章县这样的生态功能区，土地利用生态效益指标在这种以生态保护为第一位的限制开发区，采用全省（同类地区）最高值为阈值，其他指标采用平均水平为阈值；而科教支出、人均住宅面积和科技支出比重等指标在不同主体功能区均采用统一标准。

（三）BP 网络形式的确定

Roberto 等已证明，对任何在闭区间内的 1 个连续函数都可以用 1 个 3 层 BP 网络（即含 1 个输入层、1 个隐含层、1 个输出层）逼近[1]。因此，3 层的 BP 网络就可以完成任意的 n 维到 m 维的映射，故本章将 BP 网络设计为 3 层。

由前述指标体系构建可知，输入层应包含 15 个神经元数目，输出层包含 1 个神经元数目，而隐含层的神经元数目可以在此基础上确定。隐含层神经元数目的确定是一个比较复杂的问题，并不存在一个理想的解析式来确定。隐含层神经元数目与问题的要求、输入输出神经元数目都有直接的关系。数目太多会导致学习时间过长，然而误差不一定最佳，也会导致容错性差、不能识别以前没有看到的样本。因此，一定存在一个最佳的隐含层单元数。本章借鉴前述研究经验，首先通过公式 5－1 初步确定隐含层神经元数目，然后以此为基础通过反复学习，最终确定隐含层神经元数目为 6，故本章 BP 网络采用"15×6×1"的结构。

---

① 苑韶峰、吕军：《利用人工神经网络进行国有土地价格评估的探讨》，《上海交通大学学报》（农业科学版）2004 年第 2 期。

$$n_1 = \sqrt{n + m} + a \qquad\qquad (公式5-1)$$

公式 5 - 1 中，n_1 为隐含层神经元数目，n 为输入神经元数目，m 为输出神经元数目，a 为 [1，10] 之间的常数[①]。

（四）数据标准化

上述 15 个指标，其量纲是不同的，可分为：正向指标和负向指标，对于正向指标，其值越大越好；对于负向指标，其值越小越好。由于各指标具有不同量纲和类型，这就要求把这些指标通过极差变换模型进行无量纲化且映射到一个有限的区间中去，从而将各指标值转化到 [0，1] 区间内，具体计算公式如下：

$$\begin{cases} S_i = (X_i - X_{min})/(X_{max} - X_{min}) \\ S_i = 1 - (X_i - X_{min})/(X_{max} - X_{min}) \end{cases} \qquad (公式5-2)$$

（五）BP 网络训练和仿真

BP 神经网络模型训练只有样本数足够多时，模型才能获得足够的信息，使模型能够快速收敛，为了增加训练样本，本章以不同类型主体功能区各指标的参考标准值作为指标上（下）限或平均值，分别确定重点开发区、农产品主产区和生态功能区评价标准数据（表 5 - 2、表 5 - 3 和表 5 - 4），采用线性内插的方法，从高到低对表 5 - 2、表 5 - 3 和表 5 - 4 的数据进行了线性内插得到训练数据，将训练数据标准化。最后，分别采用七星关区、大方县和赫章县 2007—2011 年数据作为测试数据进行仿真训练，最后网络的终止参数为最大批量训练次数为 50000 次，最大误差为 e^{-10}，学习速率为 0.05。

表 5 - 2　　　　　　　　重点开发区土地利用绩效评价标准

分值	X_{11}	X_{12}	X_{13}	X_{14}	X_{15}	X_{16}	X_{21}	X_{22}	X_{23}	X_{24}	X_{25}	X_{26}	X_{31}	X_{32}	X_{33}
0.8	20000	12000	30000	16	2000	22000	97	500	20	1800	3	1.6	15	40	100
0.6	10000	9000	10000	13	1200	8000	50	300	15	1500	2	1.2	12	30	70
0.2	5000	7500	3200	10	860	3600	31	200	10	1000	1	0.9	6	20	50

[①]　周子英、朱红梅、谭洁等：《基于人工神经网络的长株潭城市土地集约利用评价》，《湖南农业大学学报》（社会科学版）2008 年第 6 期。

表 5 - 3　　　　　　　　农产品主产区土地利用绩效评价标准

分值	X_{11}	X_{12}	X_{13}	X_{21}	X_{22}	X_{23}	X_{24}	X_{25}	X_{26}	X_{27}	X_{31}	X_{32}	X_{33}	X_{34}
0.8	15	70	200	5000	7500	3200	20	10	860	3600	31	1800	3	0.9
0.6	12	40	100	3000	9000	2000	15	8	500	2000	20	1500	2	0.6
0.2	6	30	50	2000	7500	1000	10	5	300	1000	10	1000	1	0.3

表 5 - 4　　　　　　　　生态功能区土地利用绩效评价标准

分值	X_{11}	X_{12}	X_{13}	X_{14}	X_{15}	X_{16}	X_{21}	X_{22}	X_{23}	X_{24}	X_{25}	X_{26}	X_{31}	X_{32}	X_{33}
0.8	5000	7500	3200	10	860	3600	31	200	20	1800	3	0.9	15	70	50
0.6	3000	5000	2000	8	500	2000	20	100	15	1500	2	0.6	12	50	30
0.2	2000	3000	1000	5	300	1000	10	50	10	1000	1	0.3	6	30	20

第四节　不同类型主体功能区县域土地利用绩效评价结果分析

一　评价结果

通过上述 BP 神经网络模型评价，三个实证县（区）2007—2011 年土地利用绩效变化趋势由曲线图表示，如图 5 - 2。三县（区）对比来看，七星关区作为贵州西部重点发展节点城市——毕节市的中心区域，其综合得分远高于其他两个县，得分在 0.6—0.7，五年间波动不是很明显，呈略下降趋势；地处毕节市西部的赫章县，作为生态功能区，起点非常低，2007 年得分仅略高于 0.1，五年间除 2011 年下降外都逐年呈上升趋势；被《规划》列为农产品主产区的大方县，得分在 0.2—0.6，除 2009 年得分有所下降外，五年间呈逐年上升趋势。

二　原因分析

结合指标体系中各级指标取值，三个实证县土地利用绩效水平的主要原因如下：

七星关区作为城市中心区，近年来城镇化和工业化得到了一定发展，但是发展水平不高，经济社会发展水平处于工业化中期阶段，各产

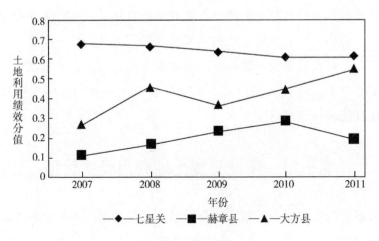

图 5 - 2　连片实证县域土地利用绩效对比趋势

业发展集约程度较差，但是科教和基础设施等公共服务水平较高，因此，绩效评价得分处于中等偏上水平，虽然七星关区与大方县和赫章县相比土地利用水平要高得多，但是与贵州省其他地区相比，作为地区社会经济中心，其发展水平仅相当于贵州省 88 个县域的平均水平，其地均 GDP、单位工矿用地工业增加值、人口密度、科技支出占财政支出比重和单位面积公路里程等指标均处于贵州县域的平均水平，与贵州省最高水平差距较大。可见，作为主体功能区规划划定的重点开发区未来的开发潜力巨大，但是开发过程中要注重合理规划。

大方县工业和农业都有一定程度发展，虽然工矿业有一定基础，但是资源禀赋不如邻近的黔西县、金沙县及六盘水市各县域，而近年以中草药和食品加工产业为龙头的农业却在贵州县域中显得非常突出，因此，农业收入水平的提升使得其快速成为贵州省的农业强县，但是由于当地近年煤化工等工业的发展使得大方生态环境污染加剧，影响了其可持续发展，阻碍了其绩效水平的大幅度上升。因此，结合其农产品主产区的主体功能，有必要对其发展重点做一定调整。

赫章县经济发展以农业、畜牧业和林业为主，二、三产业发展比较落后。而大农业发展又受到自然环境条件限制，加之人口密度较大，远高于全国平均水平，使得赫章县可持续发展受到很大约束，但是近几年赫章县核桃和中药材等地方特色产业的规模发展受到扶贫工作的很大投资倾斜，因此，近五年来土地利用绩效水平呈上升趋势，但是由于其科教水平、道路设施等公共服务方面基础非常差，因此，其绩效水平上升的幅度非常小，应该在保护生态环境的前提下不断对这些方面加以完善，使其能获得发展后劲。

第五节　实证县域土地利用模式优化

根据前述三个实证县域土地利用绩效评价结果，得知限制开发区大方县和赫章县与重点开发区七星关区之间差距很大，三个实证县域与省会贵阳所辖县区之间的差距更为悬殊。作为空间上相连的限制开发区大方县和赫章县之间也存在一定差距，由此可知，连片区域的不同部分之间应选择不同的发展模式。本研究通过实地调研实证区各乡镇已有的产业基础结合各区域的温度、海拔、坡度及水分等自然条件，参照前述绩效评价结果，以乡镇为单位优化实证区土地利用模式，并利用 ArcGIS 软件将优化模式下产业空间分布展示，如图 5－3。

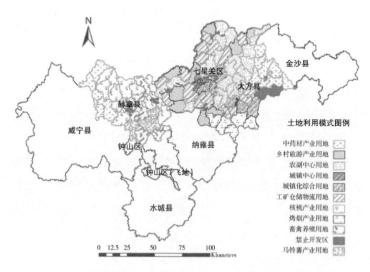

图 5－3　实证区土地利用模式空间优化布局

一 七星关区土地利用优化模式

作为贵州西部发展的重要节点县市，七星关区城镇化水平不高，目前二、三产业也不发达。因此，应注意引导大方和赫章等空间上相邻的限制开发区县域人口向以七星关区和周边的金沙县、纳雍县以及六盘水市的钟山区和水城县等重点开发县市转移，主要依靠优化的财政、税收、金融、社会保障及产业扶持等优惠政策的出台，激励当地发展煤炭的深加工产业、高新技术产业和中草药产业等特色产业，吸引大量的劳动力资源。增加七星关区交通设施用地比重，加强其与省内外重要交通枢纽地区之间的联系，相应增加工矿业、物流业和居住及城镇公共设施用地比重，将七星关区发展成为现代化城市中心区。

空间布局上，如图 5 - 3 所示，七星关区城市中心和周边的城市副中心应以商贸、金融、居住及公用设施等第三产业为主，城市中心区的南部、东北部和西北部共有三个片区具有一定工矿业发展基础，并且交通物流较发达，故适宜开发工业、矿业及交通物流等产业用地，而七星关区西部、北部和东部其他地区适宜开发成农产品加工和养殖业以及乡村旅游等产业用地。可见，七星关区适宜开发成为城市组团型模式，各组团具有不同的城市用地功能。

二 大方县土地利用优化模式

大方县作为国家级农产品主产区，虽然从空间区位、资源禀赋和发展基础来看也具备发展工矿业的条件，但是从整个区域功能规划和国家粮食安全的角度，应该赋予其发展农业的功能定位。大方县优势农产品品种主要是蔬菜和中药材，以后应该引导农民积极参与土地流转，促进农业规模化经营，而对于地处乌蒙山区生态功能区的大方县，农业生产模式必须选择对生态环境破坏较小的生态农业，进行马铃薯、辣椒等无公害蔬菜和天麻等中药材的种植。

在空间布局上，由图 5 - 3 可知，大方县除了中部的大方镇、羊场镇和黄泥塘镇已经形成了一定二、三产业和公共服务功能基础，可以作为吸纳城镇化人口的城镇化区域，西北部可以发展蔬菜等农副产品生产区，东北部发展成为中药材生产基地，而南部与纳雍县交界地区适宜发展烤烟产业，位于大方县东部的大水乡、普底乡和位于西部的猫场乡、鼎新乡，由于丰富的旅游资源，所以适合发展生态旅游和乡村旅游，可见，大方县适宜开发成特色农业型模式。

三　赫章县优化的土地利用模式

赫章县山高路陡，平均海拔 2000 米左右，是毕节市森林覆盖率比较高的地区。因此，空间上应该以赫章夜郎国家级森林公园为中心，增加林业用地的比重来改善生态环境，防止喀斯特石漠化。规模发展当地特色的核桃等经济林产业，适宜种草的地方可以适当发展林下畜禽养殖。土地利用以对生态破坏较小的农林牧副业用地为主，限制工业和城市化用地，注意引导人口向相邻的重点开发地区转移，并通过财政转移支付支持当地农、林、牧、副业和公共服务设施投入，使得赫章县能够早日实现小康目标。

由图 5 - 3 可知，赫章县北部和西北部地区适宜开发已经获得地理标识认证的核桃种植和半夏等中草药种植，南部适合开发高山马铃薯种植，东部和西部一些地区适合林下养殖产业开发。可见，赫章县适宜开发成生态林草种养殖型模式。

第六节　小结

本章基于主体功能区规划理念，从土地利用经济、社会和生态效益三个方面构建实证区不同类型主体功能区连片县域指标体系，运用 BP 神经网络方法进行土地利用绩效评价，并针对不同实证县域主体功能区类型确定不同的评价标准后，形成不同训练样本，对于三个连片县域 2007—2011 年指标数据进行仿真模拟，最后得到三个县（区）五年间发展水平变化趋势。绩效评价结果显示：七星关区发展水平高于其余两个县域，其中赫章县的水平最低，三个连片县域存在一定差距。根据评价结果，本章认为连片区域的不同县域应选择不同的土地利用模式，结合产业发展和自然资源条件分别将七星关区、大方县和赫章县的土地利用模式优化为城市组团型模式、特色农业型模式和山区林草种养殖型模式，在产业开发中应该根据各县域不同的主体功能分别开发城镇化用地、生态农业用地和生态林草地等不同土地利用类型，并根据土地自然资源禀赋布局进行具体产业空间布局。最后，运用 ArcGIS 软件以乡镇为单位展示实证县域土地利用模式下的产业空间分布情况。

第六章

基于主体功能区规划的县域土地
利用分区及利用模式研究

第一节　研究背景

党的十八大以来，从中央对城镇化的思考和布局中可以看出，城镇化战略是未来中国经济最重要的增长动力。李克强总理在政府工作报告中指出，城镇化是破除城乡二元结构的重要依托，推动以人为核心的新型城镇化、着重解决"三个一亿人"的问题。解决"三个一亿人"问题之一就是引导约一亿人在中西部地区就近城镇化。贵州省是典型的西部地区，位于中国西南部高原山地，平均海拔在 1100 米左右，喀斯特地貌，总的来说生态脆弱，城镇化率低，二、三产业不发达，因而要在贵州省内部进行"宜居宜业"的城镇化建设，让这些区域的农民就近就地的城镇化，避免扎堆到东部、北部的省外大城市，也避免在省内不顾及生态环境承载能力的大肆开发，极其有必要研究适合贵州省生态脆弱地区的发展模式。

《全国主体功能区规划》中指出"在工业化城镇化快速推进、空间结构急剧变动的时期，坚持科学的国土空间开发导向极为重要"，城镇化建设终将落实到土地上，土地是人类赖以生存和发展的最基本物质基础，是人类创造财富的源泉。一切社会及经济活动都将表现为特定的土地资源利用的空间格局，按照系统论"结构决定功能"的观点，不同的土地利用空间格局又决定着迥异的社会经济发展状况。

2010 年 6 月国务院审议通过《全国主体功能区规划》后，目前已有 20 多个省（市、区）出台了省级主体功能区规划，对于本省的国土空间开发进行了功能定位和空间布局，旨在对区域经济社会发展起到导向性作用。但是主体功能区规划仅对各地区发展起到战略导向作用，未来区域发展的主要问题还需要通过各地区发展模式的优化来实现。在已经颁布的省级主体功能区规划和已有研究中，主要是以县级以上行政区为基本单元，而县级以下尤其是乡镇的开发在我国的日后发展中却起到至关重要的作用，以此为切入点，本章依据主体功能区规划理念，从土地生态环境承载力、土地利用效益及强度和土地开发潜力三方面建立指标体系，采用样本聚类分析法对贵州省大方县进行土地利用分区，在此基础上对各乡镇进行土地开发建设适宜强度分析，最终结合空间分区结果及开发建设适宜程度分析确定各分区的主体功能，对适合各主体功能区的环境友好型土地利用模式加以探讨，以期为优化乡镇级行政区的开发秩序提供参考，为西部地区的新型城镇化建设提供借鉴。

在现有的国土空间开发格局中，县域内各乡镇间在自然条件方面能够体现地域差异，并在土地利用和经济发展方面已经自发形成了一定的空间集聚基础，但是各乡镇在开发过程中往往容易"趋同"或相互"模仿"，这样很容易造成地域内的过度竞争和资源浪费，因此科学地为各乡镇选择适宜的发展模式是亟须解决的现实问题。所以本章依据各乡镇的土地自然和经济禀赋，将主体功能区规划分区理念贯彻到县级以下的微观区域，从理论上探索县域内不同主体功能区的土地利用模式优化方案，探索选择生态环境与区域经济耦合度最优的土地利用模式的研究手段和方法；从实践上解决经济发展落后而生态环境脆弱的贵州省大方县域内不同主体功能区之间适宜土地利用模式及它们之间的协同关系，进而提出差别化土地利用政策，并为相关的产业转移、投资侧重、人口迁移和财政转移支付等政策制定提供参考意见。

基于主体功能区的理念，为达到生态保护与经济发展的均衡，探讨县域内不同功能分区的土地利用优化模式。首先，根据全国主体功能区的划分原则，从土地生态环境承载力、土地利用效益及强度和土地开发潜力三方面建立土地利用分区指标体系，运用聚类分析法进行大方县土地利用分区。其次，鉴于主体功能分区更偏重于产业经济指标，故而对大方县各乡镇从自然资源及承载力方面进行开发建设适宜程度研究，对土地利用分区进行补充，为确定各分区的主体功能及优化土地利用模式提供依据。最后，结合区划研究及各区域的开发建设适宜程度，确定大方县的各主体功能区及各区域的土地利用优化模式。为微观区域贯彻主体功能区思想，更好地优化本区域的发展模式提供方法体系借鉴。具体内容包括如下几方面。

（1）基于功能分区的主旨从土地利用效益及强度、土地开发潜力和土地生态环境承载力三方面构建指标体系，通过对指标数据统计分析探究各乡镇经济社会发展水平、生态环境现状和土地利用结构等特点。

在借鉴已有研究成果基础上，依据全面性、科学性、可获性和差别性等基本原则，根据大方县面临的最主要矛盾——经济发展和生态环境保护之间的矛盾，依据主体功能区规划，主要侧重对区域资源环境承载力、现有开发强度和发展潜力三方面评价，从土地利用效益及强度、土地开发潜力和土地生态环境承载力建立指标体系，为各乡镇的土地利用分区提供分区指标依据。

此外，对指标体系中各指标进行统计分析，充分探究研究区域内各乡镇的社会经济发展水平、生态环境现状以及土地利用结构特点。

（2）运用聚类分析法对县域内34个乡镇进行聚类分区。为了通过对各乡镇的土地利用分区来为区域未来发展提供参考，依据建立的指标体系，对研究区大方县各乡镇进行系统聚类分析，形成不同土地利用分区。

（3）土地开发建设适宜程度分析。鉴于依据主体功能分区主旨选取的均是更偏重于产业经济方面的指标，未满足根据自然条件适宜性开发的理念，故而对大方县各乡镇从自然资源及承载力方面进行开发建设适宜程度研究，对土地利用分区进行补充，为确定各分区的主体功能及优化土地利用模式提供依据。从地形地貌因素、地质条件、生态敏感性及交通区位四个方面计算各乡镇的开发建设适宜程度，为大方县不同分区内乡镇的主体功能、土地合理开发程度及优化利用模式提供定量依据。

（4）结合土地利用分区及各区域开发建设适宜性评价结果确定各区域的主体功能，并针对不同区域的主体功能提供差异化的（包括土地利用优化方案、产业转移、投资侧重等）土地利用模式优化方案。为微观区域贯彻主体功能区理念，更好地选择和改善本区域的发展模式提供方法体系借鉴。

主体功能区规划是新型城镇化建设土地利用方面的有力推手，对西部生态脆弱地区的建设发展来说具有极大的意义，本章对前人在环境友好型土地利用、土地利用分区和土地利用模式选择等方面研究进行了综述。主体功能区规划为有效解决空间发展的突出问题，立足于我国国土空间的自然状况，明确了国土空间开发指导思想和原则。依据主体功能区规划的指导思想和原则，本章确定了结合功能分区及区域开发建设适宜程度，对大方县各功能分区土地利用模式进行优化的研究思路。首先，根据全国主体功能区的划分原则，从土地生态环境承载力、土地利用效益及强度和土地开发潜力三方面建立土地利用分区指标体系，运用聚类分析法进行大方县土地利用分区。其次，鉴于主体功能分区更偏重于产业经济指标，故而对大方县各乡镇从自然资源及承载力方面进行开发建设适宜程度研究，对土地利用分区进行补充，为确定各分区的主体功能及优化土地利用模式提供依据。最后，结合区划研究及各区域的开发建设适宜程度，确定大方县的各主体功能区及各区域的土地利用优化模式。

第二节　研究区概况

研究区贵州省毕节市大方县在一定程度上代表着贵州省绝大部分县域发展的平均水平，具有一定代表意义，下面就自然状况、社会经济状况以及研究区所存在的主要问题和隐患进行介绍。

一　自然资源概况

贵州省毕节市大方县位于贵州省西北部、毕节市中部，东邻金沙县、黔西县，南毗织金县、纳雍县，西连七星关区（图 6 - 1、图 6 - 2）。大方县位于贵州省西北部，属毕节市管辖，地理坐标为：东经 105°15′—106°09′，北纬 26°50′—27°36′，大方县土地面积约 3502 平方公里，地域南北长 85.2 公里，东西宽约 86.2 公里。大方县县城距省城贵阳 178 公里，距毕节市区 50 公里。大方县属于暖温带湿润季风气候，日照时数少，昼夜温差大，全县多年平均气温 11.8℃。大方县地表水资源较丰富，年均降雨量 1150.4 毫米，但由于人口密度大、垦殖率高、喀斯特地层存不住水，高原山地使得山高水低以及时空分布不均匀，故而开发利用难度较大。由于县内地形复杂多变，所以立体气候明显，垂直变化和地区差异明显，适合于多种作物生长，但各种自然灾害频繁，常给农业生产造成极大损伤。

大方县以岩溶山地为主，中西部隆起，南北倾斜，境内海拔在 700—2320 米，平均海拔 1559 米。境内山地面积占县域面积的 37.3%；丘陵占 46.7%；盆地（坝子）占全县的 16%。耕作面积稀少，喀斯特石漠化面积比重高，生态脆弱，人口众多，人均耕地面积远低于全国平均水平，全县山地面积 1659 平方公里，丘陵面积 1496 平方公里，两者占县域面积的 90%，山间平坝面积仅为 347 平方公里。

耕地面积比例为 36.4%，森林覆盖率为 37.7%，建设用地占比低于 10%。大方县土壤资源具有土地所处海拔高、土多田少，土地深切破碎、土壤瘦薄的特点。

图 6 - 1　毕节市位置示意

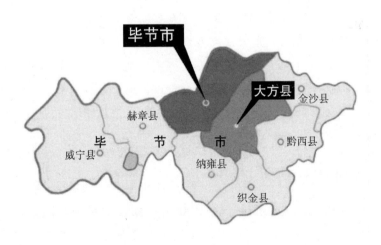

图 6 - 2　大方县位置示意

　　大方县矿产资源丰富，分布较广，量多质好，主要有无烟煤、硫铁矿和大理石等，其中无烟煤储量最丰富，绝大部分乡镇均有矿床分布。

另外，大方县生物资源丰富，烤烟等经济作物、辣椒等蔬菜作物、天麻等中药材及漆树等经济树种是大方县著名的特色品种，为其带来了"中国辣椒之乡"、"中国天麻之乡"及"中国漆器之乡"的称号。

二　社会经济概况

大方县辖 36 个乡镇①，现有常住人口 104 万，其中农业人口 98.5 万，人口城镇化率仅为 5.3%，人口密度为 321 人/平方公里。县域内居住着汉族、彝族、苗族、白族和仡佬族等 23 个民族，少数民族占 33%。

虽然随着西部大开发、西气东输等国家发展战略施行，大方县自"十一五"以来工业经济快速增长，产出比重上升，增长质量和效益得到了提高。但是大方县的经济发展水平仍落后于贵州省和全国平均水平，2011 年大方县所处的毕节市人均 GDP、人均工业增加值、人均社会消费品及人均固定资产投资分别为全省平均水平的 0.71、0.92、0.44、0.66 倍，仅为全国平均水平的 0.30、0.33、0.14、0.23 倍。

地区生产总值为 841481 万元，其中第一二三产业占比为 18:44:38。职工平均年货币工资为 33161 元。大方县以重工业为主要产业支撑，主要工业产品包括水泥、原煤、火力发电和磷矿石等。

另外，大方县近 5 年内旅游收入持续增加，通过对其特殊的自然地理环境及少数民族风俗的逐步推介，百里杜鹃风景区、支嘎阿鲁湖旅游区、九洞天风景名胜区和油沙河自然风光等旅游区带动了大方县第三产业产值的增长。

三　研究区土地利用问题

土地利用结构不尽合理，土地利用效率低。大方县山地多、平地少，耕地质量总体较差，人均可利用土地资源匮乏。耕地面积比例为 36.4%，25°以上坡耕地占耕地面积的 20.8%，中低产田比例大，占耕

---

① 大方县域内的 36 个乡镇中，普底彝族苗族白族乡、百纳彝族乡被列入百里杜鹃风景名胜区，归管委会管辖，故而在本文中讨论的大方县多指除以上两个乡镇的 34 个乡镇。

地总面积的 70% 以上。农村集体建设用地集约节约利用的潜力大，具有较大的开发空间。

大方县石漠化现象严重。2011 年全县石漠化土地约为 2176.3 平方公里，石漠化率高达 62%，其中，潜在石漠化面积 1178.9 平方公里，轻度石漠化面积 795.6 平方公里，中度石漠化面积 211.1 平方公里，重度石漠化面积 40.7 平方公里。尽管近年来通过"开发扶贫、生态建设"实验区建设，林地净增超过 4000 公顷，但水土流失依旧是大方县发展中面临的生态瓶颈。

产业结构不合理，资源开发粗放。大方县三次产业比例从"一二三"成功调整到现在的"二三一"，其发展开始向现代工业社会迈进。但从三次产业内部结构来看，农业产值占第一产业比重超过 60%，林业、畜牧业比重偏低，谷、薯等传统农作物产品多，天麻等高附加值的经济作物少；第二产业过度集中于能源经济，产业关联度低，产业链不完善，资源开发有待进一步优化，大方县基本上以煤炭采掘为主体，但其资源最多的煤矿和硫铁矿绝大多数为伴生矿，但现在两种资源开采不同步，技术创新能力差，装备落后；第三产业中服务业占比低于 50%，整体处于产业结构演化的初级阶段。

区域发展不均衡。各个乡镇间经济发展水平相差大，一些资源状况好、发展基础好、距离毕节市区较近的乡镇发展快，其他乡镇则远远落后。虽然近年来各乡镇积极设立工业园区带动发展，但又出现了各乡镇在开发过程中"趋同"或"模仿"，相关产业无特色、无优势、技术含量不高。

总的来说，尽管大方县被划入《全国主体功能区规划》重点开发的黔中经济区中，《贵州省主体功能区规划》及《黔中经济区发展规划》将大方县与毕节市的中心城区——七星关区归为一个产业聚集区，并在产业发展、基础设施建设及行政区变动等一系列措施上进行了相应安排，但其目前仍为国家扶贫开发重点县，发展门槛高，发展难度大，而发展潜力大，因此愈加需要对其土地利用模式加以研究，为大方县日后发展提出合理建议。

第三节 基于主体功能区规划的大方县土地利用分区

为了使大方县这样的西部脆弱地区拥有更美好的家园、更发达的经济、更协调的区域、更富裕的人民和更和谐的社会，为了给子孙后代留下更蓝的天、更绿的地和更清的水，必须合理利用每一寸土地，推进形成主体功能区，加快科学开发家园的速度。为此，国家和贵州省已经分别发布了《全国主体功能区规划》和《贵州省主体功能区规划》。大方县的18个乡镇在国家层面的主体功能区规划中被笼统地归入黔中重点开发区域，在省级层面主体功能区规划区划中全部被列入省级重点开发区域。从以上两个层面的主体功能区规划可以看出，大方县是贵州省城镇化重点区域，规划其主体功能是提供工业品和服务产品。但是根据大方县各乡镇的实际情况来看，其部分乡镇虽然有一定经济基础，但其生态敏感度高，资源环境的瓶颈越收越窄，不适宜大规模地进行工业化建设，另外一个重要问题是各乡镇在开发过程中往往容易忽视自身特点，为了加快发展，大搞开发区、实验区，造成各乡镇发展模式"趋同"或相互"模仿"，最终造成地域内的过度竞争、资源浪费的局面。因而，根据各乡镇的资源环境承载能力、现有开发强度和发展潜力对大方县进行功能区细分，统筹谋划不同功能区的开发方向、国土利用、经济布局及人口分布，规范开发秩序，对逐渐形成人口、经济和资源环境相协调的大方县国土空间开发格局至关重要。

一 研究方法与指标选取

(一) 研究方法

主体功能区的划分本质仍是一种区划思想，故而本章在主体功能区划分中选择被广泛应用于区划的聚类分析法。

聚类分析法根据研究对象亲疏程度对研究对象进行分类，通过计算距离（相似程度）来划分研究对象的类型，把性质相近的对象归为一类，最终使得同一类中的个体具有高度的同质性，不同类之间的个体具有高度的异质性。

针对大方县域内乡镇数量多、样本量大的特点选取 Q 型样本聚类分析法。应用统计软件 SPSS21.0 对大方县内 34 个乡镇［不包括位于禁止开发区（百里杜鹃风景名胜区）内的普底乡、大水乡］土地利用功能进行分区，并结合 GIS 图展示聚类分析结果，在空间上对大方县各乡镇土地利用功能的聚集情况进行分析。

（二）指标选取

尽管仍是区划研究，但主体功能区域划分的主旨是引导经济布局、人口分布与资源环境承载能力相适应，促进经济与资源环境的空间均衡。故而选择指标时是在借鉴已有研究成果基础上，依据全面性、科学性、可获性及差别性等基本原则，根据大方县面临的最主要矛盾是经济发展和生态环境保护之间的矛盾，依据主体功能区规划主要侧重对区域资源环境承载力、现有开发强度和发展潜力几方面评价，从土地生态环境承载力、土地利用效益及强度和土地开发潜力三方面建立指标体系（表 6 - 1）。

表 6 - 1　　　　　　　　　土地利用主体功能分区指标体系

目标层	指标层
土地生态环境承载力	X_1 人均生态承载力
	X_2 石漠化率（%）
	X_3 单位耕地面积化肥及农药排放量（t/km^2）
土地利用效益及强度	X_4 地均乡镇财政收入（万元/km^2）
	X_5 单位面积第一产业收入（万元/km^2）
	X_6 建设用地比例（%）
	X_7 农用地比例（%）
土地开发潜力	X_8 单位面积粮食产量（t/hm^2）
	X_8 二、三产业从业人口比例（%）
	X_{10} 旱地面积比例（%）
	X_{11} 交通运输用地比例（%）

资料来源：农村土地利用现状二级分类数据库；《2011 年大方县统计年鉴》，森林资源调查数据库。

1. 土地生态环境承载力目标层

土地生态环境承载力目标层反映的是大方县的发展限制情况。

人均生态承载力指标直接代表的是人均生物生产面积，反映的是资源和环境系统的供容能力，其值越大，代表生态承载功能越强，承载人口的能力越大。本文借鉴张志强[1]、韩德军[2]等人用生态足迹概念和方法来核算生态承载力的方法。人均生态承载力的计算公式为：

$$ec = \sum_{j=1}^{n} r_j \times y_j \times a_j \qquad （公式 6-1）$$

式中，ec 为人均生态承载力，$hm^2/$人；j 为公式中核算的生物种类；n 为生产性生物种类总数；r_j 为均衡因子，y_j 为产量因子，a_j 为人均生物生产面积，$hm^2/$人。

本章在计算各地区的人均生态承载力指标时，采用耕地、林地、草地、水域和建设用地 5 种土地类型，而各种生物生产的均衡因子和产量因子的取值参照张志强等在中国西部 12 省（区、市）实证研究中的取值，取值如表 6-2。

表 6-2　　　　　　　　　人均生态承载力相关因子取值

土地类型	产量因子 y_j	均衡因子 r_j
耕地	1.66	2.8
草地	0.19	0.48
林地	0.91	1.1
建设用地	1.66	2.8
水域	1	0.2

石漠化率指标反映了山区生态状况的好坏。各乡镇石漠化率等于石漠化土地面积除以行政区总面积。石漠化面积包括轻度石漠化面积、中度石漠化面积、重度石漠化面积及极重度石漠化面积。石漠化数据来源

---

[1]　张志强、徐中民、程国栋等：《中国西部 12 省（区、市）的生态足迹》，《地理学报》2001 年第 5 期。

[2]　韩德军、朱道林：《贵州省土地利用与区域经济耦合关系分析》，《农业工程学报》2012 年第 15 期。

于森林资源调查数据库。

单位耕地面积化肥及农药排放量反映了乡镇主要污染源环境污染状况。各乡镇单位耕地面积化肥及农药排放量等于农药和化肥使用量除以行政区耕地面积。

2. 土地利用效益及强度目标层

土地利用效益及强度目标层反映的是大方县的发展现状。

地均乡镇财政收入指标主要来源于乡镇第二三产业，所以反映了非农产业的发展现状。各乡镇地均乡镇财政收入等于各乡镇年财政收入除以行政区总面积。

单位面积第一产业收入指标，主要反映农业发展现状。各乡镇地均乡镇财政收入等于各乡镇年财政收入除以行政区总面积。各乡镇单位面积第一产业收入指标等于各乡镇年第一产业收入除以农用地面积。

建设用地比例指标，反映城乡建设强度；农业用地比例指标，反映农业开发强度。各乡镇建设用地比例指标等于各乡镇建设用地面积除以行政区域总面积。

3. 土地开发潜力目标层

土地开发潜力目标层反映的是大方县的土地开发潜力状况。

单位面积粮食产量指标和旱地面积比例指标，分别从正反面反映农业发展潜力和农业生产结构。各乡镇单位面积粮食产量指标等于粮食作物总产量除以粮食占有耕地面积。旱地面积比例指标等于旱地面积除以耕地面积。

二、三产业从业人口比例指标，反映非农产业发展潜力。各乡镇二、三产业从业人口比例指标等于二产和三产从业人口除以行政区域内劳动力资源数量。

交通运输用地比例指标主要反映土地开发潜力。各乡镇交通运输用地比例指标等于交通用地面积除以行政区域总面积。

大方县主体功能区聚类分区指标数值，如表6-3。

表6-3 大方县主体功能区聚类分区数据汇总

乡镇名称	人均生态承载力	石漠化率（%）	单位耕地面积化肥及农药排放量（t/km²）	地均乡镇财政收入（万元/km²）	单位面积第一产业收入（万元/km²）	建设用地比例（%）	农用地比例（%）	单位面积粮食产量（t/hm²）	二、三产从业人口比例（%）	旱地面积比例（%）	交通运输用地比例（%）
大方镇	0.27	0.16	0.63	27.71	119.51	0.07	0.45	9.37	0.62	0.96	0.0052
羊场镇	0.58	0.22	0.56	19.54	92.03	0.02	0.41	5.48	0.57	0.98	0.0031
黄泥塘镇	0.60	0.86	0.51	17.97	93.10	0.03	0.47	6.46	0.54	0.97	0.0029
东关乡	0.73	0.52	0.92	14.44	87.85	0.05	0.48	8.32	0.51	0.99	0.0017
竹园乡	0.60	0.63	0.77	13.66	81.67	0.04	0.57	8.23	0.51	1.00	0.0028
响水乡	0.66	0.20	0.87	13.90	84.63	0.02	0.41	8.83	0.51	0.93	0.0000
双山镇	0.96	0.47	0.79	13.93	85.71	0.03	0.50	10.95	0.41	0.98	0.0036
文阁乡	0.67	0.20	0.76	12.52	85.22	0.03	0.35	8.17	0.37	0.93	0.0000
绿塘乡	0.69	0.57	0.77	12.62	86.56	0.02	0.46	9.09	0.39	0.98	0.0000
鼎新乡	0.75	0.27	0.76	10.78	80.64	0.02	0.48	9.34	0.35	0.95	0.0000
猫场镇	0.75	0.21	0.75	10.63	80.77	0.02	0.45	9.69	0.33	0.95	0.0000
马场镇	0.54	0.35	0.74	9.29	90.42	0.02	0.55	9.68	0.30	0.98	0.0000
牛场乡	0.43	0.54	0.74	9.12	91.36	0.02	0.55	10.80	0.30	0.97	0.0000
高店乡	0.74	0.26	0.74	10.18	80.47	0.02	0.47	8.85	0.32	0.94	0.0000
小屯乡	0.83	0.20	0.80	12.52	87.07	0.03	0.35	8.17	0.34	0.94	0.0036
理化乡	0.79	0.82	0.80	9.10	90.72	0.03	0.62	9.70	0.34	0.92	0.0010
鸡场乡	1.25	0.49	0.78	9.22	89.42	0.03	0.51	11.61	0.32	0.83	0.0001
六龙镇	0.66	0.14	0.86	13.70	84.56	0.04	0.40	8.44	0.52	0.95	0.0000
凤山乡	0.99	0.28	0.86	13.44	71.15	0.03	0.43	11.90	0.63	0.97	0.0000
核桃乡	0.97	0.58	0.81	9.26	65.95	0.02	0.36	9.16	0.35	0.98	0.0000
达溪镇	0.65	0.61	0.80	9.20	65.52	0.02	0.40	9.46	0.42	0.95	0.0000
八堡乡	0.79	0.32	0.76	9.57	63.73	0.02	0.36	9.35	0.42	0.95	0.0000
兴隆乡	0.67	0.38	0.79	9.52	66.59	0.02	0.34	9.34	0.42	0.95	0.0000
瓢井镇	0.77	0.36	0.77	9.56	65.15	0.03	0.35	9.25	0.40	0.97	0.0000
长石镇	0.63	0.65	0.81	9.23	65.51	0.03	0.41	8.52	0.32	0.96	0.0000
安乐乡	0.62	0.46	0.67	7.98	45.10	0.02	0.42	8.11	0.54	0.99	0.0000
果瓦乡	1.18	0.62	0.70	9.12	34.31	0.02	0.31	8.68	0.48	0.96	0.0000
大山乡	1.06	0.35	0.67	8.20	45.70	0.02	0.33	8.61	0.43	0.97	0.0000

续表

乡镇名称	人均生态承载力	石漠化率（%）	单位耕地面积化肥及农药排放量（t/km²）	地均乡镇财政收入（万元/km²）	单位面积第一产业收入（万元/km²）	建设用地比例（%）	农用地比例（%）	单位面积粮食产量（t/hm²）	二、三产从业人口比例（%）	旱地面积比例（%）	交通运输用地比例（%）
雨冲乡	1.60	0.56	0.61	7.73	39.73	0.01	0.27	11.47	0.45	0.99	0.0001
黄泥乡	1.15	0.19	0.66	10.82	45.65	0.02	0.31	7.73	0.54	0.98	0.0000
沙厂乡	1.31	0.58	0.53	8.55	43.58	0.02	0.35	10.44	0.48	1.00	0.0000
百纳乡	1.81	0.66	0.65	9.34	40.59	0.02	0.30	13.07	0.48	1.00	0.0000
三元乡	1.15	0.46	0.44	8.20	42.69	0.02	0.37	6.73	0.43	0.99	0.0000
星宿乡	1.71	0.54	0.54	7.22	43.19	0.01	0.29	6.64	0.35	1.00	0.0000

二 计算模型及数据处理

（一）计算模型

Q 型聚类分析法是对样本进行分类的层次聚类法，其基本思想是根据样本多个观测指标间的相似程度为划分类型的依据。把一些相似程度大（距离近、相关性大）的样本聚为一类，另一些彼此间相关程度大的样本聚合为另一类，直到把所有样本聚合完毕。采用欧式距离（Euclidean distance）作为度量统计量对各乡镇进行计算，计算公式为：

$$D_{ij} = \sqrt{\frac{1}{n} \sum_{k=1}^{n} (X_{ik} - X_{jk})^2} \qquad （公式 6 - 2）$$

式中：D_{ij} 是 i 区域与 j 区域土地利用相似性系数，X_{ik} 是 i 区域 k 指标值，X_{jk} 是 j 区域 k 指标值，n 是研究区指标总数。

聚类采用组间连接法（between-group linkage），当两个研究区所有指标间距离的均值最小时便将这两个地区合并，这两个体系合并成一个新样本，新样本再进行逐级合并。

（二）数据处理及聚类结果

变量的原始数据具有不同的单位和量级，为了避免对分类结果造成影响，在聚类前对变量数据通过 z-score 方法进行标准化转换，转换后的指标为符合标准正态分布的无量纲纯数据，转换的计算公式为：

$$x^* = \frac{x - \mu}{\sigma}$$
（公式6－3）

式中：x^* 为标准化后数据，x 为原始数据，μ 为样本数据均值，σ 为样本数据标准差。标准化后的大方县主体功能区聚类分区数据如表6－4。

表6－4　　标准化后大方县主体功能区聚类分区数据汇总

乡镇名称	人均生态承载力	石漠化率（%）	单位耕地面积化肥及农药排放量（t/km²）	地均乡镇财政收入（万元/km²）	单位面积第一产业收入（万元/km²）	建设用地比例（%）	农用地比例（%）	单位面积粮食产量（t/hm²）	二、三产从业人口比例（%）	旱地面积比例（%）	交通运输用地比例（%）
大方镇	-1.68	-1.43	-0.86	4.02	2.29	3.95	0.36	0.17	1.96	-0.24	3.18
羊场镇	-0.82	-1.10	-1.46	2.00	0.97	-0.33	-0.02	-2.27	1.46	0.50	1.70
黄泥塘镇	-0.77	2.20	-1.89	1.62	1.03	0.39	0.67	-1.66	1.18	0.26	1.55
东关乡	-0.38	0.47	1.72	0.75	0.77	1.62	0.80	-0.49	0.79	0.80	0.70
竹园乡	-0.76	1.01	0.41	0.56	0.48	0.63	1.79	-0.55	0.81	1.05	1.48
响水乡	-0.60	-1.22	1.32	0.62	0.62	0.66	-0.11	-0.17	0.86	-1.04	-0.50
双山镇	0.25	0.17	0.61	0.62	0.67	0.44	0.96	1.16	-0.23	0.50	2.05
文阁乡	-0.58	-1.18	0.34	0.27	0.65	-0.15	-0.74	-0.59	-0.65	-0.91	-0.50
绿塘乡	-0.49	0.70	0.40	0.30	0.71	-0.30	0.49	-0.01	-0.50	0.45	-0.50
鼎新乡	-0.35	-0.85	0.26	-0.15	0.43	-0.30	0.72	0.36	-0.54	-0.54	-0.50
猫场镇	-0.35	-1.15	0.28	-0.19	0.44	0.11	0.39	0.36	-1.16	-0.54	-0.50
马场镇	-0.92	-0.43	0.13	-0.52	0.90	-0.15	1.42	0.35	-1.44	0.59	-0.50
牛场乡	-1.25	0.57	0.12	-0.56	0.94	-0.11	1.59	1.06	-1.46	0.08	-0.50
高店乡	-0.37	-0.87	0.11	-0.30	0.90	-0.80	0.58	-0.16	-1.21	-0.83	-0.50
小屯乡	-0.10	-1.18	0.66	0.27	0.74	-0.06	-0.74	-0.59	-1.02	-0.80	2.05
理化乡	-0.23	1.98	0.66	-0.57	0.91	0.06	2.38	0.37	-0.98	-1.23	0.21
鸡场乡	1.07	0.29	0.52	-0.54	0.85	0.15	1.11	1.57	-1.25	-4.15	-0.43
六龙镇	-0.58	-1.48	1.26	0.57	0.62	1.25	-0.15	-0.42	0.92	-0.31	-0.50
凤山乡	0.35	-0.81	1.25	0.50	-0.02	0.08	0.21	1.75	2.10	0.33	-0.50
核桃乡	0.29	0.76	0.75	-0.53	-0.27	-0.05	0.07	0.03	-0.90	0.40	-0.50
达溪镇	-0.61	0.91	0.68	-0.54	-0.29	-0.68	-0.12	0.22	-0.19	-0.31	-0.50
八堡乡	-0.22	-0.57	0.31	-0.45	-0.38	-0.60	-0.62	0.15	0.51	-0.52	-0.50

续表

乡镇名称	人均生态承载力	石漠化率（%）	单位耕地面积化肥及农药排放量（t/km²）	地均乡镇财政收入（万元/km²）	单位面积第一产业收入（万元/km²）	建设用地比例（%）	农用地比例（%）	单位面积粮食产量（t/hm²）	二、三产从业人口比例（%）	旱地面积比例（%）	交通运输用地比例（%）
兴隆乡	-0.57	-0.26	0.59	-0.46	-0.24	-1.01	-0.88	0.15	-0.21	-0.55	-0.50
瓢井镇	-0.29	-0.37	0.37	-0.45	-0.31	-0.05	-0.75	0.09	-0.34	0.35	-0.50
长石镇	-0.67	1.14	0.75	-0.54	-0.29	-0.13	-0.09	-0.37	-1.20	-0.08	-0.50
安乐乡	-0.70	0.16	-0.45	-0.84	-1.27	0.64	-0.09	0.09	1.10	0.98	-0.50
果瓦乡	0.88	0.95	-0.22	-0.56	-1.78	-0.94	-1.25	-0.27	0.48	0.06	-0.50
大山乡	0.54	-0.43	-0.47	-0.79	-1.24	-0.58	-1.02	-0.31	-0.04	0.11	-0.50
雨冲乡	2.06	0.69	-1.00	-0.91	-1.52	-1.39	-1.68	1.48	0.11	0.99	-0.43
黄泥乡	0.79	-1.27	-0.59	-0.14	-0.79	-0.79	-1.25	-0.86	1.13	0.59	-0.50
沙厂乡	1.24	0.76	-1.69	-0.70	-1.34	-0.76	-0.81	0.84	0.46	1.16	-0.50
百纳乡	2.67	1.17	-0.67	-0.77	-1.36	1.37	2.48	0.44	1.00	-0.50	
三元乡	0.78	0.14	-2.57	-0.79	-1.38	-0.78	-0.58	-1.49	-0.06	0.77	-0.50
星宿乡	2.37	0.54	-1.63	-1.03	-1.36	-1.38	-1.46	-1.54	-0.94	1.08	-0.50

运用 SPSS21.0 完成聚类，聚类结果见图 6 - 3。

三　聚类结果

根据聚类分析的结果（图 6 - 3），在类间距为 6 时，大方县 34 个乡镇被聚成 6 类：第一类位于大方县西部的鼎新乡等 17 个乡镇；第二类为位于中部的东关乡、竹园乡、双山镇 3 个乡镇；第三类为东北部的雨冲乡等 9 个乡镇；第四类包括东南部的理化乡和鸡场乡 2 个乡镇；第五类为羊场镇、黄泥塘镇 2 个乡镇；第六类为县城大方镇（见图 6 - 4）。

依据各个聚类区内部乡镇标准化后的 11 个指标值，计算区域各指标的平均值，最后计算土地生态承载力、土地利用效益和强度及土地开发潜力三个目标层数值。

土地生态承载力值等于人均生态承载力值减去石漠化率减去单位耕地面积化肥及农药排放量。

土地利用效益及强度值等于地均乡镇财政收入加上单位面积第一产

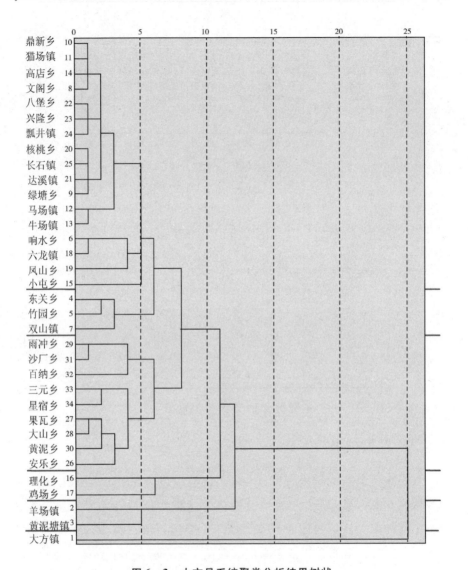

图 6 - 3　大方县系统聚类分析结果树状

业收入加上建设用地比例加上农用地比例。

土地开发强度值等于单位面积粮食产量加上二、三产从业人口比例减去旱地面积比率加上交通运输用地比例。

最终通过标准化法得到各聚类区目标层标准化数值如表 6 - 5，表中的数据越大代表情况越乐观，正值代表优于县域平均水平，负值代表

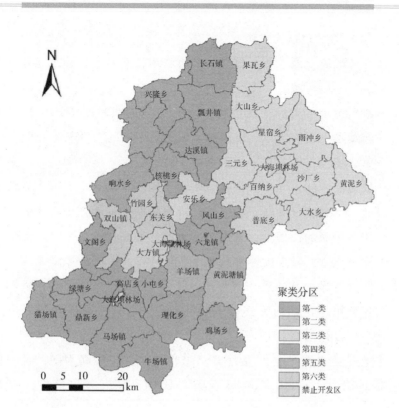

图 6 - 4　大方县聚类分区

差于县域平均水平。

表 6 - 5　　　　　　　　　　各聚类区目标层标准化数值

聚类分区	土地生态承载力	土地利用效益及强度	土地开发潜力
第一类	- 0.6214	0.0854	- 0.3633
第二类	- 1.7627	3.3641	1.1238
第三类	1.9126	- 3.6502	- 0.9775
第四类	- 1.3103	2.1793	2.4248
第五类	0.3274	3.1686	0.5973
第六类	0.6045	10.6122	5.5580

　　根据表 6 -5，各聚类区的土地生态承载力、土地利用效益和强度及土地开发潜力状况分析如下。

1. 第六类（包括大方镇）

这类区域的土地生态承载力、土地利用效益及强度和土地开发潜力均远大于其他类区域。

土地生态承载力标准化值为 0.6045，居于县域平均水平，说明该区域发展基本不受资源与环境限制。因为该区域的人口密度为 915.7 人/平方公里，相当于大方县平均水平的 3 倍，故而各类用地的人均占有面积小导致该区域的人均生态承载力略低于区域平均水平，但大方镇的石漠化率低，生态状况良好，能够进行规模化的工业生产。在农业生产方面控制农药化肥的使用量，未造成严重的环境污染。

土地利用效益及强度标准化值为 10.6122，居于县域最高水平，说明该区域现有发展基础最好。大方县地均乡镇财政收入、单位面积一产收入和建设用地比例均为县域最高，说明其农业和非农业的发展现状好，城乡建设强度高。

土地开发潜力标准化值为 5.5580，居于县域最高水平，说明该区域的发展潜力大。二、三产从业人口比例高，大方镇常住人口数为91859 人，其中超过 10% 为外来务工人口，有较强的人口迁入引力，城镇化率为 73%，远超过全县 20% 的城镇化率水平，交通运输用地比例远高于其他乡镇，说明大方镇的非农业发展潜力大。在农业发展方面，该类区域单位面积粮食产量高于县域平均水平，旱地面积比率低，说明大方镇的粮食生产能力强，生产条件好。

2. 第五类（包括羊场镇、黄泥塘镇）

羊场镇及黄泥塘镇的土地生态承载力、土地利用效益及强度和土地开发潜力三个目标层指标均低于第六类大方镇，但三个指标值均大于0，即大于县域的平均水平，其发展限制较小，发展基础较好，发展潜力较大。

土地生态承载力标准化值为 0.3274，说明该区域发展同样基本不受资源与环境限制。该区域包括两个镇，羊场镇的石漠化率低，生态状况良好，但黄泥塘镇的石漠化率高，需要注意以退耕还林等形式加强生态建设。在农业生产方面控制农药化肥的使用量，以免造成环境污染。

土地利用效益及强度标准化值为 3.1686，居于县域较高水平，说明该区域现有发展基础良好。该区域的两个镇是正在进行产业升级的农业生产区，这两个镇的地均乡镇财政收入、单位面积一产收入及建设用地比例均为县域较高，说明其农业和非农业的发展现状较好，城乡建设强度较高。

土地开发潜力标准化值为 0.5973，略高于县域一般水平，说明该区域的发展潜力中等。该类区域二、三产从业人口比例高，有超过20% 以上的农村劳动力外出务工，外出务工所得提高了地均乡镇财政收入。由于农业效益低，农民从事一产生产的热情不高，所以尽管该类区域旱地面积比例低，农业生产条件有一定优势，但是该区域单位面积粮食产量仍低于县域平均水平，在日后合理的政策引导下，该区域有较乐观的农业产业化发展潜力。

3. 第四类（包括理化苗族彝族乡、鸡场乡）

理化苗族彝族乡和鸡场乡生态承载力低于县域平均水平，但土地利用效益及强度、土地开发潜力较大。

土地生态承载力标准化值为 −1.3103，说明该区域发展受资源与环境限制。这两个乡均是典型的农业乡，但石漠化率高，单位耕地面积化肥及农药排放量过多，导致了资源环境的瓶颈。

土地利用效益及强度标准化值为 2.1793，略低于羊场镇和黄泥塘镇，现有农业发展基础较好。烤烟是这两个乡的主要经济作物，是第一产业收入和财政税收的主要来源，故该类区域的单位面积第一产业收入较高，但地均乡镇财政收入低于县域平均水平，说明该区域二、三产业薄弱。

土地开发潜力标准化值为 2.4248，仅次于大方镇，说明该区域的发展潜力较大。作为农业大乡，这类区域，尤其是鸡场乡的单位面积粮食产量高，烤烟等经济作物的大量种植、肉鸡养殖等养殖业的发展，使得该区域在深化农业产业结构调整，建立烟草农业产业园区方面潜力大。

4. 第三类（包括雨冲乡、沙厂彝族乡、百纳彝族乡、三元彝族苗族白族乡、星宿苗族彝族仡佬族乡、果瓦乡、大山苗族彝族乡、黄泥彝族苗族满族乡和安乐彝族仡佬族乡）

这类区域生态承载力为县域最高，但土地利用效益及强度、土地开发潜力均为县域最低。

土地生态承载力标准化值为1.9126，说明该区域发展不受资源与环境限制。这个区域共包括7个乡，其中5个乡为少数民族聚集乡，该区域人口密度小，人均生物生产面积大，故而人口生态承载力高。该区域地形复杂，石漠化率较高，农民对化肥和农药的使用量不大。

土地利用效益及强度标准化值为−3.6502，各产业发展水平均低。由于该区域山高坡陡、土地贫瘠，地均乡镇财政收入、单位面积一产收入、建设用地比例及农用地比例均远低于县域平均水平。

土地开发潜力标准化值为−0.9775，说明该区域的发展潜力小。旱地面积比例高、单位面积粮食产量低说明该区域农业发展潜力低。虽然二、三产业从业人口比例较高，但30%以上的乡民均外出务工，各个乡的二、三产业发展动力不足，交通运输用地比例低。

5. 第二类（包括东关乡、竹园彝族苗族乡、双山镇）

这类区域生态承载力为县域最低，但土地利用效益及强度仅次于大方镇，土地开发潜力高于县域平均水平。

土地生态承载力标准化值为−1.7627，说明该区域发展严重受资源与环境限制。这类区域包括的三个乡镇人口密度比县域平均水平高出100人/平方公里，人均生物生产面积小，土地生态承载力低。石漠化现象极其严重，为了获得高产出，不顾及生态条件而大量使用农业和化肥，造成了严重的环境污染。

土地利用效益及强度标准化值为3.3641，二、三产业发展基础好。由于该区域山高坡陡、土地贫瘠，地均乡镇财政收入、单位面积一产收入、建设用地比例及农用地比例均远低于县域平均水平。

6. 第一类（包括响水白族彝族仡佬族乡、文阁乡、绿塘乡、鼎新彝族苗族乡、猫场镇、马场镇、牛场苗族彝族镇、高店乡、六龙镇、凤山彝族蒙古族乡、核桃彝族白族乡、达溪镇、八堡彝族苗族乡、兴隆苗族乡、瓢井镇和长石镇）

这类区域生态承载力、土地利用效益及强度和土地开发潜力均处于县域平均水平。由于这类区域包含的乡镇数量过多，情况复杂，将在下文中进行具体分析。

四　小结

在选取土地生态承载力、土地利用效益及强度和土地开发潜力三个目标层 11 个相关指标构建大方县主体功能区划分指标体系后，运用系统聚类分析的方法，对大方县（除位于国家禁止开发区的区域）的乡镇进行定性聚类分区，结果得到 6 类区域：第一类包括位于西部的 17 个乡镇；第二类包括位于中西部的双山镇等 3 个乡镇；第三类包括位于东北部的 9 个乡镇；第四类包括位于东南部的理化乡和鸡场乡 2 个乡镇；第五类包括位于东中部的羊场镇和黄泥塘镇 2 个乡镇；第六类包括位于中部的大方镇。最后，在定性聚类的结果基础上，对各分区的目标层数据进行分析。

第四节　基于主体功能区规划的大方县土地开发建设适宜程度分析

颁布主体功能区规划的根本目的是确定各个区域的适宜开发程度，确定各个区域资源环境承载能力是否适宜大规模、高强度工业化城镇化开发。上半部分的分区主要注重从城镇化、工业化等经济及产业体系方面进行区域划分，而这一部分要从自然资源的承载和禀赋方面来论证各地区的开发适宜性，是对之前区划研究的补充和延伸。基于主体功能区规划的主旨，在对大方县进行土地利用分区后的科学问题是，如何确定这些分区的主体功能，以及确定各个分区自然资源的适宜开发建设程度，故而本章需进行大方县的土地开发建设适宜程度分析，为优化各分区的土地利用模式提供合理依据。对县域进行土地利用聚类定性分区后，从地形地貌因素、地质条件、生态敏感性及交通区位四个自然条件方面分析各乡镇的开发建设适宜程度，为确定大方县不同土地利用分区的主体功能、土地合理开发程度和土地利用模式优化提供定量依据。可见，本部分起到承上启下的作用，从自然条件方面补充偏重于经济及产业方面的区划研究，为土地利用模式优化提供依据。

一　指标选取与权重确定

推进形成主体功能区规划，就是依据不同区域的资源环境承载能力、现有开发强度和发展潜力，确定不同区域的主体功能，并据此明确开发方向。无论是资源环境承载能力，还是发展潜力，都与区域自然状况的开发适宜建设程度密切相关，自然资源是一切发展建设的基础，因而，从地形地貌因素、地质条件、生态敏感性及交通区位四个方面计算各乡镇的开发建设适宜程度，是对功能分区的有力补充和必要延伸。

土地开发建设适宜性评价分析是对区域的坡度高程、地质条件、生态环境等影响城市建设和大规模土地开发的因子进行量化、加权和分级评价的过程，其目的是分析和识别区域自然条件对城市建设发展的空间制约，在自然可能、工程可行的条件下，确定区域日后可开发建设区域布局。结合前人已有研究及研究区自身情况，从地形地貌条件、生态敏感性因素、特殊限制条件及交通区位条件四个方面选取评价要素。根据数据的可获性、指标的独立性及有效性等原则，对四个评价因素分别选取相应的评价因子，对每个评价因子，分别用7、5、3、1表示其对土地开发建设适宜程度的高低。在最终加权各因子得到综合评价值时，具体评价因素、因子的权重采用专家打分法，由大方县各职能部门专家确定，具体的取值情况见表6-6。

表6-6　　　　　　　　土地开发建设适宜性评价指标体系

评价因素	评价因子	二级权重	一级权重
地形地貌因素	坡度	0.6	0.4
	高程	0.4	

评价因素	评价因子	二级权重	一级权重
地质条件	地质灾害危险度	0.5	0.2
	矿产资源区	0.5	
生态敏感性因素	水源涵养	0.4	0.3
	植被条件	0.3	
	土地利用现状	0.3	
交通区位条件	交通区位因素	1	0.1

二　单因素评价

(一) 地形地貌因素

1. 高程

大方县地形地貌以中山山地地貌为主，平均海拔 1559 米，绝大部分县域高程超过 1000 米，根据该地区的地形特征，利用密度分割法将全区高程分为四级，700—1200 米为第一级、1200—1500 米为第二级、1500—1800 米为第三级、1800—2400 米为第四级，按照高程对发展适应性的影响程度，分别赋值 7、5、3、1（图 6-5）。就高程单一因素进行评价，大方县中部隆起，东北部和西南部绝大部分地区海拔超过 1800 米，中部等海拔低于 1200 米的区域面积不到 1/4。

2. 坡度

一般来说，地表坡度是城市建设和空间分布的重要影响因素，为了减少工程量及投资，城市建设多不拘于坡度较小的平坦地区。大方县山峦重叠、沟谷纵横，土地坡度变化大，按照坡度将县域分为四个等级：0—15 度为第一级、15—25 度为第二级、25—35 度为第三级、35 度以上为第四级别，按照坡度对发展适应性的影响程度，分别赋值 7、5、3、1（图 6-6）。就坡度单一因素进行评价，大方县坡度低于 15 度的地区占县域面积的 16.49%，15—25 度之间为 34.2%，25 度以上地区面积占县域面积的近一半，与高程分布状况相关，坡度较低的区域主要集中在中西部双山镇和文阁乡等地区。

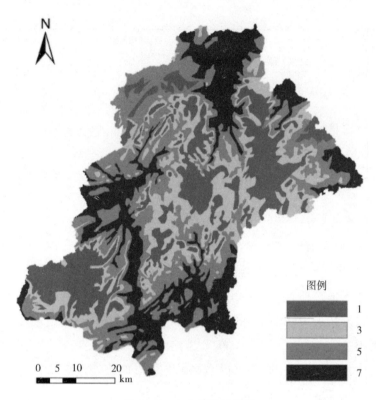

图 6 - 5　大方县高程分级

（二）地质条件

1. 地质灾害危险度

在建设开发过程中，应当考虑地质灾害因素，对于地质灾害严重频繁或者可能发生的地区，应该限制开发。贵州省大方县的主要地质灾害为地震等灾害引起的滑坡，区域内有三个地震发生点，多个地震断裂带，主要集中在东南部和西北部。根据前人的已有研究，依据地形地貌、工程地质岩组、断裂构造作用、河流切割程度、年均降雨量及历史地质灾害分布密度等指标对贵州省进行的主要地质灾害危险度区划研究，大方县东侧大部分区域为灾害偶发区，灾害低密度分布（0.5—1 个/100km²），以单个灾害为主，一次灾害可造成 10—30 人伤亡，以及 500 万—1000 万元的直接经济损失；西南部小部分区域为灾害基本不发育区，灾害极少分布（<0.5 个/100km²），偶然发生单

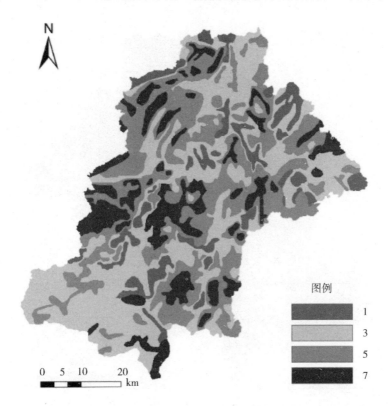

图 6 - 6　大方县坡度分级

个灾害，一次灾害可造成极少人数伤亡，以及很少的直接经济损失。故而将东部地质灾害偶发区赋值 5，西南部灾害不发育区赋值 7 （图 6 - 7）。

2. 矿产资源

大方县是矿产资源大区，经勘查发现的主要矿产有煤、铜、汞、硫铁矿、水泥原料（灰岩及配料）、饰面用灰岩、冶金用砂岩、耐火黏土、高岭土、粉石英和坡缕石 11 种。共发现矿区及矿点 39 处。煤是全县优势矿产，也是全省无烟煤重要产区之一，探明储量 78.1 亿吨，仅次于毕节市的织金县。煤矿主要分布于全县的中部和西部，分布面积约占全县总面积的 80% 以上。大方县火电厂是贵州省"西电东送"的战略部分，大方县应充分发挥资源优势，对矿产资源有效地开发和合理利用。大方县的矿产资源开发区多集中于中部地区，故而

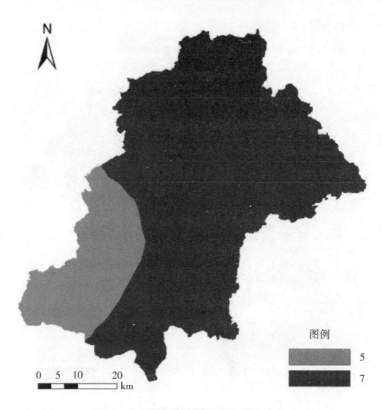

N

图例

5

7

0 5 10   20
km

图 6 - 7 大方县地质灾害危险度分级

中部地区发挥资源优势较大，但考虑到矿山企业易对周边生态环境产生不同程度的破坏及环境污染，所以适当降低其适宜开发建设适应性评价的影响，将资源开发区赋值 3，对非资源开发区赋值 1（图 6 - 8）。大方县资源开发区集中在中东部的凤山乡、六龙镇和安乐乡，但就目前开采情况来讲，大方县的矿产开发粗放，已造成了较严重的环境问题。

（三）生态敏感性因素

1. 水源涵养

水源及河流是城市的命脉，五位一体地建设美丽城市，生态文明建设必须贯穿于经济社会发展之中。大方县虽然地表水资源丰富，但由于喀斯特地层存不住水，高原山地使得山高水低，而且水资源空间分布不

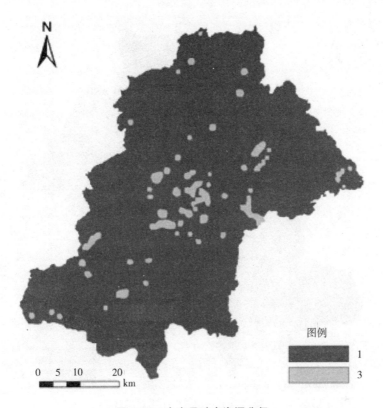

图例

■	1
▨	3

0 5 10   20
▬▬▬▭▭▬▬▬ km

图 6 - 8 大方县矿产资源分级

均，故而开发难度大，加大了生态敏感度，故而需要对水源及河流进行
保护。县境河流均属长江流域，共计 20 余条，分属赤水河水系的主要
有马洛河、第尔河和油沙河等，分属乌江水系的主要河流有下洞河、乌
溪河和落脚河等。大方县城现有供水水源宋家沟水库、小箐沟水库、大
方东风电站水库和移山水库等，依据国家及其他省份的相关规定，对提
取后县域内的水源建立 100 米、200 米及 500 米的缓冲区，距离水源越
近，其适宜建设程度越低，依据宜建性大小，分别赋值 7、5、3、1
（图 6 - 9）。大方县各级别的水源涵养区域面积不及区域总面积的 10%，
且南北分布不均，中南部的水域面积大于北部。

2. 植被覆盖

大方县海拔普遍偏高，坡度普遍偏大，这样的地形地貌条件决定了

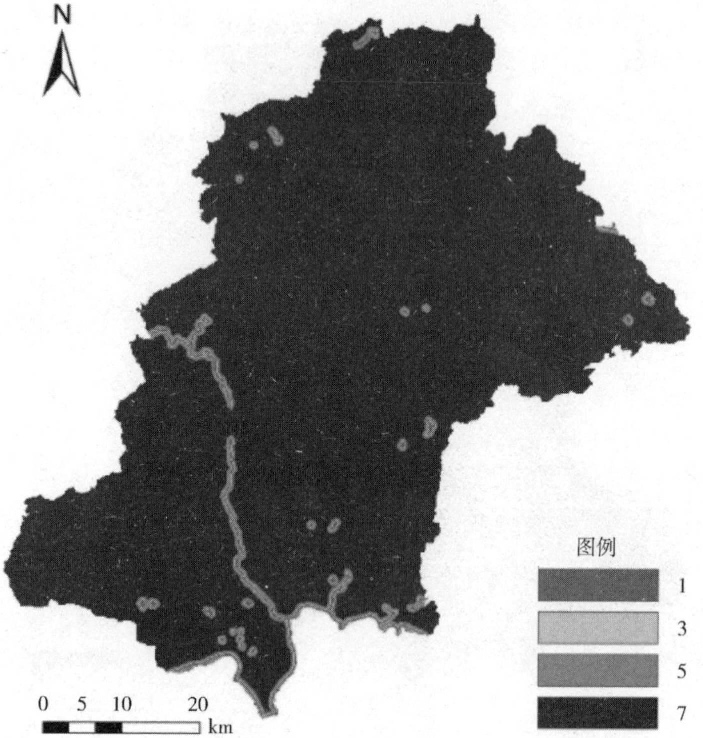

图 6 - 9　大方县水源涵养分级

在进行开发建设时，必须考虑植被因素，注重对林地的保护，以减少由于植被破坏而导致的水土流失、土壤侵蚀等其他灾害。根据大方县的植被条件，提取归一化植被指数（NVDI），利用密度分割法将全区植被指数分为四级：0.6—0.75、0.3—0.6、0.3—0.15、0.15—0，分别赋值7、5、3、1（图 6 - 10）。大方县超过一半的面积植被指数超过0.3，北部和南部的森林覆盖率相对较低。

3. 土地利用现状

不同的现有土地利用类型转变为建设用地的适宜程度及转化为城镇用地的成本具有极大差异，因此，在进行宜建性评价时要充分考虑现有土地利用类型，根据不同的土地利用类型确定适宜性特征。根据大方县的遥感影像图进行目视解译，按照开发建设难度，将土地利用类型分为四

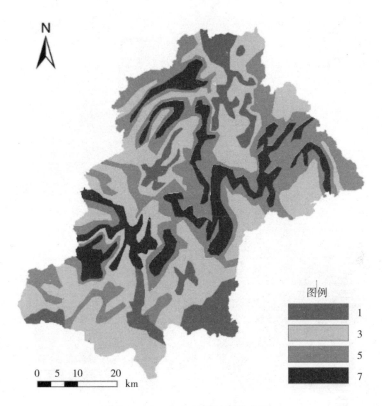

图 6 – 10 大方县植被覆盖分级

类：建设用地、农业用地、山林和水域，对四种类型的现有用地类型分别赋值 7、5、3、1（图 6 – 11）。大方县的建设用地面积占县域面积的 2.84%，且分散于耕地内部，未形成成片建设开发区。林地面积大，超过 60%。

（四）交通区位条件

交通条件的可及性对土地开发建设有极大的影响，大方县内现有贵毕高速、大纳公路、G326、S209 及 S211 等干线公路，县道乡村公路基本成网，实现了乡乡通公路。按照铁路、二级公路、三级公路、四级公路及等外道路、火车站、客车站和响水飞雄机场进行分级。二级公路的影响范围大于三级公路，三级公路大于四级公路，另外，对县域内火车站与客车站点也依据前人经验做缓冲区（图 6 – 12）。依据四种公路的类型及级别的差别分别建立缓冲区，建立缓冲区的范围及赋值如表 6 – 7，

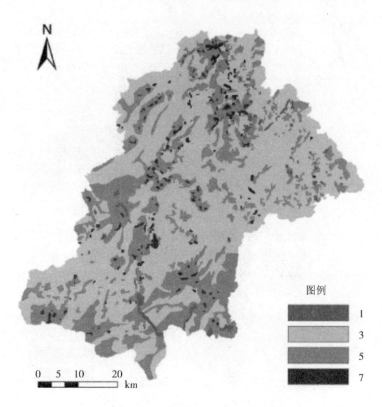

图 6-11　大方县土地利用现状分级

对建立好的缓冲区进行栅格转换，用栅格计算器对转换后的四张栅格图进行叠加计算，叠加后按照叠加和重分类，叠加和 28—16、16—12、12—8、8—4 分别为第一类、第二类、第三类和第四类，赋值 7、5、3、1（图 6-13）。根据分级结果，可知中部的大方县、羊场镇和黄泥塘镇等的交通区位条件好。

表 6-7　　　　　　　　不同交通设施缓冲区范围及影响因素

缓冲区（km）影响因素	二级公路	三级公路	四级公路	等外公路	火车站	客车站	飞机场
7	0—2	0—1.5	0—1	0—0.5	0—1	0—1	0—1
5	2—4	1.5—3	1—2	0.5—1	1—2	1—2	1—2
3	4—6	3—4.5	2—3	1—1.5	2—3	2—3	2—3
1	>6	>4.5	>3	>1.5	>3	>3	>3

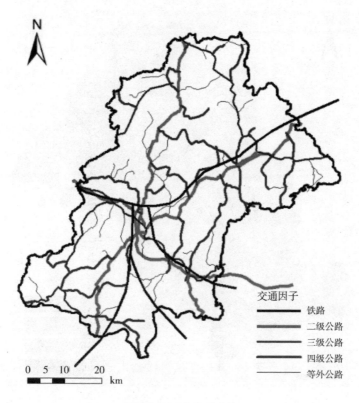

图 6 – 12 大方县交通

三 开发建设适宜程度评价

在进行单因素评价后，将八个矢量化的评价因子图做栅格转换，应用 ArcGIS 软件的栅格计算器对八幅栅格图按表 6 – 6 的权重进行叠加计算，按照自然断点法对叠加结果进行重分类，得到开发建设适宜程度评价结果（图 6 – 14）。

根据自然断点法得到的开发建设适宜程度分类结果。开发建设适宜程度在 4.16—5.42 的区域开发建设适宜程度最高。这一区域的面积占研究区总面积的 16.77%，主要集中于中部大方镇、双山镇、竹园乡、羊场镇、黄泥塘镇、理化乡和鸡场乡北部地区等，形成了连片的开发适宜区域。另外，西北部的核桃乡和八堡乡、南部的马场镇部分区域的开

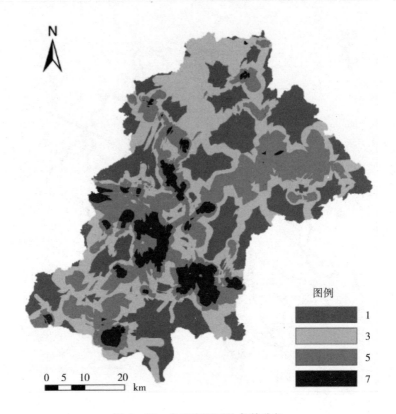

图 6 – 13　方县交通区位条件分级

发建设适宜性强。

　　开发建设程度在 3.61—4.16 的区域开发建设适宜程度较高。这一区域的面积占研究区总面积的 32.84%，分布在中部开发适宜程度最高区域的安乐乡、凤山乡、响水乡、文阁乡、小屯乡、理化乡和鸡场乡的南部地区等以及西北方向的长石乡、瓢井镇和东北方向百纳乡和沙场乡。

　　开发建设程度在 3.14—1.65 的区域的开发建设适宜程度一般或限制这两类区域的面积占研究区总面积的 50.39%，集中在县域的正北和南部区域。位于该区域内的乡镇开发建设受到一定程度的自然限制。

　　此时的建设适宜性评价图是以图斑为单元进行计算的，而此后的经

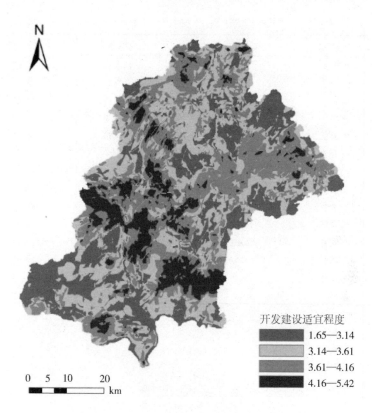

图 6 – 14 大方县开发建设适宜程度分级

济、社会数据均只能以乡镇为单元进行统计，为了保持可比性，需要将以图斑为评价单元的建设适宜性评价图进行分区统计（Zonal Statistics），在 ArcGIS 平台上，以大方县乡镇界限为分区边界统计乡镇内适宜性平均值，将平均值作为该乡镇开发建设适宜程度（图 6 – 15）。

在 ArcGIS 软件中输出各乡镇的开发建设适宜程度均值属性表（表 6 – 8）。

表 6 – 8 各乡镇开发建设适宜程度均值

	乡镇名称	开发适宜程度		乡镇名称	开发适宜程度
1	猫场镇	2.97	18	文阁乡	3.63
2	鼎新乡	3.08	19	理化乡	3.64
3	绿塘乡	3.1	20	凤山乡	3.65

续表

	乡镇名称	开发适宜程度		乡镇名称	开发适宜程度
4	星宿乡	3.21	21	长石镇	3.66
5	牛场乡	3.28	22	安乐乡	3.68
6	高店乡	3.3	23	小屯乡	3.69
7	雨冲乡	3.37	24	八堡乡	3.73
8	大山乡	3.38	25	六龙镇	3.74
9	三元乡	3.41	26	核桃乡	3.76
10	鸡场乡	3.46	27	沙厂乡	3.76
11	黄泥乡	3.46	28	百纳乡	3.77
12	响水乡	3.46	29	黄泥塘镇	3.79
13	瓢井镇	3.49	30	羊场镇	3.79
14	兴隆乡	3.49	31	东关乡	3.87
15	达溪镇	3.5	32	竹园乡	3.98
16	马场镇	3.53	33	双山镇	4.01
17	果瓦乡	3.55	34	大方镇	4.1

图 6-15　乡镇开发建设适宜程度

　　此时虽然得到了各个乡镇的开发建设适宜程度均值，能从数值大小比较中分析出各个乡镇的适宜开发建设等级，但是不能通过观察各个乡镇的数值得出该乡镇的适宜程度是高于、低于还是相似于县域平均水平，不利于进一步分析，故而，对以上各乡镇的开发建设适宜程度均值进行过 z-score 标准化转换，得到各乡镇开发建设适宜程度标准化值（表 6 - 9）。标准化值大于 0 代表高于县域平均水平，小于 0 代表低于县域平均水平，数值越大，代表适宜性越强。

表 6 - 9　　　　　　　　各乡镇开发建设适宜程度标准化取值

	乡镇名称	开发适宜性标准化值		乡镇名称	开发适宜性标准化值
1	猫场镇	- 2.25746	18	文阁乡	0.23675
2	鼎新乡	- 1.84176	19	理化乡	0.27454
3	绿塘乡	- 1.76618	20	凤山乡	0.31233
4	星宿乡	- 1.35047	21	长石镇	0.35012
5	牛场乡	- 1.08594	22	安乐乡	0.4257
6	高店乡	- 1.01035	23	小屯乡	0.4635
7	雨冲乡	- 0.74582	24	八堡乡	0.61466
8	大山乡	- 0.70803	25	六龙镇	0.65245
9	三元乡	- 0.59465	26	核桃乡	0.72803
10	鸡场乡	- 0.4057	27	沙厂乡	0.72803
11	黄泥乡	- 0.4057	28	百纳乡	0.76582
12	响水乡	- 0.4057	29	黄泥塘镇	0.84141
13	瓢井镇	- 0.29232	30	羊场镇	0.84141
14	兴隆乡	- 0.29232	31	东关乡	1.14373
15	达溪镇	- 0.25453	32	竹园乡	1.55944
16	马场镇	- 0.14116	33	双山镇	1.67281
17	果瓦乡	- 0.06558	34	大方镇	2.01293

　　大方县域内 36 个乡镇中，普底乡、大水乡及大海坝林场为国家级、省级禁止开发建设区域。西南部与东北部的乡镇因为海拔高、坡度大、生态敏感度高、交通区位条件差而导致开发建设适宜性最低，但是这两个区域的旅游资源较为丰富，在发展建设时可以扬长避短，因地制宜地发展旅游产业，下文将做进一步分析。北部及西北部的乡镇地势较平

坦，地形地貌条件较好，建设适宜度高于南部和东北部的区域。中部的大方镇、双山镇、竹园乡、东关乡、羊场镇及黄泥塘镇区片的适宜程度最高，但相对于最高适宜分值 7 来讲，该区域开发建设的自然地质条件仍受一定限制，故而遵循主体功能区规划的主旨，在进行开发建设时，注重资源环境的承载力是至关重要的（表 6 - 9）。

四 本节小结

全国主体功能规划的首要理念是根据自然条件适宜性进行开发。不同的国土空间，自然状况不同。海拔高、地形复杂、气候恶劣等生态脆弱或生态功能重要的区域，并不适宜大规模高强度的工业化城镇化开发，有的区域甚至不适宜高强度的农牧业开发。否则，将对生态系统造成破坏，对提供生态产品的能力造成损害。因此，必须尊重自然、顺应自然，根据不同国土空间的自然属性确定不同的开发内容。可见，主体功能区的划分一定要建立在自然条件特征的基础上，本节探索了研究区自然条件对开发建设的适宜程度。通过选取地形地貌、地质条件、生态敏感度及交通区位四类因素判定大方县不同乡镇的未来最可能、最适宜的开发程度。研究发现，以大方镇为代表的中部区域适宜性最高，以猫场镇和星宿乡为代表的区域适宜性最低。另外，即使是研究区内适宜程度最高的大方镇，其自然条件对开发建设的限制也较大，生态敏感度高，故而依据主体功能区的思想，从区域资源环境承载力、现有开发强度和开发潜力三方面对大方县进行功能分区，因地制宜地开发建设具有极大的现实意义。

第五节　大方县土地利用模式优化

综合定性的聚类分区及定量的土地建设开发适宜程度评价两者结合，本节将就大方县各主体功能区划分依据和主体功能，对土地利用模式进行优化。

一　大方县主体功能区划分及主体功能确定

在本章第三节的大方县区划分析中，最后根据聚类分区结果，大方县共被分成 6 类（图 6-3），对于一个县级行政区，聚类区过多不利于各区域主体功能确定。根据全国及贵州省的主体功能区规划，大方县乡镇除位于百里杜鹃风景名胜区的普底乡和大水乡外均为黔中地区重点开发区。但是根据上文的分析可知，大方县各个乡镇间经济发展水平相差较大，一些乡镇资源状况好，发展基础强，区位条件好，具有重点开发潜力，但是还有大部分区域基础薄弱、发展受限、不适宜大规模的工业开发建设，故而，在县级以下的主体功能分区中，应进一步细分细化。将发展潜力大的乡镇作为重点发展区域，将发展受阻的乡镇作为限制开发区域。对限制开发区域，根据发展限制方向再次细分，对于有一定产业基础，在注意生态保护的同时，能进行大规模开发建设的区域列为城镇化潜力区；对于产业基础薄弱、自然条件不适宜进行大规模开发建设的区域列为新农村建设区。

在第三节的聚类分区结果中，第六类（大方镇）、第五类（羊场镇、黄泥塘镇）及第二类（双山镇、竹园镇、东关乡）的现有土地利用效益及强度、土地开发潜力均强于区域平均水平。结合第四节的建设开发适宜程度评价结果，这三类 6 个乡镇的建设适宜值为大方县最高。另外，第四类（理化乡、鸡场乡）的 2 个乡镇虽然土地开发建设适宜程度为中等水平，但是，其土地利用效益及潜力较大。故而通过两者的综合评定，将这 8 个乡镇列为大方县的重点发展区。该区域的主体功能是提供工业品和服务商品，其他功能是提供农产品和生态产品（图 6-16）。

在第三节的聚类分区结果中，第一类包括文阁乡、小屯乡、绿塘乡和猫场镇等 17 个乡镇，基本覆盖了大方县西部的全部区域，总的来说，该区域土地利用效益及强度不高，土地开发潜力较大，土地生态环境发展限制较大。就实际情况来讲，这一类包含的乡镇发展情况和发展方向并不完全一致，故而参考土地开发建设适宜程度评价结果，对第一类的乡镇做了进一步的分类：位于第一类中部，重点发展区附近的 7 个乡

图 6 – 16 大方县聚类分区及适宜程度评价叠加

镇，地形地质条件最优，标准化后的平均土地开发建设适宜程度为
0.37，土地利用效益及土地开发潜力均高于县域平均水平，但低于重点
发展区；位于第一类南部的 6 个乡镇，海拔高、地形多变，土地开发建
设适宜程度标准化值为 – 1.35，为县域最不适宜大规模工业开发建设的
区域，但是该区域旅游资源丰富，故而其财政收入较高，土地利用效益
及强度大，在加大该地区的交通设施建设，有效引导农村人口依托旅游
景区的发展向服务业转移的发展力度后，该区域将成为大方县旅游产业
的快速发展地区；位于第一类北部的 4 个乡镇，土地开发建设适宜程度
略低于县域平均水平，不适宜大规模地进行工业开发建设，二、三产业
不发达，但交通条件良好，农业从业人口多，亩产高，具有形成特色农
业产业园区的潜力。综上，将这 17 个乡镇列为大方县的城镇化潜力区。
该区域的主体功能是提供能源和特色产业服务，其他功能是提供农产品

（表 6 - 10、图 6 - 16）。

表 6 - 10　大方县（除禁止开发区外）主体功能区相关指标（标准化值）

主体功能区	范围	土地开发建设适宜程度（标准化）	土地生态承载力（标准化值）	土地利用效益及强度（标准化值）	土地开发潜力（标准化值）
重点开发区	第六、五、四、二类聚类区	0.99	- 0.83	3.93	1.87
城镇化潜力区	第一类聚类区	- 0.05	- 0.62	0.09	0.36
新农村建设区	第三类聚类区	- 0.22	1.91	- 3.65	- 0.98

在本章第三节的聚类分区结果中，第三类包括安乐彝族仡佬族乡、大山苗族彝族乡、果瓦乡等 9 个乡镇，其中 7 个为少数民族聚集乡镇。海拔高、交通条件差，土地开发建设适宜程度为 - 0.22，低于县域平均水平，不具备大规模工业开发建设的地质地貌条件。该区域已有土地利用效益及开发潜力均为县域最低，虽然土地生态承载力因人口数量少而较大，但是该区域非农业产业基础薄弱，小地貌类型多而复杂，因而工业发展限制大，土地开发潜力小。综合评价后，将该聚类区定位为新农村建设区，限制大规模的工业开发建设，主体功能是提供生态产品和农产品，其他功能是提供民族旅游服务（表 6 - 10、图 6 - 17）。

二　重点发展区土地利用模式优化

重点发展区包括大方镇、羊场镇、黄泥塘镇、双山镇、竹园镇、东关乡、理化乡和鸡场乡 8 个乡镇。

重点发展区的地质地貌等自然条件良好，平均土地开发建设适宜程度标准化值为 0.99，相对于其他功能区为县域最高水平。土地利用效益及强度标准化值为 3.93，平均土地开发潜力标准化值为 1.87，均远大于大方县的平均水平（表 6 - 10）：地均乡镇财政收入及单位面积第一产业收入明显高于其他区域，建设用地比例、交通运输用地比例相对其他区域高，说明其二、三产业相对较发达。虽然其化肥农药的排放量高、林地面积比例相对较小导致生态承载能力小于县域平均水平，但若该区域坚持选择环境友好型发展方式，保证城镇化进程中的人口、生态

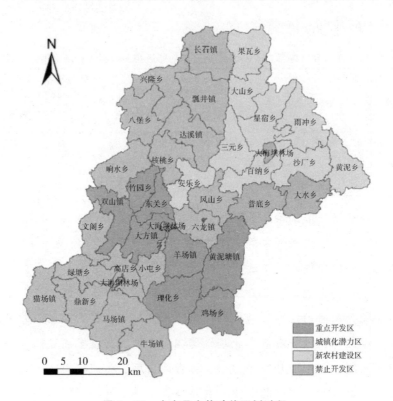

图6-17 大方县主体功能区划过程

及经济协调发展，将会成为县域城镇化动力最强的重点发展区域，对周围地区发挥经济辐射带动作用。

该区土地利用模式优化建议措施为：作为大方县重点城市化的地区，应以土地的集约利用、生产结构调整促进经济快速发展为最终目标，通过产业集聚提高土地利用率，来缓解经济发展带来的用地矛盾和生态环境压力。故而重点开发区应坚持大集中的发展思路，选择产业集聚型土地利用模式。在本区域农业和非农业发展优势基础上，加大农业基础设施投入，提高森林覆盖率。利用理化乡和鸡场乡现有农业优势，加快农业产业园区建设，发展生态畜牧业和中药现代生产基地，以扭转水土流失严重、化肥农药排放量过高、生态恶化的局面。以现有重点龙头企业为基础，调整优化食品产业布局，在大方镇、羊场镇、双山镇规划相关工业区，以刺梨制品、辣椒制品、豆制品等为重点，培育特色食品产业集群。围绕生态环境保护和发达的种植优势，加快发展民族药业、特色农产品等绿色产业，重点建设中药材加工、食品加工项目。加大二、三产业供地量，发挥该区域以煤矿为主的矿产资源集聚特色优势，打造循环产业集群。通过建立金龙新区、东关产业园等工业产业基地，加大产业科技投入，疏解旧城人口，加快整合发挥资源产业集群优势，延长产业链条。但是需要注意的是，前人研究表明，土地利用生态环境效益的好坏直接与工矿用地的使用及能耗的高低有关，因此，对处于工业化初期的该区域，在日后的发展中应选择环境友好型战略，保证城镇化进程中人口、生态和经济的协调发展。

逐步完善双山高新技术产业园区、大方东关产业园区（含毕节试验区食品药品产业园），依托杭瑞高速，培育电子信息产业发展，依托科教园区的人才培育和科技研发，以高新技术为基础，引进高科技、高产出、低能耗及低污染的现代化企业，形成产学研一体化的高新技术产业基地。为日后的产业升级和承接发达地区产业转移奠定基础。

以黄泥塘镇、羊场镇为基础形成第三产业服务走廊，促进该区域的经济快速发展。建立依托高速公路出口、机场等重大交通设施的物流基地，承接毕节地区的物流集散和加工服务职能，发展现代物流和加工工业，为双山产业基地和周边工业发展组团提供物流配送服务，完善该区域的产业服务链。同时，配套居住、商业等服务职能，引进现代物流管理技术，依托铁路，强化竹园物流园区作用力。

另外，加强以"奢香故里"为核心的旅游资源开发，利用已有较好的交通区位条件和品牌影响力，充分利用市场原则，引导和鼓励社会资金投入旅游开发，构建旅游区游客集散地、旅游信息服务与游客接待中心、旅游组织中心及古彝文化展演中心等，带动区域旅游业从单纯观光向复合型需求转变。

根据《全国主体功能区规划》的理念，该区域作为大方县域内的重点发展区，应更加注重与毕节中心城区的一体化统筹发展，依托区域高快速路网建设，有效组织与外部交通联系，同时对大方县域内及周围其他区域发挥经济辐射带动作用。依托与毕节市一体化发展，强化该区域的吸引力和凝聚力，强化该区域各乡镇的协同集聚发展力，构建未来区域性中心城镇。根据该区域人口、经济、产业、交通及用地等多方面的比较优势，形成密集的发展集聚中心，集中大方县乃至毕节地区的交通廊道、居住和服务功能，带动周边城镇发展，促进就业，增加收入，提高贫困地区经济的自我造血能力。

表6－11 重点发展区相关指标值（标准化值）

乡镇	土地开发建设适宜程度	土地生态承载力	土地利用效益及强度	土地开发潜力
大方镇	2.01293	0.60453	10.61215	5.55802
双山镇	1.67281	－0.53227	2.69908	2.47616
羊场镇	0.84141	1.73355	2.63566	0.38232
竹园乡	1.55944	－2.17992	3.45481	0.69607
东关乡	1.14373	－2.57598	3.93843	0.19926
黄泥塘镇	0.84141	－1.07869	3.70145	0.81223
理化乡	0.27454	－2.87716	2.78374	0.82067
鸡场乡	－0.4057	0.25663	1.57484	4.02892
平均	0.992571	－0.83116	3.92502	1.871706

三 城镇化潜力区土地利用模式优化

城镇化潜力区包括文阁乡、小屯乡、绿塘乡和猫场镇等17个乡镇。

总的来说，该区域土地利用效益及强度不高，土地开发潜力大，土地生态环境发展限制较大：相对于重点发展区，该区域地均乡镇财政收入、单位面积一产收入、建设用地比例及二、三产业人数比例低，说明其农业及非农业土地现有开发利用强度小，工业水平有待进一步提高，虽然由于长期非理性的掠夺式土地经营模式，使得该区域生态系统遭到破坏，人均生态承载力及森林覆盖率低，但是，相比于大方县东北部的乡镇，该区有一定产业基础，水域面积广，区内地势平缓，地面宽阔，是大方县城镇化建设的潜力区。

表 6 – 12 城镇化潜力区相关指标值（标准化值）

乡镇	土地开发建设适宜程度	土地生态承载力	土地利用效益及强度	土地开发潜力
文阁乡	0.23675	0.2626	0.0357	– 0.8316
小屯乡	0.4635	0.4219	0.2094	1.2357
六龙镇	0.65245	– 0.3529	2.2835	0.3103
凤山彝蒙古乡	0.31233	– 0.0845	0.7716	3.0193
核桃彝白乡	0.72803	– 1.2229	– 0.7790	– 1.7760
八堡彝苗乡	0.61466	0.0524	– 2.0473	0.6803
响水白彝仡佬乡	– 0.4057	– 0.7091	1.7883	1.2291
中部七个乡镇平均	0.371717	– 0.2332	0.3232	0.5524
绿塘乡	– 1.76618	– 1.5915	1.2044	– 1.4570
鼎新彝族苗族乡	– 1.84176	0.2359	0.6978	– 0.3521
猫场镇	– 2.25746	0.5219	0.7463	– 0.7639
马场镇	– 0.14116	– 0.6238	1.6424	– 2.1719
牛场苗族彝族乡	– 1.08594	– 1.9295	1.8685	– 0.9799
高店乡	– 1.01035	0.3988	– 0.1243	– 1.0465
南部六个乡镇平均	– 1.35048	– 0.49805	1.005837	– 1.12854
达溪镇	– 0.25453	– 2.19818	– 1.64243	– 0.16486
兴隆苗族乡	– 0.29232	– 0.89628	– 2.58961	– 0.016
瓢井镇	– 0.29232	– 0.29189	– 1.56302	– 1.10164
长石镇	0.35012	– 2.55731	– 1.05087	– 1.98966
北部四个乡镇平均	– 0.12226	– 1.48592	– 1.71148	– 0.81804

　　该区域的土地利用模式优化措施为：与重点开发区土地利用模式不同的是，该区域应选择以点带面、以线串点的非产业集聚发展模式，在完善物流等基础设施基础上发展重点乡镇，通过重点乡镇带动周边区域发展，实现乡镇的均衡布局。

　　为了避免进行零碎和缺乏效率的开发项目，保障产业发展，应根据产业基础、区位条件及自然适宜程度，择优发展重点乡镇，通过重点乡镇带动周边发展。走新型工业化道路，集约利用土地和水资源，严格保护生态环境，制定严格的门槛，限制污染工业发展和扩散。

　　中部城镇化综合发展潜力区：该区域的主体功能是发展能源产业，

应选择以凤山乡、核桃乡为中心的中部大方镇周边城乡统筹综合土地利用模式。积极承接大方镇重点发展区的辐射带动，结合小屯乡、东关乡、凤山乡、文阁乡、六龙乡等煤炭资源禀赋建立循环型煤化工基地和优质无烟煤生产、出口基地，形成新型煤化工生态产业区。在发展煤炭工业的同时，要通过加强水资源保护、土地复垦及地质灾害防治，提高土地生态承载力。另外，发展小屯乡等城郊副食品生产、加工基地及以竹园乡为中心的新兴产业集聚区。

南部旅游产业发展潜力区：该区域的主体功能是发展旅游产业，应选择以猫场镇、马场镇为中心的生态旅游土地利用模式。该区域具有丰富的旅游资源，应发展以九洞天、支嘎阿鲁湖为开发载体，以红色旅游为开发特色，发展生态旅游业及商贸职能。

北部农业产业园发展潜力区：该区域的主体功能是发展农业产业园区，应选择以瓢井镇为中心的特色农业产业园土地利用模式。本区域长石镇、瓢井镇的天麻、生漆等生物资源丰富，可引导形成特色中草药种植、生产基地；另外以瓢井镇、八堡乡为中心，优先发展汽车配套产业及交通运输服务业。

总的来讲，城镇化潜力区要兼顾生态环境建设与经济发展，避免环境的不可逆变化。在加大水土保持力度、封山育林、强化石漠化治理、恢复生态系统的同时，加大基础设施投入，完善交通体系，加快农业产业化发展，提高农业综合生产能力，完善农产品市场流通体系。同时，增加农村人口技能培训机会，拓宽农民增收渠道，通过加强与重点发展区域乡镇工业项目及本区域各乡镇工业园区的迅速发展，带动农村劳动力转移，针对该区不同土地利用模式优先发展各自特色产业。

四 新农村建设区土地利用模式优化

该区域土地利用模式优化建议措施为：该区域各乡镇以新农村建设为主，加大补贴补助经费力度，加强农地整治，增加农业及农村基础设施建设，加强水利工程建设，实现农村水泥路或柏油路铺设。形成以雨冲乡为中心的林业及林产品加工土地利用模式和以百纳乡、雨冲乡为中心的乡村民族旅游的土地利用模式。

表 6 - 13　　　　　　　　新农村建设区相关指标值（标准化值）

乡镇	土地开发建设适宜程度	土地生态承载力	土地利用效益及强度	土地开发潜力
安乐彝仡佬乡	0.4257	- 0.42033	- 1.37393	- 1.01093
果瓦乡	- 0.06558	0.14376	- 4.53523	- 0.34607
大山苗彝乡	- 0.70803	1.44082	- 3.63169	- 0.9686
雨冲乡	- 0.74582	2.37876	- 5.49909	0.16871
黄泥彝苗满乡	- 0.4057	2.65271	- 3.4315	- 0.82099
沙厂彝族乡	0.72803	2.16556	- 3.61468	- 0.35914
百纳彝族乡	0.76582	2.17465	- 2.01077	1.42515
三元彝苗白乡	- 0.59465	3.21408	- 3.52848	- 2.82268
星宿苗彝仡佬乡	- 1.35047	3.4638	- 5.22611	- 4.06282
平均	- 0.21674	1.912646	- 3.65016	- 0.97749

　　这 9 个乡镇的农业用地比例较大，但地块零碎，应提升农业科技水平，大力发展草地生态畜牧业，着力提高农民收入，以现代化农业建设为主线，打造试验区特色农业和优势农业，发展无公害、绿色和有机食品，在市场竞争中树立品牌，着力推进农业产业化，实现农业科学化、集约化及市场化，从而达到高产、优质、高效和可持续发展的目的。

　　该区域的 9 个乡镇中 7 个为少数民族乡，且生态植被保存良好，具有良好的民族旅游基础，在整合资源的基础上，优先发展有民族特色的乡村旅游，提高旅游基础设施和配套水平。需要注意禁止严重污染环境的工业项目建设及矿山企业的过度开发。

　　另外，该区域的安乐乡具有一定的煤矿等资源开发基础，但其生产企业装备落后、技术创新能力差、资源浪费、污染严重，导致其现有生态承载力小，环境脆弱，土地利用效益不高，未充分发挥其资源优势，因此，应着重淘汰小煤矿，淘汰落后技术、工艺和设备。

　　除以上三类 34 个重点开发乡镇外，根据全国主体功能区规划的划定，大方县域内还有普底乡、大水乡以及散布的林场为全国主体功能区规划划定的禁止开发区。该区域以生态建设为主，禁止工业开发。但可以以该区生态建设、旅游开发为契机，加强与周边新农村建设区乡镇的交通体系建设，带动周边区域民族特色旅游业发展。

图 6-18　大方县主体功能区划

五　本节小结

通过对聚类结果及开发建设适宜程度的综合分析，将大方县（不包括国家及省级规定的禁止开发区）划分为三种主体功能区，第一种为位于大方县中部重点发展区，包括 8 个乡镇，其主体功能是提供工业品和服务商品，其他功能是提供农产品和生态产品，未来发展应坚持大集中的思路，选择产业集聚型土地利用模式。第二种是位于大方县西部的城镇化潜力区，包括 17 个乡镇，其主体功能是提供能源、特色产业及农产品，与重点开发区土地利用模式不同的是，该区域应选择以点带面、以线串点的非集聚发展模式,在完善物流等基础设施基础上,发展为重点发展区的原料基地。第三种是位于大方县东北部的新农村建设区,包括 9 个乡镇,其主体功能是提供生态产品和农产品,其他功能是提供民族旅游服务,该区域的发展以新农村建设为主,加强农地整治,增加农业、农村基础设施建设。在确定各主体功能区后,对其土地利用模式优化提供了相应建议。

第六节 小结

在现有的国土空间开发格局中,县域内各乡镇间在自然条件方面能够体现地域差异,并在土地利用和经济发展方面自发形成了一定的空间集聚基础,但是各乡镇在开发过程中往往容易"趋同"或相互"模仿",这样很容易造成地域内的过度竞争和资源浪费,因此,科学地为各乡镇选择适宜的发展模式是亟须解决的现实问题。基于主体功能区规划理念,为形成人口、经济及资源环境相协调的国土空间开发格局,根据其发展现状、发展特征及资源环境的发展限制不同区域被划分为不同开发等级的类型区,而这些不同主体功能区的土地利用模式是决定该区域的经济增长模式的基础和依据。因而在《全国主体功能区规划》颁布后,各省(市、区)相继制定、颁布各自的主体功能区规划,旨在对本省各区域开发中的功能定位及开发布局进行科学规划。为了将主体功能区规划理念贯穿到县级以下的微观区域,本章以贵州省大方县为实证区,运用聚类分析法对大方县各乡镇土地利用功能进行分区,根据各乡镇的空间集聚结果和开发建设适宜情况,将 34 个乡镇分为 3 类,对不同分区及现有土地利用模式给予差别化优化建议,形成一套适合大方县的土地开发利用方案,具体建议如下。

(1)重点发展区涵盖大方县中部的 8 个乡镇,该区域是近期城镇化、工业化关键发展区域,该区域的现有土地利用模式为工农业产业园区集聚型、综合型土地利用模式。在注重与毕节中心城区的一体化统筹发展的前提下,优化经济建设和开发的同时,兼顾生态保育,以工农业产业化带动农村劳动力转移，减轻农村人口及生态压力，尽快进入中等城镇化阶段。

（2）城镇化潜力区包括17个乡镇，与重点开发区土地利用模式不同的是，该区域应选择以点带面、以线串点的非产业集聚发展模式，在完善物流等基础设施基础上发展重点乡镇，通过重点乡镇带动周边区域发展，实现乡镇的均衡布局。城镇化潜力区地跨大方县东南部、中部和北部，在地域空间上可以分为北部以瓢井镇为中心的特色农业产业园土地利用模式、中部大方镇周边城乡统筹综合土地利用模式和南部以猫场镇为中心的生态旅游土地利用模式。该区域水域面积大，地势平坦，具有经济发展潜力，但生态破坏严重，故而在日后的发展中应以生态系统的修复和改善为前提，加大基础设施供地力度，有选择地优先进行特色工业发展。

（3）新农村建设区为大方县东北部的9个乡镇，目前已经形成以雨冲乡为中心的林业及林产品加工土地利用模式和以百纳乡、雨冲乡为中心发展乡村民族旅游的土地利用模式。该区域山高坡陡，道路崎岖，工业基础薄弱，但生态植物保存良好，且多为少数民族乡，故而应以特色立体观光大农业及民族旅游业为发展方向，加大农村基础设施投入，因地制宜地进行新农村建设。

没有产业支撑的新型城镇缺乏活力和竞争力，故而在大方县的发展中，要以各分区的主体功能为指导，要坚持环境友好的产、城一体化，以产业兴城镇，以城镇促产业，带动发展新兴服务业和传统工业，集聚城镇人气，力避城镇化大框架下的产业"空心化"现象。

第七章

贵州省主导产业土地利用模式研究

第一节　研究背景

随着居民消费结构的升级和对外开放形势的变化，贵州旅游业作为主导产业之一，发展非常迅速，旅游用地扩张带来的矛盾凸显。一方面，很多热门旅游景区旅游用地指标缺口巨大，亟待解决旅游产业发展用地与土地利用规划及城乡规划管制间相衔接的问题；另一方面，贵州多地出现了由于旅游用地无序开发带来的土地浪费、生态环境恶化甚至经济社会发展受阻等问题。由此可见，现阶段贵州旅游景区开发的土地规划管理问题非常突出，核心是对不同类型旅游用地有效贯彻差别化土地开发管制政策的问题。因此，根据特定地域的自然人文经济等条件确定适宜的旅游用地分类标准，对不同类型旅游用地贯彻不同的开发政策是解决上述矛盾的关键。

对于旅游用地的分类问题，学术界已有很多学者进行了研究，学者们致力于从土地利用规划角度对旅游用地进行分类[①]，或从城乡规划角

---

① 章牧、李月兰：《土地利用总体规划修编中的旅游用地问题研究》，《社会科学家》2006年第4期。

张娟：《旅游用地分类的探讨》，《资源与产业》2008年第1期。

苏珺、周勇：《旅游用地在土地利用分类系统中的归属与应用初探》，《资源与产业》2008年第3期。

度对旅游用地分类进行细分和衔接①,这些立足于微观角度的研究适用于解决特定地域的实际问题,例如,桂林市便将旅游用地单独列项进入当地的土地利用总体规划,并通过完善土地整理和建新拆旧等方案使得被国土资源部禁止的增减挂钩跨县调剂在当地得到松绑②。但是,对于贵州旅游用地的优化研究却很难依赖"桂林"模式。本章将从贵州省域宏观角度探究旅游用地分类规划的方法,并以此为基础探讨各类型旅游用地模式优化途径。

旅游用地属复合型用地,中国的土地分类体系中历来都没有对于旅游用地唯一对应的类别,这是因为旅游用地相比其他用地更具有动态性和复杂性,在迅速增长过程中,旅游用地自身的形态和空间分布以及其与其他用地的关系不断发生变化,造成研究和实践中"旅游用地"概念外延宽泛而模糊。本章接受毕宝德教授对"旅游用地"的定义:"旅游用地就是旅游业用地,即在旅游地内为旅游者提供游览、观赏、知识、乐趣、度假、疗养、娱乐、休息、探险、猎奇和考察研究等活动的土地③。"

旅游用地承担着生态、社会、经济等一系列功能,这一点在世界各国情况相似,为了将各项功能整合起来,国外相关领域的科学家进行了许多研究,其中比较成功的是从 20 世纪七八十年代开始,美国林务局(USFS) 和土地管理局 (BLM) 带头开发的游憩机会谱(ROS) 系统。这个系统将美国国家森林和牧地的户外游憩价值与其他资源整合在一起,实现了旅游用地的"功能整合性"④。在中国,借鉴 ROS 理论框架能够将旅游用地的产业开发、土地管制、新型城镇化和生态保护等功能

① 范业正:《城市旅游规划与城市规划的关系与协调》,《规划师》2000 年第 6 期。

杨军、高珊:《拒绝"擦边球"——对城市规划中出现旅游用地的一些思考》(2007 中国城市规划年会),哈尔滨,2007 年。

李婷婷、密亚州、张辉等:《北京市郊区旅游用地管理模式研究》,《城市发展研究》2009 年第 11 期。

徐勤政、刘鲁、彭珂:《城乡规划视角的旅游用地分类体系研究》,《旅游学刊》2010 年第 7 期。

② 张凤玲:《桂林旅游用地破题》,《中国房地产报》2013 年 7 月 1 日第 D1 版。

③ 毕宝德:《土地经济学》,中国人民大学出版社 2011 年版。

④ [美]摩尔、德莱维尔:《户外游憩:自然资源游憩机会的供给与管理》,南开大学出版社 2012 年版。

整合起来，更好地衔接旅游规划、土地利用规划、城乡规划和主体功能区规划等各项规划，而 ROS 理论从省域宏观角度把握旅游资源并对不同类型旅游用地区别开发的思想，与主体功能区战略思想不谋而合。本章将在贵州省对上述理论框架给予实证验证。

为了深入研究贵州省主导产业——旅游产业的土地利用开发问题，并结合旅游区位于禁止开发区的主体功能限制，本章拟利用"游憩机会谱"理论，选择贵州省域范围内 18 个国家级风景名胜区（重点风景名胜区）为研究区域，立足贵州"国家公园省"的旅游资源条件，建立适宜的旅游用地分类指标体系，利用层次分析法（AHP）与熵值法相结合建立贵州省风景名胜区游憩机会谱，并结合主体功能区规划的管制要求对各风景名胜区旅游用地开发限制因素进行分析，最终形成贵州省重点风景名胜区游憩机会类型空间分布图，并对未来适宜贵州省各类型旅游用地的开发模式给出有针对性的建议。对于贵州省主导产业（旅游产业）土地利用模式的研究，也将打破学术界对此问题立足行政区与城乡二元的研究范式。

第二节　实证景区概况

贵州省地处亚热带，水热条件优越，是中国岩溶分布最广泛的省份，具有复杂多样的山地生态环境，这些自然条件造就了贵州独特多样的自然景观环境，贵州具备了除海岸景观、海底地形和海湾海域等海洋景观以外的所有景源类型。而立体的地理环境又衍化出异质、多样和分散的少数民族文化，也成为贵州旅游景区的亮点。作为西部的贫困省，为了促进地方经济发展，贵州各地区纷纷选择以旅游业为突破口，试图通过发展旅游业，拉动地方经济增长，旅游业已经成为贵州省各区域的支柱产业。贵州省把旅游业作为全省国民经济的支柱产业之一，但是无序开发，加之经济基础薄弱，不仅造成了资源浪费，区域景区间恶性竞争，没有获得应有的经济效益，而且还带来了较严重的破坏问题，直接威胁到风景名胜区的生存发展。

第三节　研究方法

一　游憩机会谱（ROS）

游憩机会谱（ROS）既是一个满足游客游憩体验的指导手册，又是一个编制资源清单、规划和管理游憩经历及环境（物质环境、社会环境和管理环境）的框架。自 ROS 框架在美国被提出，澳大利亚、新西兰、日本、加拿大和英国等国家的林务局和政府机构也开始将这一管理手段应用到游憩规划和自然资源管理中①。国内旅游规划专家学者也投入了不少精力对其进行了研究，吴必虎介绍了游憩机会谱的概念②，黄向等提出了中国生态旅游机会图谱（CECOS）的构建，并应用于肇庆鼎湖山景区③，李晓阳、周青和肖随丽等分别以武汉梁子湖、贵州省飞鸽森林公园和北京城郊山地森林为实证区进行了湖泊和森林游憩机会的评价④；前述研究都建立在对实证景区环境因素定性评价基础上构建 ROS 框架，本章以游憩机会谱为理论框架，运用 AHP 法与熵值法（定量和定性相结合）对贵州省重点风景名胜区游憩机会进行评价，并针对评价结果对旅游用地模式进行优化。

二　层次分析法（AHP）

层次分析法（Analytic Hierarchy Process，AHP）是美国运筹学家

---

① F M S, N C R, H S G. An Assessment of Frameworks Useful for Public Land Recreation Planning. USDA Forest Service，Dec. 2007.

② 吴必虎:《区域旅游规划原理》，中国旅游出版社 2001 年版。

③ 黄向、保继刚、沃尔·杰弗里:《中国生态旅游机会图谱（CECOS）的构建》，《地理科学》2006 年第 5 期。

④ 李晓阳:《基于游憩机会谱方法的湖泊旅游产品设计——以梁子湖为例》，《文学教育》2009 年第 8 期。

周青、江能远等:《贵州省森林游憩谱与游憩项目开发探讨》，《四川林勘设计》2003 年第 1 期。

肖随丽、贾黎明、汪平等:《北京城郊山地森林游憩机会谱构建》，《地理科学进展》2011年第 6 期。

T. L. Saaty 于 20 世纪 70 年代中期创立的一种定性与定量分析相结合的多目标决策方法[1]。其解决问题的步骤可以分为六步，即明确问题、建立层次结构、构造判断矩阵、层次单排序、层次总排序和一致性检验[2]。其中主要步骤的原理如下。

（一）构造判断矩阵

$$A = \begin{pmatrix} a_{11} & a_{12} & \cdots & a_{1n} \\ a_{21} & a_{21} & \cdots & a_{2n} \\ \cdots & \cdots & \cdots & \cdots \\ a_{n1} & a_{n2} & \cdots & a_{nn} \end{pmatrix} = A\ (a_{ij}) \qquad （公式 7-1）$$

公式 7-1 中，a_{ij} 为判断矩阵中第 i 行第 j 列的值，是行指标与列指标相比的结果（表 7-1 为指标相比的标度及含义）。

表 7-1 判断矩阵标度及含义

标度	含义
1	两个指标相比，同等重要
3	一个指标比另一个指标稍微重要
5	一个指标比另一个指标明显重要
7	一个指标比另一个指标强烈重要
9	一个指标比另一个指标极端重要
2，4，6，8	两个指标差异处于以上判断的中值

（二）计算特征根及权重

$$M_i = \left(\prod_{j=1}^{n} a_{ij} \right)^{1/n} \qquad (i,\ j = 1,\ 2,\ \cdots,\ n) \qquad （公式 7-2）$$

公式 7-2 中，i 为行数，j 为列数，n 为矩阵的阶，M_i 为判断矩阵 A 中每一行所有值乘积的 n 次方根。

$$W_i = \frac{M_i}{\sum\limits_{i=1}^{n} M_i} \qquad （公式 7-3）$$

---

① TL S. The Analytic Hierarchy Process. New York：McGraw Hill，1980.

② 马东辉、郭小东、苏经宇等：《层次分析法逆序问题及其在土地利用适宜性评价中的应用》，《系统工程理论与实践》2007 年第 6 期。

· 179 ·

公式 7 – 3 中，W_i 为指标权重。

$$\lambda_{max} = \frac{\sum_{i=1}^{n}(AW_i)}{(nW_i)} \qquad （公式 7 – 4）$$

公式 7 – 4 中，λ_{max} 为矩阵 A 的最大特征根。

（三）一致性检验

$$C_i = \frac{1}{n-1}(\lambda_{max} - n) \qquad （公式 7 – 5）$$

公式 7 – 5 中，C_i 为判断矩阵的一般一致性指标。

$$C_R = \frac{C_i}{R_i} \qquad （公式 7 – 6）$$

公式 7 – 6 中，C_R 为判断矩阵的随机一致性指标，当 $C_R < 0.1$ 满足一致性要求，R_i 为平均随机一致性指标。

表 7 – 2   平均随机一致性指标

阶数 n	1	2	3	4	5
R_i	0	0	0.58	0.90	1.12

采用 AHP 确定游憩机会谱指标体系权重，通过专家打分法确定判断矩阵的值，能够更充分地发挥当地少数民族生态旅游专家在贵州省游憩机会评价中的作用。

三 熵值法

在确定权重过程中，AHP 很难区别指标数据的差异大小对于指标权重造成的影响，差异过小指标会造成景区之间的类别划分不够明显。因此，本章将采用熵值法对 AHP 进行修正。将鉴别力不高的重要指标权重适当减小，而把评价值相差悬殊的指标的权重适当调大，实现静态赋权与动态赋权相结合，提高评价指标的有效性和科学性[1]。

---

[1] 王道平、王煦：《基于 AHP/熵值法的钢铁企业绿色供应商选择指标权重研究》，《软科学》2010 年第 8 期。

（一）熵值法的主要原理

1. 指标数据标准化

本章采用极差变换的方法对于数据进行标准化处理，标准化的公式如下。

$$X'_{ij} = (X_{ij} - X_{jmin})/(X_{jmax} - X_{jmin}) \qquad （公式7-7）$$

公式7-7中，$i = 1，2，\cdots，n$（指标的样本数），$j = 1，2，\cdots，m$（指标个数），X'_{ij}为指标数据标准化后值，X_{ij}为指标数据实际值，X_{jmin}为第j个指标的最小值，X_{jmax}为第j个指标的最大值。

2. 计算评价值的比重 P_{ij}

$$P_{ij} = X'_{ij} / \sum_{i=1}^{m} X'_{ij} \qquad （公式7-8）$$

3. 计算指标熵值 e_j

$$e_j = -k \sum_{i=1}^{m} P_{ij} \ln P_{ij} \qquad （公式7-9）$$

公式7-9中，若取 $k = 1/\ln(m)$，则 $0 \leqslant e_j \leqslant 1$

4. 计算指标差异系数

指标的熵值 e_j 越大，指标样本的差异性越小，则指标在综合评价中所起的作用越小，因此定义差异系数 g_j。

$$g_j = 1 - e_j \qquad （公式7-10）$$

（二）熵值法调整权重的原理

1. 差异系数调整

$$W'_i = W_i \times g_i \qquad （公式7-11）$$

2. 归一化处理

$$\overline{W_i} = \frac{W'_i}{\sum_{i=1}^{n} W'_i} \qquad （公式7-12）$$

公式7-12中，$\overline{W_i}$为最终求得的权重值。

第四节　数据分析与结果

一　指标体系构建及数据获取

根据美国林务局《ROS 使用者指南》（1982）[1]，考虑到了三种相互作用的游憩环境要素：物理、社会和管理要素，给出的评价游憩机会的 5 个环境指标（区域规模、偏远程度、人类迹象、使用密度和管理力度），本章结合贵州自然社会和旅游景区发展现状，构建指标体系（表 7 - 3）。

表 7 - 3　　　贵州省重点风景名胜区游憩机会评价指标体系

目标层	准则层	指标层
贵州省旅游用地游憩机会评价指标体系 A	区域规模 B_1	景区面积 C_1
	偏远程度 B_2	至高速距离 C_{21}
		至地级市距离 C_{22}
	人类迹象 B_3	建设用地面积比例 C_{31}
		人口密度 C_{32}
		文化特色度 C_{33}
	使用密度 B_4	单日最大游客数 C_{41}
	管理力度 B_5	景区管理执法得分 C_{51}

在贵州省，景区的"景区面积"（区域规模）与景区入口"距高速距离"和"距地级市距离"（偏远程度）分别能够表征景区内、外可及性，这两个方面对于景区游憩机会分类很关键，故 3 个指标分别组成 B_1 和 B_2 2 个准则；景区的"建设用地面积比例"和"人口密度"能够表明人类迹象多少，而少数民族文化特色旅游是贵州省比较有特色的景区类别，因此"文化特色度"能够表明景区与其他景区相比人类文化特色程度，这个指标数据来源于少数民族研究专家（来自贵州财经大学文化传播学院）对各地的打分（没有文化特色"0"，省内普遍性的

---

[1] U. S. Department Of Agriculture F S. 15 ROS User Guide. USDA Forest Service，1982.

文化"1",独具文化特色"2"),以上 3 个指标组成了 B_3 准则;"使用密度"(B_4)这一准则来表征旅客对于景区拥挤度的感受,本章依据贵州省住房和建设厅 2010—2012 年公布的各景区"十一"旅游黄金周(一年内各景区游客最多时段)的游客数量,并计算出近 3 年来各景区"单日最大旅客数"对使用密度加以表示;而规章制度、景区管理等"管理力度"准则(B_5),根据贵州省住房和建设厅文件《关于转发住房和城乡建设部国家级风景名胜区保护管理执法检查结果通报的通知》(黔建景通〔2012〕734 号),以 18 个风景名胜区对上级法规的执行情况、景区规划制定情况、管理信息化完善程度等管理执法情况的评比结果为依据,计算景区管理执法得分来表示"管理力度"。

二 指标权重的确定

(一) AHP 判断矩阵及一致性检验结果

本章就准则层和指标层的重要性分别向贵州省从事旅游管理研究的专家学者发放问卷,最终形成以下判断矩阵(表 7 - 4、表 7 - 5、表 7 - 6),通过 MATLAB 软件编程计算,3 个矩阵均通过了一致性检验。

表 7 - 4　　　　　　　　　　判断矩阵 $A - B_i$

A	B_1	B_2	B_3	B_4	B_5	W	一致性检验
B1	1	1/3	1/5	1/2	1/3	0.0667	
B2	3	1	1/3	2	2	0.2211	
B3	5	3	1	3	2	0.4140	$\lambda = 5.2272$
B4	2	1/2	1/3	1	2	0.1571	$CI = 0.0568$
B5	3	1/2	1/2	1/2	1	0.1411	$CR = 0.0507 < 0.1$

表 7 - 5　　　　　　　　　　判断矩阵 $B_2 - C_{2i}$

B_2	C_{21}	C_{22}	W	一致性检验
C_{21}	1	1	0.5	
C_{22}	1	1	0.5	$\lambda = 2$ 通过

表7-6   判断矩阵 $B_3 - C_{3i}$

B_3	B_{31}	B_{32}	B_{33}	W	一致性检验
B_{31}	1	1	1/2	0.2402	$\lambda = 3.083$
B_{32}	1	1	1/3	0.2098	$CI = 0.0091$
B_{33}	2	3	1	0.5499	$CR = 0.015 < 0.1$

（二）权重的确定

根据以上 AHP 与熵值法相结合确定权重的原理，通过 MATLAB 软件编程最终确定指标权重如表7-7所示。

表7-7   熵值法与 AHP 结合权重汇总

A	B_1	B_2	B_3	B_4	B_5	AHP 指标层权重 W_i	熵值法差异性因数 g_i	调整后权重 $\overline{W}_i$
准则层权重	0.0667	0.2211	0.4140	0.1571	0.1411			
C_{11}	1					0.0667	0.1435	0.0522
C_{21}		0.5000				0.1105	0.2949	0.1778
C_{22}		0.5000				0.1106	0.1249	0.0754
C_{31}			0.2402			0.0994	0.3285	0.1782
C_{32}			0.2098			0.0869	0.1299	0.0616
C_{33}			0.5499			0.2277	0.165	0.2050
C_{41}				1		0.1571	0.2443	0.2094
C_{51}					1	0.1411	0.0525	0.0404
最终权重	0.0652	0.2501	0.4394	0.2069	0.0399			

第五节　贵州省重点风景名胜区游憩机会谱（ROS）及旅游用地优化

一　各景区 ROS 环境要素分析

按照 ROS 理论框架，景区越偏远，区域规模越大，人类迹象和游客使用密度越低，管理力度也会越少。在美国的游憩机会谱中，最偏远的景区类型对应的便是原始环境，其位于离人类社区最遥远的区域，区域规模最大，几乎没有常住人口居住，游客也极少造访，这些区域也几乎没有人类直接的管理干预。但将 ROS 理论框架应用于中国这样的人口相对稠密国家，而贵州又是整个省域都被山地覆盖的地区，自古形成了一个相对独立的人—地关系系统的特殊案例，ROS各环境因素就会呈现出不同的变化趋势。

运用改进AHP确定作为准则层的游憩机会谱各环境要素的权重，输入以上指标体系标准化后相关数据，最终求得贵州省18个重点风景名胜区的准则层得分，并形成贵州省18个重点风景名胜区游憩机会谱环境要素变化趋势对比图（图7-1）。从图7-1中得出，贵州省重点风景名胜区"偏远程度"与其"人类迹象"是比较明显的正相关关系，这与一般ROS理论相反，与贵州省地貌条件及各民族小聚居、大杂居的分布格局有关，而独具少数民族特色的民族村寨古镇一般都处于较偏远的山区；贵州景区"区域规模"与"偏远程度""人类迹象"等因素相关性不明显，这主要与贵州的旅游主题的"原生态性"有很大关系，无论是自然风景还是人文景观都是在长期历史进程中形成的，与城市公园和乡村旅游等旅游主题有所不同，短期内人为规划的痕迹较少，使得景区面积大小也是自然形成的。游客"使用密度"除黄果树景区外均较低，这说明整个贵州省的交通等设施相对落后，这也成为贵州各景区旅游发展的"瓶颈"。贵州景区的"管理力度"与"人类迹象"等因素呈两极分化的相关关系，"人类迹象"最高的榕江、石阡、黎平等民族风情城镇和"人类迹象"最低的沿河、平塘以及游客"使用密度"极端高的黄果树等景区"管理力度"较差，其他景区相对较好，原因是游客和居民较多的地方出现很多违规情况，而人迹稀少的景区又缺乏必要的管理措施。

二　贵州省游憩机会谱及旅游用地模式优化

根据以上各景区游憩机会谱总分排序（横轴上各景区由左至右），并结合美国林务局的ROS理论框架对旅游地的分类方法[1]，将贵州省18个重点风景名胜区分成5类，并根据各类景区分环境要素得分情况，

---

[1]　U. S. Department Of Agriculture F S. 15 ROS User Guide. USDA Forest Service，1982.

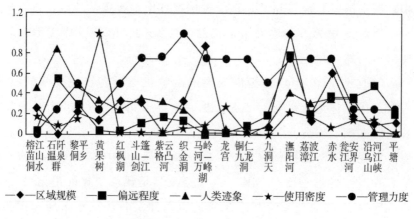

图 7 - 1   贵州省风景名胜区游憩机会环境要素变化趋势对比

分别将其命名为民族风情小城镇、郊区半自然型景区、郊区自然型景区、偏远半自然型景区、偏远自然型景区，形成贵州省游憩机会谱，如表 7 - 8 所示。为了了解各类型景区空间分布及分类情况，利用 ArcGIS 软件绘制了贵州省重点风景名胜区游憩机会空间分布图（图 7 - 2），以便了解各景区的旅游用地的环境要素及地理区位等情况，并据此对未来旅游用地开发模式提出建议。

（一）民族风情小城镇

黎平侗乡、石阡温泉群和榕江苗山侗水 3 个重点风景名胜区属于独具民族特色的小城镇，这些景区位于小城镇城区，少数民族依山水聚居，相对其他类型景区人口密度和建设用地密度较大，但这些城镇多分布于远离省会和地级市的地区，交通等现代设施不发达。近年吸引了较多贵州省外或国外的游客，使得当地城镇化建设有了较快发展，由于景区开发与小城镇土地开发互相促进，土地市场也迅速发育，诱发了很多用地矛盾，破坏了景区秩序。

针对这类景区的特点，应该逐步改善民族风情小城镇的外部交通设施状况，加强其与邻省的交通联系，改善省会贵阳和地级市到景区的可及性。为了避免过多人工痕迹和商业气息破坏景区原有的民俗风情，可以在旅游业及相关产业有一定发展后，将人口及居住等其他功能用地分散到新城区，景区内部应合理规划民居改造和旅游地产开发等活动，在科学研究游客需求的基础上适当增加民俗餐饮、住宿等土地供应，逐步配套相应的购物中心、休闲娱乐、疗养等综合性服务业用地，但上述旅游用地开发必须要有完善的规划，要加强景区管委会等各部门的管理职能。

（二）郊区半自然型景区

黄果树、都匀斗篷山—剑江、织金洞、紫云格凸河、红枫湖 5 个重点风景名胜区属于郊区半自然型景区。此类景区位于省会或城市郊区，景区规模中等（小于 200km^2）、可及性好，但常住人口稠密，除了黄果树外，其余景区游客数量较少。该类景区多数主要吸引省内游客，景区在省外的旅游市场还非常有限。

这类景区应该充分利用交通相对便利的条件，在省内外开拓旅游市场，增加景区内道路、标识、休憩等用地，景区应该朝向多功能型开发，但要根据客源条件确定开发项目，管理部门应严格控制开发用地，防止因盲目开发破坏景区自然景观。严格控制景区周边的农用地转用，鼓励开发生态农业及能体现当地特色的乡村观光旅游，以吸引来自周边城市的游客。

表 7-8　　　　　　　　　　贵州省重点风景名胜区游憩机会谱

	景区	区域规模	偏远程度	人类迹象	使用密度	管理力度
民族风情小城镇	黎平侗乡、石阡温泉群、榕江苗山侗水	中等 （0—0.4）	偏远 （≥0.2）	多 （≥0.4）	较低 （0.1—0.2）	较低 （≤0.5）
郊区半自然型景区	黄果树、斗篷山—剑江、织金洞、紫云格凸河、红枫湖	中等 （0—0.4）	不偏远 （≤0.2）	较多 （0.4—0.2）	低 （≤0.1） （除黄果树得分为1）	较高 （≥0.5）
郊区自然型景区	马岭河、龙宫、九龙洞、九洞天	较小 （≤0.2） （除马岭河得分为0.87）	不偏远 （≤0.2）	少 （≤0.2）	低（≤0.1） （除龙宫得分为0.27）	较高 （≥0.5）
偏远半自然型景区	江界河、潕阳河、荔波漳江、赤水	中等或较大 （0.2—0.8）	偏远 （≥0.2）	较多 （0.4—0.2）	较低 （0.1—0.2）	较高 （≥0.5）
偏远自然型景区	沿河乌江山峡、平塘	较小 （≤0.2）	偏远 （≥0.2）	少 （≤0.2）	较低 （0.1—0.2）	较低 （≤0.5）

注：表中括号内标注了该类风景名胜区在各准则层上的得分范围或例外情况。

（三）郊区自然型景区

马岭河峡谷—万峰湖、龙宫、铜仁九龙洞、九洞天4个重点风景名胜区属于郊区自然型景区。此类景区虽位于城市郊区，但当地常住人口密度较低，尚属于自然型景区，多数以单一的自然风光为主，除龙宫外，其他景区知名度低，游客较少。

这类景区多以独一无二的自然景观著称，因此保护性开发方式适合这类景区。在利用便利的交通条件逐步扩大游客数量的同时，注意对景区自然环境的保护，景区服务设施用地应该集约环保，对于海拔坡度较大的地区要严格限制任何导致水土流失的活动，农业以经果林等为主。在景区的游览区可以开展观光、漂流等项目，但应该有专门的环保动力车，防止汽车尾气带来的环境污染，尽量避免肆意停车造成的土地破坏。加强景区所在镇的建设，使其逐渐完善为景区服务的功能，但应杜绝投资大、收益低的民族风情街等项目盲目开发占地。

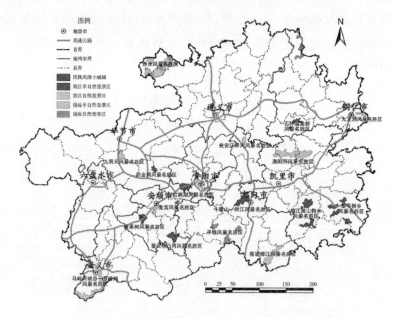

图7-2　贵州省重点风景名胜区游憩机会空间分布

（四）偏远半自然型景区

瓮安江界河、镇远潕阳河、荔波漳江、赤水4个重点风景名胜区属于偏远半自然型景区,这类景区都处于偏远的县域,景区规模较大、旅游资源优质,但常住人口比较稠密,距离省会和地市较远,大大影响了来自于城市集散地的游客,但是这类景区一般都临近贵州周边省市,吸引了大量的邻省短途游客,所以旅游用地都进行了一定程度的开发。

这类景区兼有独特的自然风光和人文景观,相对于四川、湖南、广西、云南等邻省的旅游景区,开发程度较低。要使后发劣势转化为优势,可以将此类景区独具特色的元素发掘出来,并在旅游用地的开发中加以体现。景区开发重点首先放在与邻省交通设施的改善上,另外景区还要规划专门的景区服务中心和专用停车场用地,景区内部应有便捷的景区交通调度车辆,限制非景区车辆进入景区,这有利于减小景区内的环境压力,减少土地浪费。景区内的常住人口生活生产用地的规划也是这类景区土地规划的重点,应该引导这些居民迁出景区,在景区内从事大农业生产要符合景区开发的整体规划。

(五)偏远自然型景区

沿河乌江山峡、平塘2个重点风景名胜区属于偏远自然型景区,这类景区尚保持原生态自然、民族景观,处于贵州省边境地带,因为景区自然环境限制,景区人口密度小、可及性较差,但是独特的自然山水及风土人情也吸引了不少省内外游客。

这类景区的魅力就是隐于"世外"的独特意境,因此对景区的保护是该类景区旅游用地规划的首要问题,除了景区的游览区游客可步行,或乘船等交通工具外,应该杜绝任何破坏景区原生态的开发利用方式。例如,乌江山峡除了乘坐最原始的渡船慢速观赏风景外,沿途仅适合科考、探险或露营等对自然破坏最少的活动;平塘要保持当地小聚居的布依族村寨和风俗,并与当地山水相结合,保持原生态的土地利用方式,限制现代化开发的土地利用方式。

第六节 贵州省重点风景名胜区游客需求意愿调查分析

通过本章前半部分运用 ROS 理论框架对贵州省重点风景名胜区旅

游用地进行分类，了解了贵州省各类型风景区旅游资源的供给情况，为了进一步了解贵州旅游的游客需求情况，选取黄果树、龙宫、荔波、榕江4个景区进行实地调研，通过问卷（发放问卷300份，回收有效问卷288份）调查了解游客对于各类型旅游景区的游客意愿。结合前述游憩机会谱定量分析得知，贵州省18个重点风景名胜区中民族风情小城镇、郊区半自然型景区、郊区自然型景区、偏远半自然型景区、偏远自然型景区分别占16.67%、27.78%、22.22%、22.22%、11.11%，而通过问卷调查游客意愿可知，游客再次到贵州旅游希望选择的旅游目的地类型中少数民族村寨、郊区休闲地、郊区喀斯特风景区、偏远的文化自然景区、人迹罕至的高山密林5种类型（对于景区类型的命名更通俗，便于游客选择，选项为多选）分别占到43.08%、16.92%、23.08%、30.77%、16.92%，通过对旅游景区供需关系对比分析可知，游客对少数民族特色旅游需求远远大于供给，其余类型景区供需差别不大，因此在后续对省级以下风景名胜区的开发规划中应注重对贵州省少数民族文化资源的发掘，以满足游客这方面的需求。

第七节　小结

本章在主体功能区规划土地利用差别化政策理念下，基于ROS理论框架，对贵州省18个重点风景名胜区各环境因素进行比较分析，在定量分析（AHP和熵值法）基础上建立贵州省游憩机会谱，并有针对性地优化各类景区旅游用地开发方式，能够从省域角度更好地统筹旅游地的开发，最后选取典型景区实地通过问卷调查游客调查各种类型景区的需求意愿，通过景区的供需分析进一步为各景区旅游规划和土地利用规划的制订提供参考。

通过运用实证区数据的分析，本章得出以下结论。

（1）贵州省旅游用地各环境因素之间的相关关系与传统的ROS理论中的不同。首先，景区的"偏远程度"与其"人类迹象"不是负相关关系，而是正相关关系，这与传统的ROS理论相反；其次，景区"区域规模"与"偏远程度""人类迹象"等因素相关关系不明显；最后，景区的"管理力度"与"人类迹象"等因素呈两极分化的相关关系。

（2）贵州省风景名胜区游憩机会谱将贵州省18个重点风景名胜区分为5种类型，分别是民族风情小城镇、郊区半自然型景区、郊区自然型景区、偏远半自然型景区和偏远自然型景区，在景区旅游用地的开发中，应该在全省统筹的基础上，立足景区的旅游资源现状，对不同类型景区实施差别化的土地政策，这样既能在最大程度上保护原生态旅游资源，将开发人力、财力、物力有效分配，杜绝各地区人为开发旅游景点的"趋同化"开发模式的出现，也能为旅客呈现出不同类型且开发程度各异的旅游景区，这样才能促进贵州省旅游产业和整个社会经济的可持续发展。

（3）通过对贵州省各类型重点风景名胜区供需关系的分析可知，游客对少数民族特色旅游需求远远大于供给，其余类型景区供需差别不大，因此在后续对省级以下风景名胜区的开发中应注重对贵州省少数民族文化资源的开发，以满足游客这方面的需求。

第八章

喀斯特山区典型农村土地利用模式研究

第一节　研究背景

国内学术界以往对于农村土地利用模式的研究，倾向于为特定的地域选择适宜的农业生产模式，例如，李智广（2000）对秦巴山区柞水县薛家沟流域土地持续利用模式进行了探讨，依据流域立体分异特征，提出平地以粮食种植、坡地以经济果木和防护林为主导的山地林果药菌立体开发的土地利用模式[①]；针对不同耕作条件和社会经济条件的农业土地整理模式的探讨是近几年农村土地利用实践和研究的焦点，例如，杨庆媛等（2004）从丘陵山地区域的自然环境条件和社会经济发展水平的实际出发，提出农林综合开发整理和新农村建设两种土地整理模式[②]；廖兴勇（2012）以重庆丘陵山区柑橘园建设土地整理、蔬菜基地建设土地整理、粮油基地建设土地整理和农村土地综合整治为实例，对西南丘陵山区的土地整理模式及其关键技术进行了深入研究[③]。另外，

---

① 李智广、刘务农：《秦巴山区中山地小流域土地持续利用模式探讨——以柞水县薛家沟流域为例》，《山地学报》2000 年第 2 期。

② 杨庆媛、田永中、王朝科等：《西南丘陵山地地区农村居民点土地整理模式——以重庆渝北区为例》，《地理研究》2004 年第 4 期。

③ 廖兴勇：《重庆丘陵山区土地整理模式及其关键技术研究》，西南大学博士学位论文，2012 年。

基于土地的经济、社会尤其是生态效益的农村土地利用模式选择研究也是学术界研究的焦点之一，例如，廖和平等（2005）基于土地资源优化利用原理和生态设计的理念，提出三峡库区土地资源优化利用应突出生态效益、经济主导、产业协调、区域特色四种模式[①]；王成和赵万民等（2009）以重庆市万洲居仙试验区作为研究区，分析不同土地利用模式下土壤性质变化及其经济效益的响应[②]；饶静、欧阳威（2011）通过运用农户的问卷调查和访谈方法，分析得出造成农业高投入高产出土地利用模式的原因，有现代农业技术的实施过程中缺乏政府的农业公共服务供给、缺少正向的经济激励和农民环境意识淡泊等因素，并有针对性地给出了政策建议[③]；李艳丽（2013）对农业不同土地利用模式和管理实践下的经济效益的差异进行了比较分析[④]。

　　然而，仅仅以大农业生产为核心探讨农村土地利用模式在现阶段中国"新型城镇化"迅速发展的历史背景下已经不能适应现实需要，必须根据特定地域农村土地资源和资产两方面的特性，结合当地城镇化现状，为其选择适宜的环境友好型土地利用新模式。本章将通过土地经营状况和土地产权状况两个方面，深入分析喀斯特山区农村土地资源和资产特征（学术界鲜有研究），将探索村级微观层面特定主体功能区（实证村处于禁止开发区）土地开发适宜模式。研究方法为农户问卷调查和乡、村委员会及重点农户访谈，项目组成员走访了百里杜鹃管委会（县级）、戛木管委会（乡镇）、戛木村委会和大堰村委会，通过访谈方式了解两个村土地整治、土地产权流转和土地经营状况。另外，项目组通过入户调查方式，在戛木村和大堰村共获得有效问卷 144 份，调查了农户家庭人口、收入以及土地产权、土地经营情况，为了了解农户土地

---

①　廖和平、邓旭升、卢艳霞：《三峡库区坡地资源优化利用模式与途径》，《山地学报》2005 年第 2 期。

②　王成、赵万民、谭少华：《不同土地利用模式与管理实践下的土地经济效益响应》，《农业工程学报》2009 年第 10 期。

③　饶静、欧阳威：《高投入高产出土地利用模式的成因及对策》，《中国土地科学》2011 年第 12 期。

④　李艳丽：《不同土地利用模式与管理实践下的土地经济效益响应探讨》，《黑龙江科技信息》2013 年第 13 期。

利用的某些典型特征，对于特定问题通过农户访谈方式了解。

第二节　实证村概况

本章研究的实证村为毕节市百里杜鹃风景名胜管理区（县级）戛木管理区（乡镇级）的戛木村和大堰村（属于国家级禁止开发区），百里杜鹃管理区成立于 2012 年 5 月，之前两村属于大方县管辖。两村地理位置相邻，处于大方县和黔西县交界地带，城镇化水平非常低。位于大方县城以东、黔西县城以西，距大方县城 63 公里，距黔西县城 48 公里。两村均以山地为主，平均海拔 1450 米。水资源丰富，但缺乏有效利用，人畜饮水困难。两村属亚热带季风性湿润气候区，年平均气温 15℃左右，年降雨量 1000—1150 毫米，日照 1230h/年，其气候特点是：冬暖夏凉、气候宜人，冬短夏长，无霜期 265 天/年。两村聚居着彝族、苗族、仡佬族、蒙古族、布依族等多个少数民族。境内旅游资源丰富，有戛木、米底河等景区，以及千手观音、燕子洞等景点，这些景区或景点都处于开发初期或未开发状态，主要表现为综合性的旅游设施和相关产业欠缺。

两村耕地中陡坡耕地比例大，土地产出率较低。土壤为酸性土，农作物以玉米、烤烟、马铃薯、小麦、油菜等为主。大堰村有耕地 1840 亩，人均耕地 1.33 亩；戛木村有耕地 2105 亩，人均耕地 0.76 亩。两实证村的耕地面积均小于全国人均耕地 1.35 亩①，属于人地矛盾较突出的地区。

一　大堰村土地利用概况

（一）　土地整治工程实施情况

2011 年由百里杜鹃管委会戛木管理区组织实施"烟水"配套工程，以大堰村为试点村，拟投资 1.9 亿元，旨在解决人畜饮水问题，但是由

---

① 《人民日报》（海外版）：《中国人均耕地仅 1.35 亩不及世界平均水平一半》，［2014/01/06］. http：//jingji. cntv. cn/2012/12/26/ARTI1356478289898822. shtml。

于资金投入中断问题，没有最终完成。2011 年开始实施的"生态文明家园"建设示范村工程，对于村庄、农房等都进行了统一规划，如村庄的道路、给排水、通信等基础设施，学校、卫生室、图书室等公共设施等有严格的要求和规划，对于民居的外墙、门窗、屋面、庭院等都有统一设计，以项目形式对村庄公共设施和农户民居、庭院等进行投资配套，目前处于规划实施阶段。

图 8-1　大堰村耕地

（二）土地产权变动情况

农户间流转土地用于大规模农业生产的比例较小，但是有 10% 左右的农户将宅基地流转出去经营第三产业（农家乐、零售等），目前吸引外来投资 30 亿元，处于立项论证阶段，准备投资"彝王古城"旅游开发项目，估计会占用农民大量耕地及宅基地。百里杜鹃管理区修路占用了少量农民的耕地或宅基地，基础设施征地货币补偿较少，一般都是以资助农民修房的形式给予补助（"生态文明家园"建设示范村补助农民建造民居 2 万元/户）。

（三）土地经营情况

大堰村与戛木村相比，土地质量稍好，田块面积从 1 亩到几亩不等，因此经营烤烟等经济作物的农户较多，占到 20% 左右，其余农户均耕种玉米、马铃薯或黄豆。全村有 6 户耕种烤烟大户（40—60 亩），其余都是 10 亩以下的小规模种植烤烟。

二　戛木村土地利用概况

（一）土地整治工程实施情况

2012 年由百里杜鹃管委会吸引资金 800 万元实施"同心工程"，改造了戛木管委会办公楼、同心广场和英雄纪念碑，并对戛木村道路两侧居民点统一整治（多数成为门面），改造了电线、通信工程、路灯等，为戛木景点杜鹃花期旅游和村民集市服务。

（二）土地产权变动情况

图 8 – 2　戛木村耕地

通过实地调研了解到戛木村和大堰村目前农民对土地的承包经营权在 1980—1981 年确定下来后，就没有再统一重新分配过。农业土地使用权的再次分配多数是在具有血缘关系的父母和儿女之间私下进行。村民间土地流转较少，村民一般都是将交通不便、肥力较差的土地转给别人耕种，转让费很少甚至没有，放弃耕作土地的农民一般愿意将土地转给亲戚耕种，收入微薄的劣等耕地也有少量被撂荒。村里只有 2 户种植超过 30 亩的烤烟大户，租种较多其他农户耕地。

（三）土地经营情况

土地质量较差，田块面积从几分到 1 亩左右，且土地多数为水利条件较差的陡坡耕地。因此，经营经济作物烤烟的农户较少，占到 10% 左右。2013 年年初，林业部门和扶贫办联合投入资金扶持栽种核桃 200 亩，三年内由两部门各补贴 200 元/亩/年，核桃苗由公司管理三年，但是经实地考察，核桃林由于 2013 年春夏季大旱，成活率较低，缺苗情况十分普遍。

第三节　实证村农户土地利用影响因素分析

虽然目前在中国农村大力推行的"新型城镇化"中，像戛木村和大堰村这样处于喀斯特地区大山深处的村庄受到的直接影响甚少，却通过城镇化过程中农村劳动力转移、旅游产业开发等间接方式对其产生很大影响，著名的三农问题专家贺雪峰（2013）在其代表作《地权的逻辑 2：地权变革的真相与谬误》中提出："当前可以自由进入建设用地市场从而可以获取巨额土地利益的土地承包经营者只是中国农民中的极少数，而这部分巨额土地收益并不是在全体农民中平均分配，而只是分配给恰好在特定位置承包经营土地的城郊农民。"① 因此，在全国城镇化中，远离城市郊区且生态脆弱的农村土地利用模式的优化研究，对于西部绝大部分农村土地利用优化具有十分重要的借鉴价值。本章研究主要通过对农户入户问卷调查的方法获取研究数据，调研中共发放问卷 150 份，获得有效问卷 144 份。

一　指标体系

问卷主要涉及家庭基本情况、土地产权情况和土地经营情况三大方面问题。具体内容如表 8－1。

农户家庭基本情况主要指标包括：首先，家庭总人口，及其中未成年人、成年劳动力、老年人的人口数量，从这些指标可以了解一个家庭的人口的总量和年龄结构，分析农户家庭是否存在老龄化、幼龄化等问

---

① 贺雪峰：《地权的逻辑 2——地权变革的真相与谬误》，东方出版社 2013 年版。

题；其次，农业劳动力和非农业劳动力的人口数，可以了解农户家庭劳动力结构中存在的问题；再次，家庭年收入、农业收入和非农业收入，可以了解农户家庭收入总量及结构情况；最后，如果农户有人从事非农业生产，了解其非农业就业地点及工作方式，通过设置非农业地点为本地、县城（黔西或大方）、外地三个选项，可以了解农户参与城镇化的方式，通过统计模型可以分析出城镇化就业方式和收入及土地利用相关因素的关系，为实证村土地利用模式优化提供依据。

表 8-1　　　　　　　　　　　入户问卷调查指标体系

准则层	指标层	指标单位	调查方式	指标含义
家庭 基本情况	家庭总人口	人	问询	农户规模
	未成年人数	人	问询	年龄结构
	劳动力人数	人	问询	年龄结构
	老年人数	人	问询	年龄结构
	农业劳动力数	人	问询	劳动力结构
	非农业劳动力数	人	问询	劳动力结构
	家庭年收入	万元/年	问询	总收入
	农业收入	万元/年	问询	收入结构
	非农业收入	万元/年	问询	收入结构
	非农业就业地点	地名	问询、选项	劳动力转移情况
土地 产权情况	家庭耕地数量	亩	问询	拥有使用权耕地数量
	宅基地数量	m^2	问询	农户居住用地
	被征地数量	亩	问询	农转非情况
	征地补偿	元/亩	问询	农民得到的征地补偿
	流转出（入）耕地数量	亩	问询	耕地流转情况
	流转耕地租金	元/亩	问询	耕地使用权价格
土地 经营情况	耕种耕地数量	亩	问询	实际耕种耕地数量
	耕种作物种类（数量）	农作物名称（亩）	问询、选项	农业产业结构
	养殖种类（数量）	畜禽名称（只、头）	问询	农业产业结构
	养殖年收入	万元/年	问询	农业收入结构（副业）
	耕地田块大小	亩/块	问询	耕种条件
	单位面积施用化肥数量	千克/亩	问询	农业集约化/农业环境
	农业经营中存在的问题	代码（A-E）	问询、选项	农民对农业经营的感受

土地产权情况主要指标包括：首先，家庭耕地和宅基地的数量，可以了解家庭具有的集体土地使用权情况；其次，农户土地（耕地和宅基地）被征用的数量和征地补偿，可以了解实证村农地转为非农建设用地的数量、分布、概率、用途和补偿及存在的主要问题等情况；最后，农户流转出（入）耕地数量和流转耕地租金，通过了解实证村农地使用权流转数量及农地使用权流转的租金情况，分析当地农地使用权流转的特征和问题。

土地经营情况主要指标包括：首先，家庭耕种耕地总数量、种类、作物数量，可以了解实证村农户农业经营中农作物耕种种类和数量等现状，用以分析当地农业生产结构中的种植结构情况；其次，养殖畜禽的种类、数量和收入，可以了解实证村农户养殖种类和规模等现状，用以分析当地农业生产结构中的养殖结构情况和养殖中存在的问题；为了深入了解位于禁止开发区实证村土地资源的生态环境状况，问卷还涉及农户耕地经营中田块大小和单位面积施用化肥数量，可以了解实证村是否存在耕地"细碎化"等问题，通过统计农户施用化肥的数量，可以分析农业集约化程度以及农田生态环境污染等问题；最后，农业经营中存在的问题，通过设置选项：A. 主要耕种大田作物，收入较低；B. 耕种新品种经济作物，技术不成熟，担心收入不稳定；C. 大规模投资种植（养殖），担心投资风险；D. 土地流转给外来公司，担心公司经营风险；E. 受到地形、降水、土壤等自然生态条件限制，农业生产收入比较低或难以保障；其他问题_____。可以让农民对农业经营中存在的主要问题进行选择，选项概括不全的方面可以通过问询的形式加以补充。

二 研究方法

本章采用简单数据分析和多元线性回归分析相结合的方法，旨在利用调查数据资料分析出土地利用相关影响因素特征及各因素之间的逻辑关系，最终根据分析结果为实证村选择未来适宜的土地利用模式。

回归分析是对客观事物数量依存关系的分析，是数理统计中的一个常用的方法，是处理多个变量之间相互关系的一种数学方法。在现实世界解决实际问题过程中，我们常常会遇到多个变量同处于一个过程之中，它们之间互相联系、互相制约。常见的关系有两种：一种为"确定的关系"，即变量间有确定性关系，其关系可用函数表达式表示；另外还有一些变量，他们之间也有一定的关系，然而这种关系并不完全确定，不能用函数的形式来表达，在这种关系中至少有一个变量是随机的。例如：人的身高与体重有一定的关系，一般来讲身高高的人体重相对重一些。但是它们之间不能用一个确定的表达式表示出来。这种变量（或至少其中有一个是随机变量）之间的关系，我们称之为相关关系。又如环境因素与农作物的产量也有相关关系，因为在相同环境条件下农作物的产量也有区别，也就是说农作物的产量是一个随机变量。回归分析就是研究相关关系的一种数学方法，是寻找不完全确定的变量间的数学关系式并进行统计推断的一种方法。它能帮助我们从一个变量取得的值去估计另一个变量的值。在这种关系中最简单的是线性回归。

线性回归分析是对客观事物数量关系的分析，是一种重要的统计分析方法，被广泛地应用于社会经济现象变量之间的影响因素和关联的研究。其中，一元线性回归是一个主要影响因素作为自变量来解释因变量的变化，在现实问题研究中，因变量的变化往往受几个重要因素的影响，此时就需要用两个或两个以上的影响因素作为自变量来解释因变量的变化，这就是多元回归亦称多重回归。当多个自变量与因变量之间是线性关系时，所进行的回归分析就是多元线性回归。设 y 为因变量，X_1，X_2，$\cdots$，X_k 为自变量，并且自变量与因变量之间为线性关系时，则多元线性回归模型为：

$$y = b_0 + b_1 X_1 + \cdots + b_k X_k + e \qquad \text{（公式 8-1）}$$

公式 8-1 中，b_0 为常数项，b_1，b_2，$\cdots$，b_k 为回归系数，b_1 为 X_1，X_2，$\cdots$，X_k 固定时，X_1 每增加一个单位对 y 的效应，即 X_1 对 y 的偏回归系数；同理 b_2 为 X_1，X_2，$\cdots$，X_k 固定时，X_2 每增加一个单位对 y 的效应，即 X_2 对 y 的偏回归系数，等等。

建立多元线性回归模型时，为了保证回归模型具有优良的解释能力和预测效果，应首先注意自变量的选择，其准则是：

（1）自变量对因变量必须有显著的影响，并呈密切的线性相关。

（2）自变量与因变量之间的线性相关必须是真实的，而不是形式上的。

（3）自变量之间应具有一定的互斥性，即自变量之间的相关程度不应高于自变量与因变量之间的相关程度。

（4）自变量应具有完整的统计数据，且其预测值容易确定。

多元线性回归模型的参数估计，与一元线性回归方程一样，也是在要求误差平方和为最小的前提下，用最小二乘法求解参数。

三　实证村土地利用影响因素相关关系分析

（一）农村劳动力转移的困境

两个实证村入户调查数据显示，调查的144户农户，多数家庭总人口数较多，户均人口为4.6人，其中每户6人以上的家庭占到调查样本的19.4%。主要是因为实证村处于贵州少数民族地区，一般的农户都有两个或两个以上孩子，有些家庭子女结婚以后还和父辈生活在一起，造就了人员庞大的大家庭，调查的农户最多的一户有10人。但通过调查访谈得知，这样的祖孙三世或四世同堂的大家庭，一家人只是吃住在一起。有劳动能力的老一辈和年轻一辈的经济收入和支出一般是分开的，老一辈是通过农业经营获得基本生活保障，年轻一辈则多数是通过非农业经营或劳动获得属于自己的收入，支出方面也是老一辈和年轻一辈分别负责不同的家庭支出项目。这样家庭外出打工的劳动力，几乎每年都要回家一次或多次，因为有需要赡养的老人或抚养的子女，两实证村入户调查中有未成年人（15岁以下）的家庭比例为26.6%，家庭中有60岁以上老人的占30.5%，留守老人和儿童成为多数农村家庭劳动力顺利转移过程中的牵挂，也成为城镇化中人口转移困境之一。

（二）农户生产方式的艰难抉择

两个实证村耕地少、人口多，人均耕地较少，并且优等耕地比例非常低。通过入户调查显示，仅有9.7%的家庭从事纯农业劳动，其家庭平均收入为2.39万元/年；与之相比，却有29.2%的家庭放弃农业劳动，将土地转租或撂荒，其家庭平均收入为2.69万元/年；其余大部分的农户选择农业和非农业混合经营模式，其家庭平均收入为2.56万元/年。这说明在调查农户中，从事非农业比从事农业收入高，但高出幅度并不大。在对农户的非农就业地点的调查中发现，仅有30.3%的农户中家庭成员选择了远离本地（大方县、黔西县以外）从事非农业工作，其家庭年平均收入为2.54万元/年；而其余近7成的农户选择在本地非农就业，其家庭年平均收入要高出前者，达到2.59万元/年。为了进一步验证两实证村农户非农业经营的显著影响因素，本文利用SPSS18.0统计分析软件以"非农业收入"为因变量（Y），以"非农业劳动力比重""非农业就业地点"（本地为"1"，外地为"2"）为自变量（X）进行线性回归分析（模型1），经验证两自变量之间的方差膨胀因子为1.009 < 10，因此自变量之间不存在多重共线性。

多元线性分析模型1采用"Enter（进入）"方法，模型1拟合概述如表8-2所示，选取的"Y"为"非农业收入"，选取的"X"为"非农业劳动比重"和"非农业就业地点"。所采用的调查问卷数据的拟合结果如表8-2所示：所考察的自变量和因变量之间的相关系数为0.574，说明所选取的自变量对因变量的解释程度超过一半以上；由表8-3回归方程1检验结果表明，总自由度为140，说明总144组数据中，对于该模型有效样本为140组。对应的F统计量的值为6.003，模型显著性水平为0.000[a] < 0.05，可以认为所建立的多元线性回归方程有效；从表8-4模型1的回归系数表可知，而两自变量对应的显著性水平Sig.分别为0.000和0.448，说明因变量与"非农业劳动比重"在0.05水平上显著相关，而与"非农业就业地点"不存在显著相关性。说明实证区目前农户非农就业现状随机性比较大，农户要获得较高的非农收入，只能靠家庭劳动力较多的优势，而就业地点对于收入高低没有明显的导向性。

表8-2 模型1拟合概述

Model	R	R Square	Adjusted R Square	Std. Error of the Estimate
1	0.574[a]	0.330	0.310	1.346

注：a. Predictors：（Constant）非农业就业地点，非农业收入比重。

表 8 - 3　　　　　　　　　模型 1 回归方程检验结果

Model		Sum of Squares	df	Mean Square	F	Sig.
1	Regression	60. 643	4	30. 322	16. 744	
	Residual	123. 140	136	1. 811		
	Total	183. 784	140			

注：a. Predictors：（Constant）非农业就业地点，非农业收入比重；b. Dependent Variable：非农业收入。

表 8 - 4　　　　　　　　　模型 1 回归系数

Model		Unstandardized Coefficients		Standardized Coefficients	t	Sig.
		B	Std. Error	Beta		
1	（Constant）	- 0. 199	0. 460		- 0. 432	0. 667
	非农业收入比重	0. 026	0. 004	0. 577	5. 783	0. 000
	非农业就业地点	0. 269	0. 352	0. 076	0. 765	0. 448

注：a. Dependent Variable：非农业收入。

以上分析结果的原因如下，通过农户访谈了解到，戛木村和大堰村的农民多数外出打工都选择长三角或珠三角地区，其中以在浙江、江苏、广东等地就业的最多，他们从事的行业多数为电子、服装、眼镜等手工行业或服务业、建筑业等第三产业，多数农民因为文化水平低等原因从事的是没有技术要求的初级工种或中短期工作，收入水平较低，加上出入路费、吃住等在外支出，一年到头收入所剩非常有限。而近年百里杜鹃风景区凭借着得天独厚的中国最大的野生杜鹃花区，知名度迅速提升，尤其是在 2013 年 10 月，百里杜鹃又继黄果树、龙宫之后，成为贵州省第 3 个国家级 5A 旅游景区，其旅游开发前景非常可观。但是百里杜鹃是以 "野生杜鹃花" 的观赏为主题，游览期受季节和气候限制非常明显，正与农业中的 "旱田望天吃饭" 相似，这给景区开发和当地村民的收入带来了很大的不确定性。村民如果依靠旅游景区来获得非农收入，一年中真正能获得充足和稳定收入的时期只有 4 月到 5 月杜鹃花盛开的季节。正如课题组前往调研的 2013 年 10 月中旬，基本上就没有游客前往，旅游相关产业变得十分惨淡。与村民访谈了解到，2013 年由于整个春夏季节的干旱，不但杜鹃花开得没有往年好，耕地全部为旱地的两个实证村，玉米几乎颗粒无收，烤烟品质很差，销售困难，农业收入大大受损。

（三）耕地流转不灵的原因

通过入户问卷调查得知，有 22.2% 的农户家庭为了从事非农业生产而将耕地流转出去，由于流转出的耕地多数为交通不便、耕作困难的坡耕地、石块地等劣质耕地，所以其中有 43.8% 的农户家庭流转出的耕地没有收取租金，这些耕地一般都流转给有血缘关系或社会关系比较好的亲戚或朋友耕种。其余收取租金的耕地，租金较低，从 50—200 元/亩不等。由于实证村耕地自然条件和农田水利等工程条件较差，调查中甚至有 6.9% 的农户选择撂荒耕地。与流转出耕地的农户数量相比，在调查中发现选择租种他人耕地（流转入）的农户较少，仅有 9.7%。可见，实证村当地的农民对于经营农业生产没有太大热情，主要原因是农田交通、水利等条件限制，加之干旱、土质差等自然条件原因，致使农业收入较低且农业经营风险较大。因此，土地流转在当地并没有对农业规模经营起到关键作用。

（四）农业经营收入低、风险大的瓶颈

通过入户调查得知实证村农业经营面临诸多问题。首先，从农户耕种规模上来看，农户家庭农业经营均属小规模经营，调查农户家庭耕种耕地平均数量为 5.2 亩，其中最大规模的为耕种玉米 22 亩，而耕种烤烟等经济作物在家庭劳动力自给、不雇用其他劳动力的情况下，由于农业机械化水平的限制，很难超过 10 亩。其次，从耕种的作物种类来看，只耕作大田作物（玉米）的农户占 41.7%，而大田作物（玉米）和经济作物（烤烟、蔬菜、核桃等）混合经营的农户占 12.5%，只耕作经济作物的农户家庭占 15.3%。通过访谈了解到，大多数农户选择耕种玉米的主要原因是由于耕地缺水或肥力不够等自然条件限制，无法耕种烤烟等经济作物，也有个别农户是由于家里劳动力不足而不能选择效益更高的经济作物；再次，从农户养殖的情况看，有 31.9% 的农户养殖了猪、牛或鸡，都属于中小规模养殖。从养殖种类来看，养猪都在 20 头以下，养鸡都在 25 只以下，而养牛一般都是 1—2 头，养牛的目的只

为了耕种耕地时使用。养殖户中有 30.4% 的家庭没有养殖收入，养殖
禽畜只为了自给或耕作之用。有养殖收入的农户中，多数在 1 万元以
下，最高的为养猪 20 头的农户，养殖收入为 2 万元左右；最后，农户
给出的农业耕作中主要问题的选项中，69.2% 的农户均选择的 "E" 选
项，农户主要的感受为 "土质差"、"干旱" 和 "路不通" 等问题；而
15.3% 的农户选择了 "A" 选项，说明有相当一部分农户感觉应该改变
农业经营方式。另外，为了了解生态脆弱的实证村农业生态环境状况，
问卷调查还涉及了化肥使用情况和田块大小的问题，通过入户问卷调查
得知，农户平均每亩每年施用化肥 76kg，远远超过全国平均每亩施用
化肥（32kg）水平[1]，为了进一步分析影响农民施用化肥的显著性因
素，后续将对其进行多元线性回归分析；通过问卷调查了解到，两实证
村由于自然生态环境限制，田块非常细碎化，平均田块大小为 0.92 亩/
块，最小的面积只有 0.2—0.3 亩/块，最大的也很难达到 2 亩/块，这
给农业规模经营带来了很大难度。

1. 农业经营影响因素分析

为了更加深入研究农业经营的影响因素，本文通过 SPSS18.0 统计
分析软件，以 "农业收入" 为因变量（Y），并选择了与农业经营直接
相关，且因素之间相关性较低（经 SPSS18.0 软件多重共线性检验，三
因素方差膨胀因子分别为 1.039、1.187 和 1.228 < 10，避免自变量的自
相关）的 "作物种类"（大田作物为 "1"，经济作物为 "0"）、"是否
有养殖收入" 和 "耕种耕地数量" 3 个因素为自变量（X）做多因素线
性回归（本文试图将 "田块面积" "单位面积施用化肥数量" 纳入自变
量中，但是结果显示模型 2 将变得不显著）。

表 8-5　　　　　　　　　　模型 2 拟合概述

Model	R	R Square	Adjusted R Square	Std. Error of the Estimate
2	0.663[a]	0.440	0.415	0.826

注：a. Predictors：（Constant）耕种耕地数量，作物种类，是否有养殖收入。

---

[1]　国家统计局：《国家统计局国家数据》，［2014/01/06］．http：//data. stats. gov. cn/work-
space/index；jsessionid = 83F260C45D0698E7A38474C6A57D5E2C？ m = hgnd。

表8-6　　　　　　　　　　　模型2回归方程检验结果

Model		Sum of Squares	df	Mean Square	F	Sig.
2	Regression	36.482	6	12.161	17.806	0.000ᵃ
	Residual	46.442	136	0.683		
	Total	82.925	142			

注：a. Predictors：（Constant）耕种耕地数量，作物种类，是否有养殖收入；b. Dependent Variable：农业收入。

表8-7　　　　　　　　　　　模型2回归系数

Model		Unstandardized Coefficients		Standardized Coefficients	t	Sig.
		B	Std. Error	Beta		
2	（Constant）	1.247	0.228		5.457	0.000
	作物种类	-1.251	0.225	-0.514	-5.555	0.000
	是否有养殖收入	0.667	0.241	0.274	2.770	0.007
	耕种耕地数量	0.039	0.027	0.144	1.434	0.156

注：a. Dependent Variable：农业收入。

　　多元线性分析模型2也采用"Enter（进入）"方法，模型2拟合概述如表8-5所示，选取的"Y"为"农业收入"，选取的"X"为"耕种耕地数量"、"作物种类"和"是否有养殖收入"三个指标。所考察的自变量和因变量之间的相关系数为0.663，拟合线性回归的确定性系数为0.440，经调整后的确定性系数为0.415，标准误差的估计为0.826，以上数据说明所选取的自变量对因变量的解释程度较高；由表8-6模型2回归方程检验结果表明，回归平方和为36.482，残差平方和为46.442，总平方和为82.925，对应的F统计量的值为17.806，总自由度为142，说明总144组数据中，对于该模型有效样本为142组。显著性水平为0.000ᵃ<0.05，可以认为所建立的多元线性回归方程有效；从表8-7模型2回归系数表可知，三个自变量"作物种类"、"是否有养殖收入"和"耕种耕地数量"的回归系数B的估计值分别为-1.251、0.667和0.039，而三个自变量对应的显著性水平Sig.分别为0.000、0.007和0.156，说明作为因变量"农业收入"的自变量，"作物种类"和"是否有养殖收入"两者是显著的，而"耕种耕地数量"

是不显著的。自变量"作物种类"对于因变量的回归系数符号为
"－"，说明烤烟等经济作物的减少对农业收入增加的作用更加显著；
自变量"是否有养殖收入"对于因变量的回归系数为"＋"，说明农户
家庭养殖获得的收入增加能够明显增加农户农业收入，而农户"耕种
耕地数量"并不显著影响农业收入。

2. 农业生态环境影响因素分析

为了更加深入研究位于禁止开发区中实证村的农业生态环境的影响
因素，本文通过 SPSS18.0 统计分析软件，以"单位面积施用化肥数
量"为因变量（Y），并选择了与因变量直接相关，且因素之间相关度
很低（避免自变量的自相关）的两个因素"作物种类"和"耕种耕地
数量"为自变量（X）做多元线性回归（模型3），线性回归分析结果
如表8-8、表8-9、表8-10所示。

表8-8 模型3拟合概述

Model	R	R Square	Adjusted R Square	Std. Error of the Estimate
3	0.472[a]	0.222	0.185	40.017

注：a. Predictors：（Constant）耕种耕地数量，作物种类。

表8-9 模型3回归方程检验结果

Model		Sum of Squares	df	Mean Square	F	Sig.
3	Regression	19226.700	4	9613.350	6.003	0.005[a]
	Residual	67257.744	84	0.683		
	Total	86484.444	88	1601.375		

注：a. Predictors：（Constant）耕种耕地数量，作物种类；b. Dependent Variable：单位面积使用化肥数量。

表8-10 模型3回归系数

Model		Unstandardized Coefficients		Standardized Coefficients	t	Sig.
		B	Std. Error	Beta		
3	（Constant）	114.349	13.022		8.781	0.000
	作物种类	-23.268	12.888	-0.246	-1.805	0.078
	耕种耕地数量	-4.280	1.465	-0.398	-2.922	0.006

注：a. Dependent Variable：每亩单位面积施用化肥数量。

本部分多元线性分析模型 3 也采用"Enter（进入）"方法，模型 3 拟合概述如表 8-8 所示，选取的"Y"为"单位面积施用化肥数量"，选取的"X"为"耕种耕地数量"和"作物种类"。所考察的自变量和因变量之间的相关系数为 0.472，拟合线性回归的确定性系数为 0.222，经调整后的确定性系数为 0.185，标准误的估计为 40.017，以上数据说明所选取的自变量对因变量的解释程度不高；由表 8-9 模型 3 回归方程检验结果表明，回归平方和为 19226.700，残差平方和为 67257.744，总平方和为 86484.444，总自由度为 88，说明总 144 组数据中，对于该模型有效样本为 88 组。对应的 F 统计量的值为 6.003，模型显著性水平为 0.005 < 0.05，可以认为所建立的多元线性回归方程有效；由表 8-10 模型 3 回归系数表可知，两个自变量"作物种类"和"耕种耕地数量"的回归系数 B 的估计值分别为 -23.268 和 -4.280，而两自变量对应的显著性水平 Sig. 分别为 0.078 和 0.006，说明作为因变量"单位面积使用化肥数量"的自变量，"作物种类"仅在 0.1 水平上显著，显著性水平不高；而"耕种耕地数量"在 0.05 水平上是显著的，显著性水平很高，两个自变量对因变量的影响都是负向水平的，从"作物种类"的符号可知农户更倾向于对烤烟等经济作物施用较多化肥，而家庭"耕种耕地数量"越少越倾向于在单位面积耕地上施用较多化肥。通过以上针对农业经营影响因素实证分析可知，实证村多数农户农业经营收入低的主要原因是没有较好地经营经济作物，或通过规模化养殖带来家庭收入，而家庭耕种耕地数量的差异并没有成为决定农业经营收入高低的关键性因素，但是耕种耕地数量较少的农户则更倾向于在单位面积耕地上使用更多的化肥，他们期望通过多使用化肥取得更高的单产，但现实中效果并不理想。另外，耕种经济作物的农户也愿意投入更多的化肥，这些滥用化肥的行为都会对当地农业生态环境造成影响。可见，为当地探索更适度投入和规模的生态农业生产模式是解决当地农业经营问题的关键。

第四节　实证村土地利用模式优化

一　纯农业经营模式

随着新型城镇化的推进，处于乌蒙山深处的两个实证村亦将受到其影响。加之新的国家级 5A 级旅游景区——"百里杜鹃景区"旅游用地的陆续开发，并迅速成为贵州旅游产业开发的重要景区，越来越多的村民告别了纯农业经营模式，而当地的农业经营也应该融入景区的"自然景观"，成为当地生态旅游、民俗旅游和乡村旅游结合模式的一部分。虽然百里杜鹃旅游景区以全国最大天然野生杜鹃林为主要景观，但是野生杜鹃花的花期短，对生态环境要求苛刻，因此，为了使杜鹃花景象能够持续下去，必须将当地淳朴的少数民族民俗和原生态的生活方式尽量保留，而坚决禁止工矿业用地开发对于生态环境的破坏。另外，农业经营也要以生态农业为主（通过线性回归验证，农户"农业收入"与"单位面积施用化肥量"无显著关系，而耕种耕地数量越少的农户越倾向在单位面积施用越多化肥，而施用化肥并不能带来农户增收，可见，使用较多化肥只是农户心理上对化肥的依赖和对农业高产的渴望，因此，应该在实证区推行绿色环保的生态农业），从景观上与杜鹃花景观相辅相成，并且农业生产过程不对生态环境造成破坏，因此，最好的模式就是将生态农业、民俗旅游和乡村旅游有机结合。

（一）家庭农场模式

通过实证走访和入户问卷调查，并根据所获得的资料、数据及模型分析得知，两个实证村一般农户家庭劳动力在 2—3 人，由于地形、交通等条件限制，不能使用大型农用机械，在不雇用其他劳动力情况下，耕种玉米等大田作物最多不超过 20 亩，按照每亩收获 1000 斤左右，耕种大田作物年收入不超过 2 万元，但是通过前述对于农户农业经营的实证分析可知，成规模养殖能够显著增加农业收入，因此通过调查可知在收获玉米的基础上，再养 10 头左右的猪或几十只鸡，家庭收入可达到 3 万元左右；另一种情况是农户家庭耕种烤烟等经济作物最多不能超过

10 亩，按照每亩烤烟平均收入 0.8 万元（通过访谈得知，当地种植烤烟毛收入最高可达 1.5 万元/亩，平均可达 0.8 万元/亩，最差的可达 0.4 万元/亩），扣除各种投入成本，耕种 10 亩一年净收入正常情况下可以达到 4 万元以上，由于烤烟需要精细化经营，生产流程也比较复杂，所以耕种烤烟一般就没有精力再养殖禽畜。可见，在实证地区单纯经营家庭农场而不从事非农业工作，尤其是只耕种大田作物，农户的家庭收入相对较低，达不到"小康"生活水平（按照"十八大"小康生活标准，比 2010 年全国农民人均收入 5919 元翻一番，在不计算通货膨胀率的情况下，实证村农民人均收入也应达到 10000 元以上）。如果在乡镇政府或村委会积极引导下，将家庭农场合理规划成与当地旅游产业密切结合，将耕种和养殖获得的生态农业产品纳入到旅游营销的产业链中，如将产品销售给农家乐或当地土特产品超市等，同时针对养殖、种植经济作物等农副业技术加以培训，以提高家庭收获农产品的品质和产量，家庭农场土地利用模式有望在实证地区农村加以推广，并能够保障当地农户以此经营方式过上"小康"生活。

（二）规模经营模式

通过前述对于农户家庭"农业收入"为因变量的多元线性回归分析可知，目前实证村农业经营收入的高低与耕种耕地数量的多少不成显著线性关系，即在实证村大规模农业经营的农户不一定会获得比小规模经营更高的收入，这主要是因为当地农业经营随机因素较多，带给农业经营很多不确定性风险。在实证地区推广超过 20 亩以上的农业生产规模经营模式，需要解决两个主要瓶颈问题，即农田灌溉和交通问题，因为喀斯特高山丘陵地貌给当地水土保持带来了严峻问题，如遇干旱，人畜饮水都很困难，更何况农田灌溉，当地农作现在还处于"望天吃饭"的状况。因此，结合当地对于"米底河"水库的旅游开发，有计划地改善一部分农田的灌溉问题，使这些农田能够规模种植烤烟等经济作物，对于当地农业规模经营是至关重要的。另外，对于农田的田间道路的整治，完成其与当地主干公路的连通，也是提高农业规模经营必不可少的条件之一。通过调查得知，戛木村和大堰村大概有一半以上的农户目前均聚居在景区公路两侧，即使不靠公路居住，村庄内部的道路也都已经得到硬化，因此，下一步对于农田道路的整治将有效地减少农业作业过程中人工的浪费。灌溉和交通问题解决后，作物收获和运输不但能降低成本，也会降低耕种和销售风险。通过以上方式降低实证地区农业经营风险后，规模经营的农业土地利用模式将成为一部分当地农户不错的选择。

二　混合经营模式

通过入户调查得知，超过 60% 的农户家庭选择农业和非农业混合的生产经营模式，即家里有人从事非农业生产获得收入，而只分配一部分时间和精力放在农业生产上，这种经营模式也代表了中国中西部广大农村农户家庭的生产经营模式。从实证村的问卷调查得知，选择混合经营模式的农户家庭平均收入要略低于将耕地流转出去或撂荒的纯非农业经营模式，却略高于纯农业经营模式农户的家庭年收入，原因是中国第一产业劳动力附加值要明显低于第二三产业，这说明实证区的这一现实与全国其他地区农村的趋势一致。实证区的混合经营模式一般包括两种，第一种是农户家庭在旅游旺季的收入来源于经营农家乐、零售业等与当地旅游业相关的行业，而在旅游淡季从事农业生产，将其命名为"旅游相关产业＋小农经营"模式。第二种是农户家庭中有家庭成员到邻近的大方县、黔西县或就在本村打工获得收入，而农忙时也从事农业生产，将其命名为"本地就业＋小农经营"模式。

（一）"旅游相关产业＋小农经营"模式

通过走访调查得知，两个实证村从事与旅游业相关产业的农户主要集中在戛木办事处"同心"广场所在街道两侧，还有少量经营户分布在大堰村沿旅游道路两侧，目前经营的种类包括小型农家乐、乡村旅馆、小餐馆、小型超市或日杂店等，缺乏具有本地特色的土特产品店以及较大型、综合性的农家乐，这使得能够吸引旅客驻足消费的亮点很少。主要原因是：其一，实证村的旅游景点都是零星的观赏性小景点，与百里杜鹃景区其他景点相比特色不够突出，另外，缺乏游客所需的休闲娱乐的综合型旅游服务设施；其二，当地农户大多较为贫困，所以即使是在修筑街面房屋时政府给予了不少补贴，经营过程中税费也比较优惠，但是单独经营较大型的商铺对于当地绝大多数农户来说几乎不可能。

因此，为了使农户从该模式中获得更高更稳定的收入，建议引导农户合作经营较大型的旅游零售业或农家乐，或者开发能够有效补充"杜鹃花旅游"单一性和"杜鹃花"观赏时期短弊端的综合旅游项目，比如，合理规划开发"米底河"漂流、观赏和彝族民俗风情相关旅游项目，并可将家庭农场的"农产品"采摘项目也吸纳进来，这样所吸引的目标游客就不只是观赏杜鹃花的中远途游客，对于想体验乡村旅游的附近城镇的游客，这里也是不错的旅游目的地。当然，政府在景点规划、生态环境保护以及规范商户行为上要起到较好的公共服务及监督作用。总之，既要尽量保持当地原生态的自然人文景观，又要搞活当地的旅游相关产业，这样，农户才能从中受益。而选择该种模式的农户的农业经营，就要选择节省人力和物力的大田作物、应季蔬菜或多年生林果作物（如核桃），在耕种时要选择少施肥或只施绿肥的耕作方式，基层政府要引导和组织相关的合作社来对小农经营的耕作加以指导，并对产品的加工、营销起到关键作用。

（二）"本地就业 + 小农经营"模式

目前两个实证村有 10% 左右的农户家庭中有人选择在临近的大方或黔西县城从事非农业劳动，大多数人选择的职业为建筑、运输等行业。由于黔西和大方属于能源集中型城镇，并且被列为重点开发区——黔中经济区的组成部分，所以以后的经济发展速度会非常快，随着我国小城镇户口政策的放开，这里将吸引更多的农村人口就业甚至长期居住，因此，当地政府应该有意识地将吸引人口的重点放在像戛木村和大堰村这样处于禁止开发区的农户，应该组织相关用人企业招聘、培训实证村的适龄劳动力，或由职业学校对定向招收该类地区农村的学生列出优惠政策，尤其对于招商引进到当地进行旅游开发的企业应该提出相关的用人政策，这样有助于当地人口的城镇化和非农转移。对于不用依赖农业生产的农户，应该积极引导他们将耕地流转给规模经营的农户进行农业生产，对于家庭中有农业劳动力的农户，应该耕种对生态环境没有破坏，并且节省人工的作物种类。

三 非农业就业模式

目前，两个实证村有超过 30% 的农户家庭成员选择离开本地，到其他发达地区打工，工作地点较近的选择在省会贵阳，而多数则远赴长三角或珠三角地区。由于他们文化水平低，没有技术和资金基础，只能从事劳动密集型行业中的低端工种，因此一个月收入一般都只有 1000—2000 元，扣掉日常消费，一年净收入所剩无几。而选择这种就业方式的农户，如果家里只剩下留守儿童、老人等无劳动能力的成员，一般都只能选择将耕地流转甚至撂荒，如果家里有青壮年劳动力没有外出，会选择耕种少量大田作物，农业收入很微薄。通过前述数据分析，这种选择远离本地就业的农户的平均收入比在本地经商或就业的农户的平均收入还要略低，这种就业方式还有很多其他弊端，首先，这些打工者由于离家较远，平时不能很好地照顾家庭，留下老人和儿童，产生了由"留守"带来的若干社会问题；其次，这些劳动者将劳动力剩余价值都贡献给了经济发达地区，对于落后地区的经济发展十分不利，这会使地区间经济不平衡日益加剧；最后，由于他们到发达地区就业，会成为当地收入最少的人群，加上大城市户口和其他保障机制短期内还不会将他们纳入其中，因此，他们在那里定居下来的可能性非常小，因此，从长远来看，这种经营模式在实证区不宜提倡。

第五节 小结

本章通过对位于乌蒙山深处禁止开发区的两个实证村的实证调研，获得了大量问卷和访谈数据及资料，旨在通过深入研究西部偏远农村土地利用相关影响因素，为其选择适宜的土地利用模式。为了深入了解两个实证村农村土地资源和资产两个方面的特性，从土地经营状况和土地产权状况，再加上农户人口和收入基本情况，共三个方面设置指标体系组成问卷调查的主要内容，加之对实证村村委会主任和重点村民的访谈资料为本章实证分析基础。本章运用 SPSS 统计分析软件通过数据分析和多元线性回归分析得到如下结果：①实证区农村劳动力难以彻底非农化转移；②纯农业经营、农业与非农业混合经营和纯非农业经营等生产方式对于当地农户都不是更具优势的选择；③由于农田交通、水利等条件和自然条件的限制，造成当地耕地流转不灵，阻碍了农业规模经营；④实证村多数农户农业经营收入低的主要原因是没有较好的经营经济作物，或通过规模化养殖带来家庭收入，而家庭耕种耕地数量、单位面积施用化肥数量和耕地田块面积等的差异并没有成为决定农业经营收入高低的关键性因素，但是耕种耕地数量较少的农户和耕种经济作物的农户比耕种较多大田作物的农户则更愿意在单位面积耕地上施用更多的化肥，说明施用较多化肥不一定带来增产。

综合分析结果，实证村的土地利用模式可以做出以下优化建议。

（1）纯农业经营模式

这种经营模式有两种可供农户选择：一种是"家庭农场模式"，仅依靠当地农户家庭本身力量，可以耕种大田作物 20 亩左右，养殖猪 10 头或鸡几十只，或耕种烤烟等经济作物 10 亩左右。但必须将家庭农场与当地旅游产业密切结合，将耕种和养殖获得的生态农业产品纳入到旅游营销的产业链中，家庭农场土地利用模式才有望在实证地区加以推广，并能够保障当地农户以此经营方式过上"小康"生活；另一种是"规模经营模式"，在实证地区推广超过 20 亩以上的农业生产规模经营模式，需要解决两个主要瓶颈问题，即农田灌溉和交通问题，这样作物收获和运输不但能降低成本，也会降低耕种和销售物流等风险。

（2）混合经营模式

实证区的混合经营模式一般包括两种，第一种是"旅游相关产业 + 小农经营"模式，农户家庭在旅游旺季的收入来源于经营农家乐、零售业等与当地旅游业相关的行业，而在旅游淡季从事农业生产。为了使农户从该模式中获得更多更稳定的收入，应该引导农户合作经营较大型的旅游零售业或农家乐，或者开发能够有效补充"杜鹃花旅游"单一性和观赏时期短等弊端的综合旅游项目，而农业经营要选择节省人力和物力的大田作物、应季蔬菜或多年生林果作物（如核桃），政府应引导和组织相关农业生产合作社方便农业经营；第二种是"本地就业＋小农经营"模式，农户家庭中有家庭成员到邻近的大方县、黔西县或就在本村打工获得收入，而农忙时也从事农业生产。由于实证区位于禁止进行工业化和城镇化开发地区，因此，邻近的大方县、黔西县政府应在就业或人才培养等诸多方面定向吸引实证地区农村人口向县城转移，并鼓励农户将耕地流转给耕田大户。

（3）非农业就业模式

农户家庭成员选择离开本地，到其他发达地区打工，工作地点不在本县域范围内。由于没有资金和技术基础，打工收入微薄，又由于工作地较远，只能放弃农业生产，而长远来看定居城市的可能性很小，并对落后地区发展没有贡献，因此，此种模式未来不适宜在实证区农村推广。

第九章

结论与讨论

第一节　主要结论

　　本书首先在主体功能区、土地利用和区域经济等相关理论的基础上，探讨主体功能区规划理念下区域土地利用与经济发展的耦合关系，得出贵州省各地区两个因素之间存在很强耦合关系的结论，为后续一系列实证研究打下坚实理论基础；其次，论述贵州省土地利用结构时空变化与主体功能区划分情况，从总体上对全省土地利用和空间开发现状进行把握，并在此基础上与贵州省其他地区对比分析实证区毕节市土地利用结构及驱动力；再次，选取典型实证区，分别基于主体功能区规划研究贵州省城市、连片县域、农村和主导产业等不同地域尺度的土地利用模式，并提出各尺度区域土地利用模式优化途径；最后，针对前述理论和实证研究，提出本研究的不足和未来研究展望。本书主要内容如下。

　　（1）通过对贵州省各地（州、市）进行的土地利用机制与区域经济耦合分析，得出以下结论：贵州省各地区区域经济与土地利用之间存在很强的耦合关系，并且土地利用机制中不同的方面与不同经济因素互相驱动。主要表现在：1）土地生态承载力、土地利用效率与代表区域经济发展能力的多方面经济因素具有耦合关系；2）城市建设用地大幅扩张、城市土地价格的飞速上涨对农村劳动力在不同产业间转移有很强的驱动作用；3）土地利用的生态环境效益的好坏直接与工矿用地的使用及能耗的高低有关；4）地区固定资产投资的增加与房地产投资比例增加直接相关，并用于居住和商服用地建设；5）地区农用地转用数量、公路等基础设施用地数量与水土流失的程度密切相关；6）土地市场的活跃与否与区域经济增长速度互相耦合。

（2）本书选取贵州省毕节市为主要实证区，通过前述土地利用与区域经济发展的耦合关系研究，得知实证区毕节市有4个不合理的土地利用现象相对于贵州省其他州（市）中较为突出，主要表现在：1）毕节市土地生态承载力低，加上各产业单位面积土地效益差，导致社会经济各方面发展受到限制；2）近年毕节市农用地大量转为建设用地，其中很大一部分为公路等基础设施用地，这给高山喀斯特地貌条件下的土地造成石漠化等生态问题；3）中小规模工矿用地的发展导致了土地粗放经营和产能差等问题，这对本就脆弱的生态环境有很大破坏；4）城镇中心区建设用地的扩张和土地价格的上涨趋势非常明显，这会对本就不合理的经济结构造成不利影响。可见，经济短期快速增长愿望成为毕节市各种土地利用活动的最终驱动力，很明显目前发展模式并不适合位于生态环境脆弱地区的毕节市，因此，从主体功能区规划理念入手，深入研究毕节市土地利用条件，探索不同主体功能区下的适宜土地利用模式，并为实行差别化的土地利用政策提供建议。

（3）为了探讨生态功能区城市土地利用模式优化方法，本书在对南平市和毕节市土地利用历史、现状和潜力定量对比分析基础上，对两个城市土地利用模式进行空间优化布局，研究得出南平市属于高密度集中型土地利用模式，而毕节市属于集中型土地利用模式。两个城市土地利用的功能、空间布局以及存在的问题都有一定的相似性。两个城市均处于生态功能山区，后续土地开发中都面临空间限制问题，为了缓解城区的资源环境压力，必须将一些土地利用功能转移出中心城区，如居住用地、工业用地等，在土地利用功能转移过程中，面临的主要是完善道路等基础设施和公共服务设施的资金紧张问题。因此，必须通过发展各自适宜产业才能很好地解决经济发展瓶颈问题。但由于两个城市所处的空间区位及自然社会经济条件不同，因此在区域发展中所定位的土地开发性质不同，南平市是闽西北重点开发区重要枢纽城市，其用地功能应着重放在沿海产业转移的承接上；而毕节市是贵州省域经济发展的节点城市，其用地功能应着重放在本地特色产业的发展上。

（4）为了探讨不同主体功能区之间的协调发展模式优化的研究方法，本书以处于不同主体功能区的毕节市三个连片县域为实证区，基于主体功能区规划理念，从资源环境承载力、现有发展强度和未来开发潜力三个方面构建实证区土地利用绩效评价指标体系，运用 BP 神经网络方法对三个县域进行评价，并针对不同实证县域主体功能区类型，参考同省或同类地区指标参考值来确定各自不同的评价标准值，确定不同的评价标准后，运用插值方法形成不同训练样本，运用三个县域 2007—2011 年指标数据进行仿真模拟，绩效评价结果显示：七星关区发展水平高于其余两个县域，其中赫章县的水平最低，三个连片县域存在一定差距。根据评价结果，本书认为连片特困区域的不同县域应选择不同的土地利用模式，结合实际分别将七星关区、大方县和赫章县的土地利用模式优化为城市组团型模式、特色农业型模式和生态林草种养殖型模式，在产业开发中应该根据各县域不同的主体功能分别开发城镇化用地、生态农业用地和生态林草地等不同土地利用类型，并根据土地自然资源禀赋布局进行具体产业空间布局。本书结合实证调查和产业发展基础等条件，运用 ArcGIS 软件以乡镇为单位展示实证县域各乡镇未来产业布局的空间分布情况。

为了基于对县域内各乡镇土地利用模式进行分区规划，本书依据主体功能区规划理念，选取贵州省大方县的 34 个乡镇为研究单元，从土地生态环境承载力、土地利用效益及强度、土地开发潜力三方面建立指标体系，采用样本聚类分析法进行土地利用分区，根据空间聚类结果及不同乡镇土地适宜开发强度对适合各区域的环境友好型土地利用模式加以探讨，以期为优化乡镇级行政区的开发秩序提供借鉴。通过对聚类结果及开发建设适宜程度的综合分析，将大方县 34 个乡镇划分为三种主体功能区，第一种为位于大方县中部重点发展区，包括 8 个乡镇，其主体功能是提供工业品和服务商品，发展中应坚持大集中的思路，选择产业集聚型土地利用模式。第二种是位于大方县西部的城镇化潜力区，包括 17 个乡镇，其主体功能是提供能源、特色产业及农产品，与重点开发区土地利用模式不同的是，该区域应选择以点带面、以线串点的非集聚发展模式，在完善物流等基础设施基础上发展为重点发展区的原料基地。第三种是位于大方县东北部的新农村建设区，包括 9 个乡镇，其主体功能是提供生态产品和农产品，该区域的发展以新农村建设为主，加强农地整治，增加农业、农村基础设施建设。结论为现有国土开发格局中，县域内各乡镇在土地利用和经济发展方面已自发形成空间集聚基础，为避免各乡镇在开发过程中"趋同"或相互"模仿"，可将主体功能理念贯彻到微观区域，为各乡镇选择适宜的发展模式。

（5）为了深入研究实证区农村土地利用模式，本书通过对位于乌蒙山深处的毕节市戛木村和大堰村的实证调研，获得了大量问卷和访谈数据及资料，运用多元线性回归模型研究西部偏远农村土地利用的显著影响因素，最终为实证村选择适宜的土地利用模式。为了深入了解两个实证村农村土地资源和资产两个方面的特性，从土地经营状况和土地产权状况，再加上农户基本情况，共三个方面设置指标体系组成问卷调查的主要内容，加之对实证村村委会主任和重点村民的访谈资料为本部分实证分析基础。定量分析结果如下：1）实证区农村劳动力难以彻底非农化转移；2）纯农业经营、农业与非农业混合经营和纯非农业经营等生产方式对于当地农户都不是更具优势的选择；3）由于农田交通、水利等条件和自然条件的限制，造成当地耕地流转不灵，阻碍了农业规模经营；4）实证村多数农户农业经营收入低的主要原因是没有较好的经营经济作物，或通过规模化养殖带来家庭收入，而家庭耕种耕地数量、单位面积施用化肥和耕地田块面积等的差异并没有成为决定农业经营收入高低的关键性因素，但是耕种耕地数量较少的农户和耕种经济作物的农户比耕种较多大田作物的农户更愿意在单位面积耕地上施用更多的化肥，说明施用较多化肥不一定带来收入增加。综上所述，实证村的土地利用模式优化结论如下：①纯农业经营模式。这种经营模式有两种可供农户选择：一种是"家庭农场模式"，仅依靠当地农户本身力量，可以耕种大田作物 20 亩左右，养殖猪 10 头或鸡几十只，或耕种烤烟等经济作物 10 亩左右。但必须将家庭农场与当地旅游产业密切结合，将耕种和养殖获得的生态农业产品纳入到旅游营销的产业链中，家庭农场土地利用模式才有望在实证地区加以推广，并能够保障当地农户以此经营方式过上"小康"生活；另一种是"规模经营模式"，在实证地区推广超过 20 亩以上的农业生产规模经营模式，需要解决两个主要瓶颈问题，即农田灌溉和交通问题，这样作物收获和运输不但能降低成本，也会降低耕种、销售及物流等风险。②混合经营模式。实证区的混合经营模式一般包括两种，第一种是"旅游相关产业 + 小农经营"模式，农户家庭在旅游旺季的收入来源于经营农家乐、零售业等与当地旅游业相关的行业，而在旅游淡季从事农业生产。为了使农户从该模式中获得更多更稳定的收入，建议引导农户合作经营较大型的旅游零售业或农家乐，或者开发能够有效补充杜鹃花旅游"单一性和观赏时期短"弊端的综合旅游项目，而农业经营要选择节省人力和物力的大田作物、应季蔬菜或多年生林果作物（如核桃），政府应引导和组织相关农业生产合作社，以方便农业经营；第二种是"本地就业 + 小农经营"模式，农户家庭中有家庭成员到临近的大方县、黔西县或就在本村打工获得收入，而农忙时也从事农业生产。由于实证地位于禁止进行工业化和城镇化开发地区，因此，邻近的大方县、黔西县政府应在就业或人才培养等诸多方面定向吸引实证地区农村人口向县城转移，并鼓励农户将耕地流转给耕田大户。③非农业就业模式。农户家庭成员选择离开本地，到其他发达地区打工，工作地点不在本县域范围内。由于没有资金和技术基础，打工收入微薄，又由于工作地较远，只能放弃农业生产，而长远来看定居城市的可能性很小，并对落后地区发展没有贡献，因此，未来此种模式不适宜在实证区农村推广。

（6）为了在主体功能区规划下对贵州省主导产业土地利用模式深入研究，本书基于 ROS（游憩机会谱）理论框架，将贵州省 18 个重点风景名胜区各环境因素进行比较分析，运用 AHP 与熵值法结合建立贵

州省游憩机会谱，为各类型旅游用地贯彻差别化土地利用政策，并有针
对性地优化各类景区旅游用地开发模式，能够从省域角度更好地统筹各
种类型旅游用地的开发，最后选取典型景区实地通过问卷调查游客对于
各种类型景区的需求意愿，通过景区的供需分析得知游客对少数民族特
色旅游需求远远大于供给。得出以下主要结论：1）贵州省旅游用地各
环境因素之间的相关关系与传统的 ROS 理论中的不同。首先，景区的
"偏远程度"与其"人类迹象"不是负相关关系，而是正相关关系，这
与传统的 ROS 理论相反；其次，景区"区域规模"与"偏远程度"
"人类迹象"等因素相关关系不明显；最后，景区的"管理力度"与
"人类迹象"等因素呈两极分化的相关关系；2）运用 AHP 与熵值法结
合构建贵州省风景名胜区游憩机会谱，将贵州省 18 个重点风景名胜区
分为 5 种开发模式，分别是民族风情小城镇、郊区半自然型景区、郊区
自然型景区、偏远半自然型景区、偏远自然型景区，在景区旅游用地的
开发中，应该在全省统筹的基础上，立足景区的旅游资源现状，对不同
类型景区实施差别化的土地政策，这样既能在最大程度地保护原生态旅
游资源的基础上，将开发人力、财力、物力有效分配，杜绝各地区都开
发旅游的"趋同化"开发模式出现，也能为旅客呈现出不同类型且开
发程度各异的旅游景区，这样才能促进贵州省旅游产业和整个社会经济
的可持续发展；3）通过对贵州省各类型重点风景名胜区供需关系的分
析可知，游客对少数民族特色旅游景区需求远远大于供给，其余类型景
区供需差别不大，因此，在后续对风景名胜区地开发中应注重对贵州省
少数民族文化资源的发掘，以满足游客这方面的需求。

第二节　政策建议

通过以上不同地域尺度土地利用模式的优化研究可知，在《贵州
省主体功能区规划》指导下，首先，应针对所处的不同类型主体功能
区选择适宜的产业开发方式；其次，未来应该通过政策制定逐步将限制
开发区内的人口转移至城镇化地区；再次，对于生态功能区城市的开

发，应该特别注意将工业、居住等用地功能移出中心城区，以减轻老城区人口、设施和资源环境等方面的压力；最后，贵州山区农村应该选择适宜当地自然环境的生态农业发展方式，通过逐步形成独有的农产品品牌来促进当地农业产业化，并注重与旅游等主导产业的联合开发。可见，对于贵州省各地区土地利用模式优化，有赖于对于生态环境保护基础上的土地资源利用开发，最终形成适宜当地的环境友好型土地利用模式。

一 对中心城区用地功能的转移

对于处于西部山区生态功能区的城市，特别要借鉴东部省市山区城市发展的经验教训，在制定土地开发利用政策时，注重对中心城区各类型用地的布局，要在城市发展程度和土地开发密度还不是太高时将工业和居住等用地功能分散出去。例如，本研究的对比城市南平市原来的中心城区——延平区，建筑容积率已经达到1.65，已经远远超过中国城市的适宜容积率0.6，这使得作为城市中心出现了许多由于承载力过高的城市病，使得南平市政府不得不将城市的中心转移至新的发展中心——武夷新区，这样会造成人、财、物和土地等资源的极大浪费；本研究的实证城市毕节市的中心城区——七星关区，虽然建筑容积率为0.72，远小于延平区，但却已经高于全国建筑容积率的平均水平0.6，另外从其经济发展水平来看，却远低于全国平均水平，所以现在就要注意其中心城区的集约用地及用地功能的转移。对于转移至城市副中心的工业、居住和物流等用地布局，要依据城市郊区已有的产业发展基础、城市基础设施建设投资及自然生态环境限制等因素来加以确定。

二 注重城镇化地区的产业用地布局

该类区域位于城市副中心或县域中心镇，是近期城镇化、工业化关键发展区域，在制定土地政策时，应注重其与中心城区的一体化统筹发展的前提下，优化进行经济建设和开发的同时，兼顾生态保育，以工业化带动农村劳动力转移，减轻农村人口及生态压力，作为接纳城镇化人口的主要区域类型，应该注重为该地区选择适宜的主导产业，并注重区域内外交通设施和公共服务设施的配套建设,使其尽快进入中等城镇化阶段。例如,七星关区的海子街片区、松林片区和小坝——中屯片区,大方县的大方镇、羊场镇和黄泥塘镇等,因为有一定的产业发展基础,也是城镇人口聚集区,并且区位距离中心城区较近,交通相对便利,自然生态环境较为优越,并且富有矿产、旅游等资源,具有进一步城镇化的优越条件,所以应该作为未来的城镇化区域对其进行开发。

三 城镇化潜力区的用地选择

城镇化潜力区是指距离城镇中心城区具有一定距离,产业发展较缓慢,但是处于乡镇中心,具有一定产业和人口聚集度的区域。例如,大方县的该类区域,如文阁乡、理化乡等乡镇,水域面积大,地势平坦,具有经济发展潜力,但该区生态破坏严重,故而该区在日后的发展中应以生态系统的修复和改善为前提,加大基础设施供地力度,可以有选择地进行工业发展,并鼓励农业人口来此定居;而七星关区的该类区域,如大屯乡、田坎乡等彝族、苗族等少数民族聚集乡镇,可以发展乡村旅游和特色农产品加工等产业,在为城市提供服务的同时,使得当地得到良好的发展机遇。

四 农业主产区的农业产业化经营

为了保障国家的粮食安全,农业主产地区的中心任务是进行农业产业经营。而贵州处于生态脆弱的喀斯特山区,平地少,坡地多,优质耕地比重低,劣质耕地比重高,农业产出不高。而当地农村人口承载力高,经济发展落后,耕地垦殖率远高于其他平原地区,这使得过去耕作活动也是造成土地水土流失和石漠化的主要活动之一。为了改变贵州农业主产区的这种状况,首先,应该通过政策引导使得过去的农业人口积极地从落后山区农业劳作中转移出来。其次,应该积极引导当地发展有利于生态环境可持续发展的生态农业,选择适宜当地农作物品种,通过农作物品牌培育和品质提高,增加当地农业的附加值,通过农业产业化经营发展当地农业经济,通过减少农业劳动力数量和逐步实现适度规模经营来提高农村人口的农业收入水平。例如，作为国家级农产品主产区的大方县，对于农业土地利用效益及强度大、非农业产业基础薄弱且生态环境状况良好的百纳乡、黄泥乡等乡镇，在农业产业方面，可投资建设规模化的区域性优质农产品生产基地，充分发挥天麻、漆器等特色农业优势及立体土地利用模式；而对于处于国家级森林公园的实证村戛木村和大堰村，要防止农业发展对于生态环境和"百里杜鹃"森林景观的破坏，必须首先将农业人口城镇化作为政策重点，以减少农村生态承载力。而当地农业可以发展核桃、烤烟等对生态环境影响较小的经济作物，但是要注意在耕作期间对化肥使用的控制和对水土资源的保护，并可以将其农产品销售与当地旅游业有机结合进行产业化经营。

五 生态功能区的土地开发与保护

生态功能区多数位于生态环境脆弱、生态重要性高及经济落后的欠发达地区。例如，本研究的实证县域赫章县位于贵州屋脊的乌蒙山深处，多年来都是国家扶贫攻坚的重点区域，但是目前产业和经济等方面发展依然很落后。对于这些区域应该如何开发，最重要的是如何在发展的基础上加以保护。对于像赫章县这样的生态功能县域，首先，应该积极探索适合当地发展的生态环境友好型产业，如赫章县的半夏等中草药，已经具有一定的知名度和地理标识度，便可以发展成为当地发展的主导产业。其次，对于承载着重要生态功能的地区，应该通过生态服务价值评估等方式获得应得的生态补偿，而这些补偿资金除了来源于国家和省级的纵向转移支付，以后应该在地区间的横向转移支付制度上进一步探索，以获得更多支持该类区域公共服务设施建设和生态保护等资金来源。

第三节 讨论

随着中国经济社会的持续快速发展，土地稀缺问题越来越突出，一方面，城镇化进程的推进需要增加大量建设用地；另一方面，确保粮食安全的形势越来越紧迫，另外，生态、景观等用地也必不可少，这些都要求未来土地利用活动更加科学。土地利用分区、规划等研究更注重针对宏观地域尺度和通用方法的应用，而对于更微观的地域尺度，针对当地自然、社会和经济等条件的土地利用模式的研究更具有应用实践意义。已有关于土地利用模式研究，学者们应用遥感、景观生态、经济效益评价等多学科多领域交叉的技术方法，从不同视角对不同类型区域提出了土地利用模式优化方案。本研究在前人研究基础上，依据主体功能区规划理念，针对不同主体功能区类型和不同地域尺度实证区的自然、经济和社会等特点，采用不同的土地利用评价及分区方法，最终确定未来适宜的土地利用开发模式，旨在将适宜的差别化土地利用政策措施贯彻到位。本书的相关研究对于与实证区自然资源禀赋类似的西部地区有一定的借鉴作用，对城市、连片县域、农村和主导产业等土地利用模式优化技术和方法有一定的改进作用。

然而，人地系统是一个复杂的巨系统，特定区域土地利用模式的选择不仅取决于地理区位、资源禀赋和生态环境等自然因素，更加受到当地社会文化、经济发展、产业布局等人类活动因素的影响或限制，深入研究土地利用模式需要考虑的因素非常多而复杂，应用任何一种方法对于这方面进行研究都很难做到科学而全面。因此，本书的相关研究受到作者学术水平限制，不免有失偏颇，在后续研究中有待改进。

以往研究中，学者们更注重在利用遥感技术对于地理要素、土地利用结构变化等自然因素的分析基础上，对于土地利用模式进行优化研究。而本研究更多地将社会经济研究方法与自然技术研究方法相结合，注重分析人类社会对于区域土地生态系统的影响。作者在研究中搜集了大量实证区土地利用、遥感影像、社会经济、产业发展等数据资料，在资料搜集过程中，尽管作者通过各种渠道，并付出巨大努力，对于有些难以获得的关键数据也采用合理的方法和合适的数据加以替代，但是仍然由于地域过于微观，有些统计数据难以获得，比如，能够代表农村生态环境的指标，由于数据难以统计和获得，指标数量过于单薄，希望后续研究中能够针对这些方面加以改进。

另外，由于作者的理论和学术实践功底过浅，相关研究过程中，对于很多问题的思考还不够清晰，以致运用的方法有待改善。例如，对于连片特困县域土地利用模式研究过程中，运用 BP 神经网络模型对不同主体功能区类型县域进行土地利用绩效评价时，对于不同区域的指标评价标准的选择缺乏公认的研究依据，并且人工神经网络方法是一个模糊系统，因此，很难用此模型对最终评价结果进行指标贡献解释，这是本部分研究的一个缺陷。另外，对于农村土地利用模式研究过程中，运用多元线性回归模型，以非农业收入和农业收入等指标为因变量时，三个模型自变量和因变量之间的相关系数均小于 0.7，说明所选取的自变量对于因变量的整体解释程度不高，自变量涵盖得不够全面，在后续研究中应该加以完善。

参考文献

一 中文文献

［1］毕宝德：《土地经济学》（第六版），中国人民大学出版社 2010 年版。

［2］肖笃宁、李秀珍、高峻等：《景观生态学》，科学出版社 2003 年版。

［3］张丽彤、丁文荣、周跃等：《土地利用/土地覆被变化研究进展》，《环境科学导刊》2007 年第 5 期。

［4］郭璐斐：《泰安市环境友好型土地利用模式及其评价指标体系研究》，中国农业大学硕士学位论文，2006 年。

［5］毛德华、陈秋林、汪子一：《关于环境友好型土地利用模式的若干基本问题的探讨》，《资源环境与工程》2007 年第 1 期。

［6］王志海、高阳、徐建华等：《生态环境友好型城市土地利用模式探讨——以上海市为例》，《城市》2008 年第 2 期。

［7］刘黎明、林培：《黄土高原持续土地利用研究》，《资源科学》1998 年第 1 期。

［8］刘彦随：《山地农业资源的时空性与持续利用研究——以陕西秦巴山地为例》，《长江流域资源与环境》1999 年第 4 期。

［9］胡绪江、陈波、胡兴华等：《后寨河喀斯特流域土地资源合理利用模式研究》，《中国岩溶》2001 年第 4 期。

［10］廖和平、邓旭升、卢艳霞：《三峡库区坡地资源优化利用模式与途径》，《山地学报》2005 年第 2 期。

［11］周潮洪、冯雨：《蓄滞洪区土地合理利用模式研究》，《水利水电工程设计》2012 年第 3 期。

［12］刘晗、吕斌：《太行山区牛叫河小流域土地可持续利用模式探讨》，《地理研究》2012 年第 6 期。

［13］梁伟恒、廖和平、杨伟等：《基于生态安全的西南山地丘陵区土地利用优化模式研究——以重庆市开县为例》，《西南师范大学学报》（自然科学版）2012 年第 5 期。

［14］余中元、李波：《滇池流域生态经济系统特征与区域协调发展土地利用模式研究》，《农业现代化研究》2013 年第 4 期。

［15］刘云：《香格里拉生态旅游环境友好型土地利用模式研究》，《广东土地科学》2013 年第 2 期。

［16］李智广、刘务农：《秦巴山区中山地小流域土地持续利用模式探讨——以柞水县薛家沟流域为例》，《山地学报》2000 年第 2 期。

［17］杨庆媛、田永中、王朝科等：《西南丘陵山地区农村居民点土地整理模式——以重庆渝北区为例》，《地理研究》2004 年第 4 期。

［18］王成、赵万民、谭少华：《不同土地利用模式与管理实践下的土地经济效益响应》，《农业工程学报》2009 年第 10 期。

［19］饶静、欧阳威：《高投入高产出土地利用模式的成因及对策》，《中国土地科学》2011 年第 12 期。

［20］李艳丽：《不同土地利用模式与管理实践下的土地经济效益响应探讨》，《黑龙江科技信息》2013 年第 13 期。

［21］张杰、杨重光、蒋三庚等：《国际化大都市核心区土地利用模式创新分析——以北京市东城区为例》，《首都经济贸易大学学报》2008 年第 6 期。

［22］高志昊、宋戈、张远景：《石油城市经济转型背景下土地利用模式研究——以黑龙江省大庆市为例》，《水土保持研究》2011 年第 3 期。

［23］刘英英、石培基、刘春雨等：《基于 GIS 陇南市生态功能区划及环境友好型土地利用模式》，《干旱区资源与环境》2011 年第 1 期。

[24] 席海凌、计文波：《昆明轨道交通建设与城市土地开发利用模式探讨》，《多元与包容——2012 中国城市规划年会》，中国云南昆明，2012 年。

[25] 林依标、陈权：《地铁线路选择及站点区域土地利用模式研究》，《综合运输》2013 年第 4 期。

[26] 袁媛：《组团城市轨道交通沿线土地的利用模式——以台州市为例》，《城市问题》2013 年第 6 期。

[27] 丁川、谢秉磊、王耀武：《TOD 模式下城市公交干线与土地利用的互动关系》，《华南理工大学学报》（自然科学版）2013 年第 2 期。

[28] 徐磊：《交通引导下的武汉城市圈土地利用模式研究》，华中农业大学硕士学位论文，2012 年。

[29] 殷少美：《国外城市土地利用模式对扬州建设世界名城的启示》，《中国名城》2012 年第 12 期。

[30] 刁其怀：《香港土地利用模式对深圳土地改革的借鉴意义》，《中国房地产》2012 年第 15 期。

[31] 蒲春玲、余慧容：《新疆低碳与环境友好型土地利用模式探讨》，《干旱区资源与环境》2011 年第 6 期。

[32] 张春花、武传表：《大连市环境友好型土地利用模式初探》，《北方经济》2012 年第 12 期。

[33] 温向东、彭晓烈：《城市周边土地利用模式初探》，《山西建筑》2012 年第 3 期。

[34] 纪昭：《包容性增长视角下的土地利用模式研究》，中国地质大学硕士学位论文，2012 年。

[35] 田向南：《基于生态足迹的咸宁市低碳土地利用模式的研究》，华中师范大学硕士学位论文，2012 年。

[36] 刘文秀：《长春市城张一体土地利用的机制与模式研究》，东北师范大学博士学位论文，2012 年。

[37] 彭毅：《主体功能区战略引导下的区域土地利用模式及情景模拟——以浙江省遂昌县为例》，浙江大学硕士学位论文，2009 年。

［38］王月基：《基于主体功能区划视角的区域土地利用模式研究》，《大众科技》2013年第3期。

［39］唐常春、樊杰、陈东等：《行政边界区域土地利用与空间发展模式研究——以长株潭结合部为例》，《人文地理》2013年第2期。

［40］国务院：《全国主体功能区规划》，2010年。

［41］王万茂、韩桐魁：《土地利用规划学》，中国农业出版社2002年版。

［42］王学雄：《参与式小流域土地利用格局调控研究》，北京林业大学博士学位论文，2006年。

［43］倪绍祥：《土地类型与土地评价概论》，高等教育出版社2008年版。

［44］陈才：《区域经济地理学原理》，中国科学技术出版社1991年版。

［45］陆大道：《区域发展及其空间结构》，科学出版社1995年版。

［46］李小建：《经济地理学》，高等教育出版社2006年版。

［47］王丽：《生态经济区划理论与实践初步研究——以黄山市为例》，安徽师范大学硕士学位论文，2005年。

［48］刘彦随：《区域土地利用优化配置》，学苑出版社1999年版。

［49］康凯、张金锁：《区域经济学》，天津大学出版社2009年版。

［50］王万茂、工群：《土地利用规划学》，北京师范大学出版社2010年版。

［51］毛汉英：《人地系统与区域持续发展研究》，中国科学技术出版社1995年版。

［52］王家庭：《国家综合配套改革试验区的理论与实证研究：以天津滨海新区为例》，南开大学出版社2009年版。

［53］吴次芳、潘文灿：《国土规划的理论与方法》，科学出版社2003年版。

［54］蔡俊、郑华伟、刘友兆等：《中国经济发展与城市土地集约利用的协调发展评价研究》，《农业系统科学与综合研究》2011年第3期。

［55］赵可、张安录：《城市建设用地、经济发展与城市化关系的计量分析》，《中国人口·资源与环境》2011年第1期。

［56］李萍、谭静：《四川省城市土地利用效率与经济耦合协调度研

究》，《中国农学通报》2010 年第 21 期。

［57］李卫清、李跃军：《台州市土地资源持续利用与经济发展协调性评价》，《统计科学与实践》2011 年第 8 期。

［58］吴群、郭贯成、万丽平：《经济增长与耕地资源数量变化：国际比较及其启示》，《资源科学》2006 年第 4 期。

［59］刘忠、李保国：《基于土地利用和人口密度的中国粮食产量空间化》，《农业工程学报》2012 年第 9 期。

［60］魏建、张广辉：《山东省耕地资源与经济增长之间的关系研究》，《中国人口·资源与环境》2011 年第 8 期。

［61］李颖、崔海山、邹丽丽：《广东省耕地资源动态变化及其与经济发展的耦合关系》，《生态经济》2010 年第 7 期。

［62］胡明、马继东：《安塞县土地利用变化与经济发展的关系》，《水土保持研究》2008 年第 1 期。

［63］田玉军、李秀彬、马国霞等：《宁夏南部山区农户土地利用决策模拟》，《农业工程学报》2011 年第 S2 期。

［64］王业侨：《海南省经济社会发展与土地利用相关分析》，《地域研究与开发》2006 年第 3 期。

［65］肖鹤亮、陈美球、龙颖：《广丰县经济发展与土地利用结构变化互动关系研究》，《水土保持研究》2007 年第 4 期。

［66］周忠学：《陕北黄土高原土地利用变化与社会经济发展关系及效应评价》，陕西师范大学博士学位论文，2007 年。

［67］刘海、陈晓玲、黄蓉等：《基于土地利用信息的区域可持续发展评价方法》，《农业工程学报》2011 年第 11 期。

［68］张志强、徐中民、程国栋等：《中国西部 12 省（区、市）的生态足迹》，《地理学报》2001 年第 5 期。

［69］叶延琼、章家恩、李韵等：《基于农用地变化的社会经济驱动因子对广东省农业生态系统服务价值的影响》，《农业现代化研究》2011 年第 6 期。

［70］王青：《土地市场运行对经济增长影响研究》，南京农业大学博士

学位论文，2007 年。

［71］曲福田、陈江龙、陈雯：《农地非农化经济驱动机制的理论分析与实证研究》，《自然资源学报》2005 年第 2 期。

［72］黄晓宇、蒋妍、丰雷：《土地市场与宏观经济关系的理论分析及实证检验》，《中国土地科学》2006 年第 4 期。

［73］贵州省人民政府：《贵州省土地利用总体规划》（2006—2020 年），2009 年。

［74］六盘水市人民政府：《六盘水市土地利用总体规划》（2006—2020 年），2010 年。

［75］铜仁市人民政府：《铜仁地区土地利用总体规划》（2006—2020 年），2010 年。

［76］熊德惠：《贵州省黔南州土地利用结构优化配置研究》，《农技服务》2010 年第 11 期。

［77］黔西南州人民政府：《黔西南州土地利用总体规划》，2010 年。

［78］贵州省人民政府：《贵州省主体功能区规划》，2009 年。

［79］毕节市人民政府：《毕节市土地利用总体规划》（1996—2010 年），2008 年。

［80］毕节市人民政府：《毕节市土地利用总体规划》（2006—2020 年），2012 年。

［81］韩德军、朱道林：《贵州省土地利用与区域经济耦合关系分析》，《农业工程学报》2012 年第 15 期。

［82］姬桂珍、吴承祯、洪伟：《南平市土地利用结构的动态变化》，《福建农林大学学报》（自然科学版）2006 年第 1 期。

［83］黄璜：《毕节市社会经济发展与土地利用关系分析》，贵州大学硕士学位论文，2009 年。

［84］［美］M. 赛尔奎因、S. 鲁宾逊、H. 钱纳里：《工业化和经济增长的比较研究》，上海人民出版社 1989 年版。

［85］余国合：《湖北省经济发展阶段的判断》，《湖北经济学院学报》（人文社会科学版）2005 年第 2 期。

［86］ 季小妹、邵波：《中国土地利用潜力研究进展与启示》，《生态环境学报》2012 年第 1 期。

［87］ 韩涛、杜娟：《基于共生理念的城市用地布局模式探讨——以天津市国家级文化产业示范区为例》，《规划师》2011 年第 7 期。

［88］ 王倩：《主体功能区绩效评价研究》，《经济纵横》2007 年第 13 期。

［89］ 王志国：《关于构建中部地区国家主体功能区绩效分类考核体系的设想》，《江西社会科学》2012 年第 7 期。

［90］ 赵景华、李宇环：《国家主体功能区整体绩效评价模式研究》，《中国行政管理》2012 年第 12 期。

［91］ 王茹、孟雪：《主体功能区绩效评价的原则和指标体系》，《福建论坛》（人文社会科学版）2012 年第 9 期。

［92］ 吴一洲、吴次芳、罗文斌等：《浙江省城市土地利用绩效的空间格局及其机理研究》，《中国土地科学》2009 年第 10 期。

［93］ 陈士银、周飞、吴雪彪：《基于绩效模型的区域土地利用可持续性评价》，《农业工程学报》2009 年第 6 期。

［94］ 班茂盛、方创琳、刘晓丽等：《北京高新技术产业区土地利用绩效综合评价》，《地理学报》2008 年第 2 期。

［95］ 李灿、张凤荣、朱泰峰等：《基于熵权 TOPSIS 模型的土地利用绩效评价及关联分析》，《农业工程学报》2013 年第 5 期。

［96］ 朱红梅、周子英、黄纯等：《BP 人工神经网络在城市土地集约利用评价中的应用——以长沙市为例》，《经济地理》2009 年第 5 期。

［97］ 苑韶峰、吕军：《利用人工神经网络进行国有土地价格评估的探讨》，《上海交通大学学报》（农业科学版）2004 年第 2 期。

［98］ 周子英、朱红梅、谭洁等：《基于人工神经网络的长株潭城市土地集约利用评价》，《湖南农业大学学报》（社会科学版）2008 年第 6 期。

［99］ 廖兴勇：《重庆丘陵山区土地整理模式及其关键技术研究》，西南大学博士学位论文，2012 年。

［100］ 贵州省农村综合经济信息中心：《万村千乡网页工程之大堰村》，

http：//www. gzjcdj. gov. cn/wcqx/villages/？c = 1942&d = 9766。

[101] 贵州省农村综合经济信息中心：《万村千乡网页工程之戛木村》，
http：//www. gzjcdj. gov. cn/wcqx/villages/？c = 1942&d = 9765。

[102] 《人民日报》（海外版）：《中国人均耕地仅 1. 35 亩不及世界平均
水平一半》，［2014/01/06］. http：//jingji. cntv. cn/2012/12/26/
ARTI1356478289898822. shtml。

[103] 贺雪峰：《地权的逻辑 2——地权变革的真相与谬误》，东方出版
社 2013 年版。

[104] 国家统计局：《国家统计局国家数据》，［2014/01/06］. http：//
data. stats. gov. cn/workspace/index；jsessionid = 83F260C45D0698
E7A38474C6A57D5E2C？m = hgnd。

[105] 章牧、李月兰：《土地利用总体规划修编中的旅游用地问题研
究》，《社会科学家》2006 年第 4 期。

[106] 张娟：《旅游用地分类的探讨》，《资源与产业》2008 年第 1 期。

[107] 苏琨、周勇：《旅游用地在土地利用分类系统中的归属与应用初
探》，《资源与产业》2008 年第 3 期。

[108] 范业正：《城市旅游规划与城市规划的关系与协调》，《规划师》
2000 年第 6 期。

[109] 杨军、高珊：《拒绝"擦边球"——对城市规划中出现旅游用地
的一些思考》（2007 中国城市规划年会），哈尔滨，2007 年。

[110] 李婷婷、密亚州、张辉等：《北京市郊区旅游用地管理模式研
究》，《城市发展研究》2009 年第 11 期。

[112] 徐勤政、刘鲁、彭珂：《城乡规划视角的旅游用地分类体系研究》，
《旅游学刊》2010 年第 7 期。

[113] 张凤玲：《桂林旅游用地破题》，《中国房地产报》2013 年 7 月 1 日
第 D1 版。

[114] ［美］摩尔、德莱维尔：《户外游憩：自然资源游憩机会的供给
与管理》，南开大学出版社 2012 年版。

[115] 中国城市规划设计研究院：《贵州省风景名胜区体系规划》，贵

州省建设厅 2007 年版。

[116] 吴必虎：《区域旅游规划原理》，中国旅游出版社 2001 年版。

[117] 黄向、保继刚、沃尔·杰弗里：《中国生态旅游机会图谱（CE-COS）的构建》，《地理科学》2006 年第 5 期。

[118] 李晓阳：《基于游憩机会谱方法的湖泊旅游产品设计——以梁子湖为例》，《文学教育》2009 年第 8 期。

[119] 周青、江能远等：《贵州省森林游憩谱与游憩项目开发探讨》，《四川林勘设计》2003 年第 1 期。

[120] 肖随丽、贾黎明、汪平等：《北京城郊山地森林游憩机会谱构建》，《地理科学进展》2011 年第 6 期。

[121] 马东辉、郭小东、苏经宇等：《层次分析法逆序问题及其在土地利用适宜性评价中的应用》，《系统工程理论与实践》2007 年第 6 期。

[122] 王道平、王煦：《基于 AHP/熵值法的钢铁企业绿色供应商选择指标权重研究》，《软科学》2010 年第 8 期。

[123] 国务院关于印发全国主体功能区规划的通知，http：//www. gov. cn/zwgk/2011 – 06/08/content_ 1879180. htm。

[124] 孟召宜、朱传耿、渠爱雪等：《我国主体功能区生态补偿思路研究》，《中国人口·资源与环境》2008 年第 2 期。

[125] 樊继达：《政府转型、财税政策创新与主体功能区建设》，《新视野》2011 年第 6 期。

[126] 李炜、田国双：《生态补偿机制的博弈分析——基于主体功能区视角》，《学习与探索》2012 年第 6 期。

[127] 徐梦月、陈江龙、高金龙等：《主体功能区生态补偿模型初探》，《中国生态农业学报》2012 年第 10 期。

[128] 娄峰、侯慧丽：《基于国家主体功能区规划的人口空间分布预测和建议》，《中国人口·资源与环境》2012 年第 11 期。

[129] 刘正广、马忠玉、殷平：《省级主体功能区人口分布格局探讨——以宁夏回族自治区为例》，《中国人口·资源与环境》2010

年第 5 期。

[130] 傅鼎、宋世杰：《基于相对资源承载力的青岛市主体功能区区划》，《中国人口·资源与环境》2011 年第 4 期。

[131] 程克群、潘成荣、王晓辉：《主体功能区的环境评价与政策研究——以安徽省为例》，《科技进步与对策》2010 年第 21 期。

[132] 韩俊霞：《主体功能区、公共服务均等与财政转移支付制度设计》，《商业会计》2009 年第 3 期。

[133] 段进军、董自光：《基于主体功能区视角的基本公共服务均等化研究——以浙江省为例》，《社会科学家》2010 年第 11 期。

[134] 徐诗举：《基本公共服务均等化的标准与实现途径——以安徽省为例》，《探索》2011 年第 3 期。

[135] 杜黎明：《主体功能区配套政策体系研究》，《开发研究》2010 年第 1 期。

[136] 杜黎明：《我国主体功能区现代农业发展研究》，《经济纵横》2010 年第 4 期。

[137] 李德一、张树文、吕学军等：《主体功能区情景下的土地系统变化模拟》，《地理与地理信息科学》2011 年第 3 期。

[138] 钱敏、濮励杰、朱明：《基于 SLEUTH 模型的主体功能区划分后的土地利用变化》，《农业工程学报》2012 年第 18 期。

[139] 赵东娟、齐伟、赵胜亭等：《基于 GIS 的山区县域土地利用格局优化研究》，《农业工程学报》2008 年第 2 期。

[140] 丁建中、金志丰、陈逸：《基于空间开发潜力评价的泰州市建设用地空间配置研究》，《中国土地科学》2009 年第 5 期。

[141] 韩青、顾朝林、袁晓辉：《城市总体规划与主体功能区规划管制空间研究》，《城市规划》2011 年第 10 期。

[142] 吴胜军、洪松、任宪友等：《湖北省土地利用综合分区研究》，《华中师范大学学报》（自然科学版）2007 年第 1 期。

[143] 覃发超、李铁松、张斌等：《浅析主体功能区与土地利用分区的关系》，《国土资源科技管理》2008 年第 2 期。

［144］刘黎明：《土地资源学》，中国农业大学出版社 2010 年版。

［145］毛蒋兴、闫小培：《基于城市土地利用模式与交通模式互动机制的大城市可持续交通模式选择——以广州为例》，《人文地理》2005 年第 3 期。

［146］朱光明、王士君、贾建生等：《基于生态敏感性评价的城市土地利用模式研究——以长春净月经济开发区为例》，《人文地理》2011 年第 5 期。

［147］孙新章、张立峰、张新民等：《河北坝上农牧交错带生态经济型土地利用模式与技术》，《农业工程学报》2004 年第 2 期。

［148］朱连奇、钱乐祥、刘静玉等：《山区农业土地利用模式的设计》，《地理研究》2004 年第 4 期。

［149］刘宗连：《基于农村可持续发展的土地利用模式研究——以常德市鼎城区为例》，湖南师范大学硕士学位论文，2008 年。

［150］李继明：《县域土地资源环境友好型利用评价的理论和方法》，华中农业大学博士学位论文，2011 年。

［151］郑宇、胡业翠、刘彦随等：《山东省土地适宜性空间分析及其优化配置研究》，《农业工程学报》2005 年第 2 期。

［152］袁成军、朱红苏、何腾兵等：《基于 GIS 的喀斯特山区农用地适宜性评价——以贵州省黔西县为例》，《山地农业生物学报》2008 年第 2 期。

［153］李士飞：《基于 GIS 技术的土地适宜性评价与优化布局研究——以阿拉善左旗为例》，内蒙古师范大学硕士学位论文，2012 年。

［154］唐晓旭、张怀清、刘锐：《基于 GIS 的洞庭湖流域农用地适宜性评价》，《林业科学研究》2008 年第 S1 期。

［155］宗跃光、王蓉、汪成刚等：《城市建设用地生态适宜性评价的潜力——限制性分析——以大连城市化区为例》，《地理研究》2007 年第 6 期。

［156］陈云川、朱明苍、罗永明：《区域土地利用综合分区研究——以四川省为例》，《软科学》2007 年第 1 期。

［157］廖晓勇、陈治谏、王海明等：《西藏土地利用综合分区》，《山地学报》2009 年第 1 期。

［158］张元玲、任学慧、钞锦龙：《辽宁省土地利用综合分区研究》，《资源与产业》2009 年第 4 期。

［159］赵荣钦、黄贤金、钟太洋等：《聚类分析在江苏沿海地区土地利用分区中的应用》，《农业工程学报》2010 年第 6 期。

［160］曲晨晓、孟庆香：《许昌市土地利用功能分区研究》，《中国土地科学》2008 年第 11 期。

［161］焦庆东、杨庆媛、冯应斌等：《基于 Pearson 分层聚类的重庆市土地利用分区研究》，《西南大学学报》（自然科学版）2009 年第 6 期。

［162］陈怀录、徐艺诵、许计平等：《层次聚类分析法在甘肃省临夏回族自治州土地利用分区中的应用》，《兰州大学学报》（自然科学版）2010 年第 5 期。

［163］王炯、许月明、郭庆：《基于聚类分析法的保定市土地利用分区及建议》，《中国农业资源与区划》2011 年第 2 期。

［164］庄红卫、张芳、刘卫芳：《欠发达县级市域土地利用功能分区研究——以吉首市为例》，《经济地理》2010 年第 11 期。

［165］丛明珠、欧向军、赵清等：《基于主成分分析法的江苏省土地利用综合分区研究》，《地理研究》2008 年第 3 期。

［166］张俊平、胡月明、阙泽胜等：《基于主分量模糊 c—均值算法的区域土地利用分区方法探讨——以广东省大埔县为例》，《经济地理》2011 年第 1 期。

［167］王华、刘耀林、姬盈利：《基于多目标微粒群优化算法的土地利用分区模型》，《农业工程学报》2012 年第 12 期。

［168］蕾切尔·卡逊：《寂静的春天》，上海译文出版社 2015 年版。

［169］国家环境保护局：《21 世纪议程》，中国环境科学出版社 1993 年版。

［170］国务院：《中国 21 世纪议程：中国 21 世纪人口、环境与发展白

皮书》，中国环境科学出版社 1994 年版。

[171] 张春轶：《环境友好型土地利用模式研究——以策勒县为例》，新疆大学硕士学位论文，2007 年。

[172] 王金南、张吉、杨金田：《环境友好型社会的内涵与实现途径》，《环境保护》2006 年第 5 期。

[173] 杨勤业、吴绍洪、郑度：《自然地域系统研究的回顾与展望》，《地理研究》2002 年第 4 期。

[174] 伍光和：《自然地理学》，高等教育出版社 2000 年版。

[175] 傅伯杰、陈利顶、刘国华：《中国生态区划的目的、任务及特点》，《生态学报》1999 年第 5 期。

[176] 范树平、程久苗、程美琴等：《国内外土地利用分区研究概况与展望》，《广东土地科学》2009 年第 4 期。

[177] 阳岳龙、龙万学、杨禹华等：《贵州省主要地质灾害危险度区划研究》，《中国安全科学学报》2008 年第 5 期。

二 英文文献

[1] Stewart P. J. Towards a new World pattern of land use, 1984: Issue 2, 99 – 111.

[2] Imbernon J. Pattern and development of land-use changes in the Kenyan highlands since the 1950s. *Agriculture, Ecosystems & Environment*, 1999, 76 (1): 67 – 73.

[3] Verburg P. H., Veldkamp A, Fresco L. O. Simulation of changes in the spatial pattern of land use in China. *Applied Geography*, 1999, 19 (3): 211 – 233.

[4] Pontius Jr. R. G., Cornell J. D., Hall C. A. S. Modeling the spatial pattern of land-use change with GEOMOD2: application and validation for Costa Rica. *Agriculture, Ecosystems & Environment*, 2001, 85 (1 – 3): 191 – 203.

[5] Kok K., Veldkamp A. Evaluating impact of spatial scales on land use

pattern analysis in Central America. *Agriculture*, *Ecosystems & Environment*, 2001, 85 (1 – 3): 205 – 221.

[6] Luijten J. C. A systematic method for generating land use patterns using stochastic rules and basic landscape characteristics: results for a Colombian hillside watershed. *Agriculture*, *Ecosystems & Environment*, 2003, 95 (2 – 3): 427 – 441.

[7] Nagendra H., Munroe D. K., Southworth J. From pattern to process: landscape fragmentation and the analysis of land use/land cover change. *Agriculture*, *Ecosystems & Environment*, 2004, 101 (2 – 3): 111 – 115.

[8] Cifaldi R. L., David Allan J., Duh J. D., et al. Spatial patterns in land cover of exurbanizing watersheds in southeastern Michigan. *Landscape and Urban Planning*, 2004, 66 (2): 107 – 123.

[9] Etter A., McAlpine C., Wilson K., et al. Regional patterns of agricultural land use and deforestation in Colombia. *Agriculture*, *Ecosystems & Environment*, 2006, 114 (2 – 4): 369 – 386.

[10] Lin Y., Hong N., Wu P., et al. Impacts of land use change scenarios on hydrology and land use patterns in the Wu-Tu watershed in Northern Taiwan. *Landscape and Urban Planning*, 2007, 80 (1 – 2): 111 – 126.

[11] Reger B., Otte A., Waldhardt R. Identifying patterns of land-cover change and their physical attributes in a marginal European landscape. *Landscape and Urban Planning*, 2007, 81 (1 – 2): 104 – 113.

[12] Wang S., Liu J., Ma T. Dynamics and changes in spatial patterns of land use in Yellow River Basin, China. *Land Use Policy*, 2010, 27 (2): 313 – 323.

[13] Pijanowski B. C., Robinson K. D. Rates and patterns of land use change in the Upper Great Lakes States, USA: A framework for spatial temporal analysis. *Landscape and Urban Planning*, 2011, 102 (2): 102 – 116.

[14] Xu Y. , Tang Q. , Fan J. , et al. Assessing construction land potential and its spatial pattern in China. *Landscape and Urban Planning*, 2011, 103 (2): 207 – 216.

[15] Ye Y. , Fang X. Spatial pattern of land cover changes across Northeast China over the past 300 years. *Journal of Historical Geography*, 2011, 37 (4): 408 – 417.

[16] Carver S. , Comber A. , McMorran R. , et al. A GIS model for mapping spatial patterns and distribution of wild land in Scotland. *Landscape and Urban Planning*, 2012, 104 (3 – 4): 395 – 409.

[17] Bieling C. , Plieninger T. , Schaich H. Patterns and causes of land change: Empirical results and conceptual considerations derived from a case study in the Swabian Alb, Germany. *Land Use Policy*, 2013, 35: 192 – 203.

[18] Manshard W. The West African middle belt: Land use patterns and development problems. *Land Use Policy*, 1986, 3 (4): 304 – 310.

[19] Rigterink P V. Tropical fruit trees and rural land use patterns. *Land Use Policy*, 1989, 6 (3): 194 – 196.

[20] Reenberg A. Agricultural land use pattern dynamics in the Sudan – Sahel—towards an event-driven framework. *Land Use Policy*, 2001, 18 (4): 309 – 319.

[21] Schmit C, Rounsevell M. D. A. Are agricultural land use patterns influenced by farmer imitation? *Agriculture, Ecosystems & Environment*, 2006, 115 (1 – 4): 113 – 127.

[22] Gellrich M. , Baur P. , Koch B. , et al. Agricultural land abandonment and natural forest re-growth in the Swiss mountains: A spatially explicit economic analysis. *Agriculture, Ecosystems & Environment*, 2007, 118 (1 – 4): 93 – 108.

[23] Kangalawe R. Y. M. , Christiansson C. , Östberg W. Changing land-

use patterns and farming strategies in the degraded environment of the Irangi Hills, central Tanzania. *Agriculture, Ecosystems & Environment*, 2008, 125 (1 – 4): 33 – 47.

[24] Zou Y., Zhang J., Yang D., et al. Effects of different land use patterns on nifH genetic diversity of soil nitrogen-fixing microbial communities in Leymus Chinensis steppe. *Acta Ecologica Sinica*, 2011, 31 (3): 150 – 156.

[25] Ikhuoria I. A. Urban land use patterns in a traditional Nigerian City: A case study of Benin City. *Land Use Policy*, 1987, 4 (1): 62 – 75.

[26] Smith H., Raemaekers J. Land use pattern and transport in Curitiba. *Land Use Policy*, 1998, 15 (3): 233 – 251.

[27] Verburg P. H., de Nijs T. C. M., Ritsema Van Eck J, et al. A method to analyse neighbourhood characteristics of land use patterns. *Computers, Environment and Urban Systems*, 2004, 28 (6): 667 – 690.

[28] Murakami A., Medrial Zain A., Takeuchi K., et al. Trends in urbanization and patterns of land use in the Asian mega cities Jakarta, Bangkok, and Metro Manila. *Landscape and Urban Planning*, 2005, 70 (3 – 4): 251 – 259.

[29] Lewis G. M., Brabec E. Regional land pattern assessment: development of a resource efficiency measurement method. *Landscape and Urban Planning*, 2005, 72 (4): 281 – 296.

[30] Aguilera F., Valenzuela L. M., Botequilha-Leitão A. Landscape metrics in the analysis of urban land use patterns: A case study in a Spanish metropolitan area. *Landscape and Urban Planning*, 2011, 99 (3 – 4): 226 – 238.

[31] Wu K., Zhang H. Land use dynamics, built-up land expansion patterns, and driving forces analysis of the fast-growing Hangzhou metropolitan area, eastern China (1978 – 2008). *Applied Geography*, 2012, 34: 137 – 145.

[32] Dyer J. M. Land use pattern, forest migration, and global warming. *Landscape and Urban Planning*, 1994, 29 (2-3): 77-83.

[33] Cox J. , Engstrom R. T. Influence of the spatial pattern of conserved lands on the persistence of a large population of red-cockaded wood-peckers. *Biological Conservation*, 2001, 100 (1): 137-150.

[34] Semwal R. L. , Nautiyal S. , Sen K. K. , et al. Patterns and ecological implications of agricultural land-use changes: a case study from central Himalaya, India. *Agriculture, Ecosystems & Environment*, 2004, 102 (1): 81-92.

[35] de Koning G. H. J. , Benítez P. C. , Muñoz F. , et al. Modelling the impacts of payments for biodiversity conservation on regional land-use patterns. *Landscape and Urban Planning*, 2007, 83 (4): 255-267.

[36] Lee S. , Hwang S. , Lee S. , et al. Landscape ecological approach to the relationships of land use patterns in watersheds to water quality characteristics. *Landscape and Urban Planning*, 2009, 92 (2): 80-89.

[37] Zimmermann P. , Tasser E. , Leitinger G. , et al. Effects of land-use and land-cover pattern on landscape-scale biodiversity in the European Alps. *Agriculture, Ecosystems & Environment*, 2010, 139 (1-2): 13-22.

[38] Hof A. , Schmitt T. Urban and tourist land use patterns and water consumption: Evidence from Mallorca, Balearic Islands. *Land Use Policy*, 2011, 28 (4): 792-804.

[39] Li X. , Zhou W. , Ouyang Z. Relationship between land surface temperature and spatial pattern of greenspace: What are the effects of spatial resolution? *Landscape and Urban Planning*, 2013, 114: 1-8.

[40] Unruh J. D. Refugee resettlement on the Horn of Africa: The integration of host and refugee land use patterns. *Land Use Policy*, 1993, 10 (1): 49-66.

[41] Croissant C. Landscape patterns and parcel boundaries: an analysis of composition and configuration of land use and land cover in south-central Indiana. *Agriculture, Ecosystems & Environment*, 2004, 101 (2 -3): 219 -232.

[42] Kok K. The role of population in understanding Honduran land use patterns. *Journal of Environmental Management*, 2004, 72 (1 -2): 73 -89.

[43] Donnelly S. , Evans T. P. Characterizing spatial patterns of land ownership at the parcel level in south-central Indiana, 1928 -1997. *Landscape and Urban Planning*, 2008, 84 (3 -4): 230 -240.

[44] Dixon T. Urban land and property ownership patterns in the UK: trends and forces for change. *Land Use Policy*, 2009, 26, Supplement 1: S43 -S53.

[45] Peterson L. K. , Bergen K. M. , Brown D. G. , et al. Forested land-cover patterns and trends over changing forest management eras in the Siberian Baikal region. *Forest Ecology and Management*, 2009, 257 (3): 911 -922.

[46] Shinneman D. J. , Cornett M. W. , Palik B. J. Simulating restoration strategies for a southern boreal forest landscape with complex land ownership patterns. *Forest Ecology and Management*, 2010, 259 (3): 446 -458.

[47] Kroll F. , Haase D. Does demographic change affect land use patterns?: A case study from Germany. *Land Use Policy*, 2010, 27 (3): 726 -737.

[48] Maruani T. , Amit-Cohen I. Patterns of development and conservation in agricultural lands—The case of the Tel Aviv metropolitan region 1990 - 2000. *Land Use Policy*, 2010, 27 (2): 671 -679.

[49] Huang G. , Zhou W. , Cadenasso M. L. Is everyone hot in the city Spatial pattern of land surface temperatures, land cover and neighborhood socioeconomic characteristics in Baltimore, MD. *Journal of Environmental Management*, 2011, 92 (7): 1753 -1759.

[50] Wackernagel M , Onisto L, Bello P, et al. National natural capital ac-

counting with the ecological footprint concept. *Ecological Economics*, 1999, 29 (3): 375 – 390.

[51] M. Wackerngel, L. Onisto, P. Bello, et al. National natural capital accounting with the ecological footprint concept. *Ecological Economics*, 1999, 29 (3): 375 – 390.

[52] Stephen F. M. , Roger N. C. , George H. S. An Assessment of Frameworks Useful for Public Land Recreation Planning. USDA Forest Service, 2007 (12): 127.

[53] TL S. The Analytic Hierarchy Process. New York: McGraw Hill, 1980.

[54] U. S. Department of Agriculture F S. 15 ROS User Guide. USDA Forest Service, 1982.

[55] Development W. C. O. E. Our Common Future. Oxford: Oxford Univ Pr, 1987.

[56] Ryschawy J. , Choisis N. , Choisis J. P. , et al. Mixed crop-livestock systems: an economic and environmental-friendly way of farming? *ANIMAL*, 2012, 6 (10): 1722 – 1730.

[57] Feyssa D. H. , Njoka J. T. , Asfaw Z. , et al. Physico-chemical soil properties of semiarid Ethiopia in two land use systems: implications to crop production. *International Journal of Agricultural Research*, 2011, 6 (12) .

[58] Hasanzadeh M. , Danehkar A. , Azizi M. The application of Analytical Network Process to environmental prioritizing criteria for coastal oil jetties site selection in Persian Gulf coasts (Iran) . *Ocean & Coastal Management*, 2010, 73: 136 – 144.

[59] Harrington. Empirical research on producer service growth and regional development: international comparisons. Professional Geographer, 1995 (1): 26 – 55.

[60] Matin R. C. Spatial Distribution of Population: Cities and Suburbs. Journal of Regional Science, 1972, 13: 269 – 278.

[61] Herbertson A. J. The major natural regions: an essay in systematic ge-

ography. Geogr. Journ. , 1905 (25): 300 – 312.

[62] Bailey R. G. Explanatory Supplement to Eco-regions Map of the Continents. *Environmental Conservation*, 1989, 16 (4) .

[63] Sol V. M. , Lammers P. , Aiking H. , et al. Integrated Environmental Index for Application in Land-Use Zoning. *Environmental Management*, 1995, 19 (3): 457 – 467.

[64] Fulong W. , Webster C. J. Simulation of natural land use zoning under free-market and incremental development control regimes. *Computers, Environment and Urban Systems*, 1998, 22 (3): 241 – 256.

[65] Tanavud C. , Yongchalermchai C. , Bennui A. Land use zoning in Songkla Lake Basin using GIS and remote sensing technologies. *Thai Journal of Agricultural Science*, 1999, 32 (4) .

[66] Suarez M. , Sante I. , Rivera F. F. , et al. A parallel algorithm based on simulated annealing for land use zoning plans: 2011 International Conference on Parallel and Distributed Processing Techniques and Applications, Las Vegas NV, USA, 2011.

[67] Hajehforooshnia S. , Soffianian A. , Mahiny A. S. , et al. Multi objective land allocation (MOLA) for zoning Ghamishloo Wildlife Sanctuary in Iran. *JOURNAL FOR NATURE CONSERVATION*, 2011, 19 (4): 254 – 262.

[68] Zanon B. , Geneletti D. Integrating ecological, scenic and local identity values in the management plan of an Alpine Natural Park. *JOURNAL OF ENVIRONMENTAL PLANNING AND MANAGEMENT*, 2011, 54 (6): 833 – 850.

[69] Iwata O. , Oguchi T. Factors Affecting Late Twentieth Century Land Use Patterns in Kamakura City, Japan. *GEOGRAPHICAL RESEARCH*, 2009, 47 (2): 175 – 191.

[70] Montigny M. K. , MacLean D. A. Triad forest management: Scenario analysis of forest zoning effects on timber and non-timber values in New

Brunswick, Canada. *FORESTRY CHRONICLE*, 2006, 82 (4): 496 – 511.

[71] Adelaja A. , Derr D. , Rose – Tank K. Economic and equity implications of land-use zoning in suburban agriculture. 1989, 2 (2): 97 – 112.

[72] Talen E. Land use zoning and human diversity: Exploring the connection. *JOURNAL OF URBAN PLANNING AND DEVELOPMENT – ASCE*, 2005, 131 (4): 214 – 232.

[73] Geneletti D. Assessing the impact of alternative land-use zoning policies on future ecosystem services. *Environmental Impact Assessment Review*, 2013, 40: 25 – 35.

后　记

　　一直以来，中国乃至整个世界都在寻求千篇一律的发展模式，全球各个国家和地区随处可见追逐经济增长的超级城市和现代化乡村。随着时代的进步，各地发展模式越来越追求多元化，每个地区都应该因地制宜的选择适合自身的模式。对于一直处于欠发达地区的贵州省来说，上升到理论高度和实践深度去研究其发展模式的文献和专著少之又少。

　　本书作者在前人研究基础上，依据主体功能区规划理念，针对不同主体功能区类型和不同地域尺度实证区的自然、经济和社会等特点，采用不同的土地利用评价和土地分区方法，最终确定各地区未来适宜的土地利用开发模式，旨在将适宜的差别化土地利用政策措施贯彻到位。对于与实证区自然资源禀赋类似的西部地区有一定的借鉴作用，对城市、连片县域、农村和主导产业等土地利用模式优化技术和方法有一定的改进作用。

　　然而人地系统是一个复杂的巨系统，特定区域土地利用模式的选择不仅取决于地理区位、资源禀赋和生态环境等自然因素，更加受到当地社会文化、经济发展、产业布局等人类活动因素的影响或限制，深入研究土地利用模式需要考虑的因素非常多而复杂，应用任何一种方法对于这方面进行研究都很难做到科学而全面，因此，本书的相关研究受到作者学术水平限制，不免有失偏颇，在后续研究中有待改进。

　　本书的主要内容来源于韩德军博士和迟超月硕士的毕业论文，选题和全程研究受到朱道林教授主持的教育部人文社会科学研究项目的资

后 记

助，实证区均隶属贵州省毕节市。其中，第一章、第二章和第九章为俩人合作完成，第三章、第四章、第五章、第七章和第八章为韩德军著作完成，第六章为迟超月著作完成。

在研究过程中，每每遇到困境，都是在朱道林教授团队的合力探讨和集思广益下，使得问题迎刃而解。中国农业大学土地资源管理系的张凤荣教授、郝晋珉教授、刘黎明教授、孙丹峰教授、孔祥斌教授以及许月卿副教授、段文技副教授、安萍莉副教授、徐艳副教授、段增强副教授、艾东副教授等老师对于本书研究思路和研究内容等方面给出了关键的指导和中肯的建议，在此表达衷心感谢。

在科学研究和论文资料获取过程中，得到了贵州省经济系统仿真重点实验室主任张文专教授、肖丹老师、李顺义博士、马赞甫博士、贵州大学张晓武老师以及贵州财经大学办公室鲁静芳副主任、旅游管理学院赵春艳博士的无私帮助，另外，得到了贵州省国土资源厅信息中心和贵州省发展改革委经济研究所相关领导和专家的大力支持，在成文的过程中，数据分析和图形的绘制得到了贵州省林业调查规划院刘建忠高级工程师的耐心指导，在此只能致辞为谢！

本书实证调研过程中，受到了贵州省毕节市大方县和百里杜鹃管理委员会的各位领导及各职能部门工作人员热情的接待，他们对我们调研实践工作一丝不苟的工作态度，让我对你们肃然起敬。另外，在对农民入户调查过程中，感谢协助我调研的学生们，尤其感谢调研过程中遇到的戛木村和大堰村村领导和村民们，他们虽生活在贫穷落后的大山里，但他们对生活的热爱，对客人的热情，对我们这些"专家"的信任，这一切都令人感动，我们发誓毕生将致力于改善他们的生活质量而努力奋斗！